Mariana Caplan

# CON LOS OJOS BIEN ABIERTOS

La práctica del discernimiento
en la senda espiritual

Prólogo de John Welwood

Traducción del inglés de David González Raga

editorial Kairós

Título original: EYES WIDE OPEN

© Mariana Caplan
Originally published in English by Sounds True www.soundstrue.com (U.S.A.)
Spanish edition by arrangement with BookBank Literary Agency, Madrid
© de la edición en castellano:
2010 by Editorial Kairós, S.A.

Editorial Kairós S.A.
Numancia 117-121, 08029 Barcelona, España
www.editorialkairos.com

Nirvana Libros S.A. de C.V.
3ª Cerrada de Minas 501-8, CP 01280 México, D.F.
www.nirvanalibros.com.mx

© de la traducción del inglés: David González Raga
Revisión: Carol Isern

Primera edición: Noviembre 2010
ISBN: 978-84-245-760-7
Depósito legal: B-38.102/2010

Fotocomposición: Beluga & Mleka, Córcega, 267. 08008 Barcelona
Tipografía: Vidy, cuerpo 11, interlineado 12,8
Impresión y encuadernación: Romanyà-Valls. Verdaguer, 1. 08786 Capellades

Dedico este libro a mi maestro Lee Lozowick, que tantas cosas me enseñó sobre el discernimiento espiritual, a mis padres Herbert y Mollie Caplan, que me dieron el don de la vida y a mis lectores, que me proporcionan la razón para escribir.

*Lo importante no es tanto llegar como viajar bien.*

EL BUDDHA

# SUMARIO

# PRÓLOGO

Son muchas actualmente las personas que, por primera vez en la historia, tiene acceso a las enseñanzas y prácticas espirituales a las que, en el pasado, sólo podían acceder unos cuantos elegidos, como los eremitas, los monjes y los santos. Y ésta es una extraordinaria oportunidad para que, sin necesidad de abandonar su vida normal y corriente, muchas personas despierten a su verdadera naturaleza.

Pero esa posibilidad abre también las puertas a un amplio elenco de malentendidos, escollos, distorsiones y errores, que Mariana Caplan se ocupa, en este libro, de clasificar e investigar inteligentemente. Es por ello muy probable que esta guía, orientada hacia el desarrollo del discernimiento, uno de los ingredientes fundamentales de cualquier espiritualidad auténticamente encarnada, sirva positivamente a los lectores interesados en ejercitar y vivir el tipo de espiritualidad integral por el que ella aboga.

Pero el camino del desarrollo espiritual no es, ni aún en las mejores circunstancias, tan directo como, a primera vista, parece. Y ello se debe a multitud de razones, una de las cuales es que el discernimiento nos permite acceder a un orden de verdad más elevado que, en ocasiones, tiene muy poco que ver con nuestra forma habitual de pensar y percibir. Se trata de dos niveles diferentes de la realidad a los que el budismo denomina "verdad absoluta" y "verdad relativa". Ciertas comprensiones derivadas del nivel absoluto –como la de que "nada es real", "abandona tu mente", "el bien y el mal no son más que meras ilusiones" o "abandona el ego y entrégate", por ejemplo– pueden convertirse, cuando se aplican de manera indiscriminada o imprecisa, en instrumentos del autoengaño que acaban generando multitud de problemas.

Encontrar a un maestro, una enseñanza o una práctica espiritual puede abrir nuestro cofre interno del tesoro como sucede, por ejemplo, cuando nos enamoramos. En tales casos, pensamos: «*Esto* es el amor. Finalmente lo he encontrado». Pero tales conclusiones no son sino meros vislumbres de una dimensión del amor mucho más amplia y profunda cuya plena actualización nos obliga a experimentar una profunda transformación interior. Del mismo modo que el enamoramiento difícilmente nos capacita para enfrentarnos adecuadamente a los retos que acompañan a una relación estable o al matrimonio, existe una gran diferencia entre los primeros atisbos de las verdades espirituales y el auténtico logro espiritual. Este último nos obliga a ir más allá de nuestros miedos y resistencias y emprender un auténtico proceso de desarrollo espiritual. Y ello implica la eliminación de todos los obstáculos, es decir, la curación de todas las heridas, defensas, pretensiones, exigencias, filtraciones, adiciones y negaciones que, desde hace mucho tiempo, nos acompañan.

Pero existe, no obstante, en el Occidente actual, una visión de la espiritualidad que promete, a cambio de muy poco esfuerzo, el acceso inmediato a nuestra propia esencia. Esta visión predica un absolutismo unilateral, a menudo en nombre del Advaita Vedanta, según el cual basta con despertar, en este mismo instante, a nuestra naturaleza divina, para que todo nos sea revelado. Esta es, ciertamente, una promesa muy atractiva para una cultura, como la nuestra, orientada hacia los resultados inmediatos y en la que nadie quiere oír hablar de lo difícil, lento y exigente que es, en realidad, el camino espiritual. «¡No, olvídate de esas antiguas prácticas espirituales!» –dicen los neovedantinos, para los que la práctica no es necesaria. Es más, la práctica supone, para muchos de ellos, un obstáculo que no hace sino postergar el despertar.«¿No es cierto acaso que, cuando practicas –dicen– lo haces con la intención de llegar a algún lugar? ¿Por qué no te ahorras todo eso y despiertas ahora mismo? ¡Ya está aquí! ¡Olvídate de la práctica! ¡Sé!»

Pero esta visión –común, por otra parte, a muchos de los problemas que nos asedian a lo largo del camino– no deja de basarse en cierta verdad. Es muy cierto que, en cualquier momento, podemos reconocer nuestra naturaleza última, algo que también resulta más sencillo cuando sabes lo que estás buscando y cómo relajarte. Pero no lo es menos que ese abordaje no es ningún camino espiritual, porque se desentiende por completo del orden de la realidad ligado a las complejidades relativas del karma, el condicionamiento, las pautas profundamente asentadas, las identidades inconscientes, las heridas psicológicas e incurre, en consecuencia, en todo tipo de autoengaños.

Una fórmula tan simplista como la sencilla exhortación vedantina que afirma "relájate y sé" es como decir "ama y ya verás lo rápido que desaparecen los problemas de relación". Es cierto que, desde una perspectiva última, el viaje espiritual jamás debería emprenderse porque, en esencia, ya somos perfectos. Pero, en el nivel de lo relativo, es decir, en nivel en el que estamos identificados inconscientemente con todo tipo de demonios, espíritus y tiranos ocultos, sin embargo, las prácticas del camino sirven para algo más que para revelarnos nuestra auténtica naturaleza. También han sido diseñadas para ayudarnos a superar los obstáculos internos que nos impiden el acceso a la verdad, el amor y la sabiduría. (Y, para corregir esos obstáculos, como he señalado en la mayor parte de mis escritos, el trabajo psicológico desempeña un papel muy importante y hasta diría que indispensable, para el desarrollo espiritual.)

¿Cuál es, pues, el mejor modo de desarrollar el discernimiento necesario para sortear adecuadamente las complejidades de las verdades absoluta y relativa y dejar de confundir lo que debemos cultivar con lo que debemos erradicar del camino espiritual? Según las tradiciones orientales, la naturaleza esencial de la conciencia es como un espejo cósmico que refleja, al tiempo que revela, la totalidad de los fenómenos – verdaderos y falsos, reales e irreales, claros y confusos–, sin identificarse con unos ni rechazar los otros. Esa conciencia omniabarcadora y omniinclusiva pudiera parecer, a primera vista, opuesta al discernimiento, pero no parece ser eso lo que dice Padmasambhava, padre del budismo tibetano, cuando pronuncia sus famosas palabras, según las cuales, «mi mente es tan inmensa como el cielo y mi atención a los detalles tan diminuta como un grano de arena». Según Padmasambhava, la inmensa mente de la conciencia abierta, que da la bienvenida y posibilita todo el despliegue de nuestra experiencia, es el fundamento también de la discriminación necesaria para considerar las situaciones relativas de nuestra vida. Porque sólo admitiendo y separando la totalidad de lo que, en nuestro interior, es real de lo que es irreal, podremos discernir lo que debemos cultivar de lo que debemos erradicar. Y es que, en este sentido, la sabiduría discriminativa resulta tan indispensable para el desarrollo espiritual como la conciencia sin elección.

Lo que nos permite abrir y expandir la mente condicionada sin dejar de afilar entretanto la espada de la discriminación es una práctica meditativa que nos ayude a entrar profundamente en la naturaleza y en el proceso de nuestra experiencia continua. Y también es sumamente útil contar con el apoyo de una enseñanza verdadera, un auténtico maestro y un linaje de práctica que haya demostrado su eficacia lo largo de muchas generaciones.

Un libro como éste puede representar, hasta entonces, un comienzo que nos ayude a reconocer y eludir algunas de las distorsiones y malentendidos que conducen a las salidas en falso, recovecos inútiles, callejones sin salida y terrenos baldíos que, con tanta frecuencia, salpican el camino espiritual.

JOHN WELWOOD
Mill Valley (California)

# AGRADECIMIENTOS

Quisiera dar las gracias a las muchas personas que me han alentado y apoyado para la puesta en marcha de este proyecto. En primer lugar y por encima de todo estoy especialmente agradecida a mi "ángel", mi editora personal y amiga Nancy Lewis, que tan generosamente me ha brindado su amor, su atención y su discernimiento, apoyándome durante muchos años y ayudándome a dar a luz este libro.

Muchos han sido los maestros, mentores y amigos espirituales cuya guía y contribución, tanto directa como indirecta, ha resultado imprescindible para la elaboración de este libro. Entre ellos quiero destacar a mi maestro, Lee Lozowick, de la tradición baúl occidental, el jeque sufí Llevellyn Vaughan-Lee y John Welwood, Arnaud Desjardins, Jorge Ferrer y Gilles Farcet. También quiero dar las gracias a mi pandilla de amigas, que se hallan repartidas por todo el mundo, Vipassana, Devi, Bhavani, Karen, Simone, Celia, Jeanne, Regina, Lesley, Kyla, Valerie, Marianne, Ute e Ines. Ellas son mis heroínas, mis anclas y la evidencia más palpable en la que se basa mi creencia en la posibilidad de un mundo mejor.

También quiero dar las gracias a mi familia, empezando por mi padre, Herb Caplan y siguiendo por mis hermanos, Joel y Nathan, que no han dudado en apoyar infatigablemente a su excéntrica hija y hermana. También estoy muy agradecida a mi madre Mollie Caplan que, pese a haber muerto hace ya muchos años, escribió premonitoriamente, en su diario, cuando yo era un bebé que, un buen día, acabaría escribiendo libros. También quiero dar las gracias al personal de Sounds True, especialmente a Kelly Notaras, Tamy Simon y Jaime Schwalb por su diligencia, respeto y visión. A todos vosotros, mi más profundo agradecimiento por vuestra abundante generosidad.

# INTRODUCCIÓN

## Abre los ojos. El camino del discernimiento

> Cada cosa ante la que cerramos los ojos, de la que huimos,
> que negamos, denigramos o despreciamos sirve, al final,
> para derrotarnos. Lo que más desagradable, doloroso y malo
> nos parece puede acabar convirtiéndose, cuando lo aborda-
> mos con una mente abierta, en una fuente de belleza, ale-
> gría y fortaleza.
>
> Henry Miller, *Trópico de Capricornio*

Tenía diecinueve años y estaba en segundo curso de carre-
ra en la universidad de Ann Arbor (Michigan) cuando me
enteré de la existencia de algo llamado "camino espiritual".
Como tantos otros jóvenes, había buscado, hasta ese momento, algo más en todas partes, desde el alcohol hasta el activismo político y los viajes. A eso de los quince años, empecé a
viajar y, cuando finalmente llegué a la universidad, conocía
ya América Central y Europa. Pero no, por ello, mi sed se había saciado sino que, muy al contrario, no había hecho sino
aumentar. Y es que en ningún lugar encontraba respuestas a
las profundas preguntas que me formulaba.

El verano anterior a mi decimonoveno cumpleaños conocí, mientras viajaba por América Central, a un hombre que
llevaba veinte años viajando –un auténtico ideal, por aquel
entonces, para mí– y me preguntaba si habría encontrado res-

puesta a las preguntas que se formulaba. Al cabo de varios días, me atreví a preguntarle:

–¿Para qué viajas?

–Para encontrar la libertad –me respondió.

–¿Y la has encontrado? –insistí–. ¿Te ha hecho más libre ir donde quieras y hacer lo que te da la gana?

–¡La verdad es que no! –me confesó.

Cuando regresé a la universidad descubrí que, en Ann Arbor, sólo había una librería espiritual. Todavía recuerdo perfectamente que, la primera vez que entré en ella, mis ojos se desplazaron rápidamente de estante en estante y me quedé sorprendida de la diversidad de temas que descubrí: meditación, psicología, budismo tibetano, Zen, sufismo, misticismo, chamanismo, autoayuda, metafísica, etcétera. Entonces fue cuando me enteré de la existencia de un camino espiritual… o, mejor dicho, de muchos caminos espirituales. Y también me di entonces cuenta de que no estaba sola en mi búsqueda. Eran muchas las personas, en todo al mundo, que anhelaban algo más y también eran muchos los caminos que se abrían ante mí. ¿Estaba en casa? Y, sobre todo, ¿quién era yo?

Una parte de mí sentía como si hubiese vuelto a casa, pero otra parte, sin embargo, no sabía por dónde empezar. Ante mí se desplegaban miles de libros y centenares de caminos diferentes. ¿Cómo podía un ser humano emprender ese camino? ¿Y cómo podía, después de haberse embarcado, avanzar con inteligencia y claridad? ¿Cómo discernir, entre un abanico tan amplio de posibilidades, lo que era bueno para mí y cómo saber si estaba o no engañándome?

Todas ésas eran preguntas, como aprendí durante los próximos veinte años, muy difíciles de responder y que, con el paso del tiempo, van sutilizándose. En la medida, pues, en que iba profundizándose mi compromiso con el camino espiritual, cada vez me resultaba más difícil aceptar la posibilidad de aprender a ver con claridad, con los ojos bien abiertos, de un modo que me ayudase a avanzar creativa, resolutiva y apasionadamente, por el camino de la vida. El discernimiento espiritual que, en sánscrito, se denomina *viveka khyātir*, es la "cúspide de la sabiduría" del camino espiritual.

El cultivo del discernimiento, según los *Yoga Sūtras de Patañjali*, es tan poderoso que tiene la capacidad de erradicar la ignorancia y extirpar las raíces mismas del sufrimiento. "Discernir", según el *Merriam-Webster Collegiate Dictionary*, consiste en «reconocer o identificar algo separado y distinto». La "discriminación", su sinónimo, «subraya el poder de distinguir y seleccionar lo que es verdadero, apropiado o excelente». Las personas poseedoras de discernimiento espiritual han aprendido esta habilidad en su relación con las cuestiones espirituales y pueden tomar decisiones coherentes, inteligentes, equilibradas y excelentes en su vida y en su desarrollo espiritual. Bien podríamos decir que han abierto completamente los ojos y ven con absoluta claridad.

Se cree que *viveka khyātir* es una herramienta muy poderosa que tiene la capacidad de penetrar en todos los niveles de los cuerpos físico, psicológico, energético y sutil del ser humano. En *Luz sobre los Yoga sūtras de Patañjali*, B.K.S. Iyengar explica que, gracias a este flujo continuo de conciencia discriminativa, el practicante espiritual:

> conquista su cuerpo, controla su energía, refrena el movimiento mental y emite juicios acertados que le ayudan a actuar correctamente y tornarse cada vez más luminoso. Esta luminosidad le enseña a ser consciente del núcleo mismo de su ser, lograr el conocimiento supremo y entregar su yo al Alma Suprema.[1]

Este libro trata de profundizar en el laberinto del camino espiritual y considera las posibilidades de una transformación psicoespiritual encarnada auténticamente integral. Juntos exploraremos el modo más adecuado de enfrentarnos a los problemas que obstaculizan nuestro avance espiritual para poder vivir, de ese modo, transformaciones más intensas, inteligentes y satisfactorias. De este modo, aprenderemos a investigar y valorar prácticas, caminos y maestros que pueden ayudarnos a tomar decisiones espirituales inteligentes y aprenderemos a diferenciar también la verdad de la falsedad y la pasión que nos ata de aquella que nos libera.

Siendo niños empezamos a formularnos las grandes preguntas de la vida –el significado de la muerte, lo que nos trajo hasta aquí o el reto que supone la emoción humana– y muy pocos tuvimos la suerte de contar con un padre que, sentándose a nuestro lado, nos explicase amorosamente lo siguiente:

> Has heredado un gran misterio de grandes alegrías y grandes tristezas. Tú mismo eres una expresión de ese gran misterio. Aunque son muchos los caminos que pueden enseñarte a entenderte a ti mismo y a la vida, lo más importante es que crezcas y aprendas a tomar tus propias decisiones, y que tomes decisiones luminosas y radiantes que te llenen y contribuyan positivamente al mundo. Quiero ayudarte a que, en tu vida, tomes decisiones sabias, especialmente en lo que respecta a tu viaje espiritual. Cuando llegue el momento, te presentaré caminos y prácticas religiosas y espirituales diferentes. Veamos entretanto, sin embargo, el modo más adecuado de desplazarse sin naufragar entre los escollos emocionales a los que necesariamente debe enfrentarse todo ser humano.

Son muy pocas las personas que han recibido el aleccionamiento necesario para poder enfrentarse de manera sabia y madura a los extraordinarios desafíos, posibilidades y privilegios que nos depara la vida. Y si los adultos no nos enseñaron a tomar decisiones espirituales sabias fue porque, con contadas excepciones, ellos mismos las desconocían. Tampoco la escuela nos enseñó el modo de gestionar nuestras emociones, porque la mayoría de los maestros ignoraban el modo de gestionar las suyas. Y tampoco se nos enseñó, en el instituto, a entender nuestras decisiones espirituales, porque ni se conocía ni se valoraba la importancia de la educación del alma y del espíritu. Si hemos sido lo suficientemente afortunados como para aprender todas estas cosas, las hemos aprendido por nosotros mismos o hemos tenido la extraña fortuna de contar con la guía de progenitores sabios y maduros.

Aunque el desarrollo del discernimiento no impida que cometamos errores, nos ayuda a aprender más rápidamente las lecciones de la vida, a sortear los escollos innecesarios y a convertir los desafíos en oportunidades. El discernimiento nos enseña a vivir bien y a sentir, cuando morimos, *que hemos vivido una buena vida, que hemos sido todo lo consciente que hemos podido y que hemos alcanzado nuestro propósito en la tierra.* De ese modo, podremos saber que nuestra vida no ha sido en vano y no sólo que hemos tocado la vida, sino también que nos hemos visto profundamente conmovidos por ella.

*** 

Uno de mis mentores, el sociólogo y autor de *best sellers* Joseph Chilton Pearce afirma que, cuando quiere aprender algo sobre un determinado tema, escribe un libro al respecto. Luego espera hasta que sus lectores le brinden un *feedback* que le haga caer en cuenta de sus visiones equivocadas y le cuenten las historias personales elicitadas por el libro. Cuando, en 1999, publiqué mi cuarto libro, titulado *A mitad de camino. La falacia de la iluminación prematura*, me quedé gratamente sorprendida por la respuesta positiva que provocó. No podía imaginarme que la gente estaría dispuesta a leer más que quinientas páginas de información relativa al modo en que, en nombre de la vida espiritual, nos engañamos y nos vemos engañados. Mi siguiente libro, publicado en el 2002, titulado *¿Necesitas un guru?*, se ocupa de los retos y complejidades que afectan a la relación maestro-discípulo en la cultura occidental contemporánea.

Son centenares, desde el momento en que publiqué esos dos libros, las cartas que he recibido de personas que han dedicado su vida al camino espiritual. Son personas que inevitablemente han tropezado con el autoengaño, la decepción y la tendencia a la confusión egoica, ya sea en ellos mismos, en sus maestros o en sus comunidades espirituales. No es de extrañar que, al abrir mi buzón de correo electrónico, descubra conmovedoras historias de seres humanos que anhelan la felicidad, el significado, la plenitud y la verdad y están dispuestos, pese a las dificultades que ello entrañe, a enfrentarse a los obstáculos que aparezcan en el camino. Esas personas son guerreros del espíritu, seguidores del camino espiritual que, no sólo están comprometidos en la creación de un mejor mundo, sino dispuestos también a entregar sus vidas para profundizar la comprensión que tienen de sí mismos. Son personas que jamás renuncian, independientemente de los problemas que ello les acarree, al optimismo ni al deseo de desarrollo espiritual; personas que han aprendido que la desilusión les despierta a niveles cada vez más profundos de comprensión de la verdad y que conocen perfectamente la importancia que, en el camino espiritual, tiene el cultivo del discernimiento.

Son muchas las cosas que, desde el momento en que escribí esos dos libros, han cambiado en mí, mientras que otras siguen siendo las mismas. Lo que no ha cambiado es mi visión del autoengaño, la confusión, la superficialidad y el materialismo que impregnan gran parte de la espiritualidad occidental contemporánea, especialmente en su variedad "Nueva Era". Cada vez que oigo hablar de un nuevo escándalo espiritual, de una nueva historia de engaño o de traición de un maestro, de personas que descubren la profundidad de sus heridas psicológicas y del daño que nuestra confusión espiritual acaba provocando en los demás, que agrega un nuevo episodio a los centenares que, al respecto, he escuchado, mi corazón sigue rompiéndose como si fuese la primera vez. También he descubierto que el despliegue de la vida va acompañado de niveles de ceguera cada vez más sutiles que empañan la claridad de muchas facetas importantes de mi vida. Y también sé que, en nombre de la espiritualidad, sigo engañándome en formas cada vez más sutiles. Y ésta es una tendencia que no sólo veo en mí, sino en la vida también de psicoterapeutas, practicantes y maestros espirituales. Y es que aunque, desde una perspectiva ideal, el camino espiritual nos enseña a ser más responsables de nuestras confusiones y errores, no impide, en modo alguno, que sigamos cometiéndolos.

La diferencia fundamental existente entre este libro y mis libros anteriores es que, en este caso, el dedo acusador no apunta hacia el exterior, sino hacia uno mismo. Este libro no trata de gurus ni de maestros espirituales, sino de ti y de mí, aunque "tú" y "yo" incluya a los mismísimos gurus y maestros espirituales, porque absolutamente nadie está libre de naufragar entre los escollos y caer en las trampas que constituyen una parte inexcusable del camino espiritual. Este libro habla de asumir la responsabilidad de nuestra vida, lo cual no se refiere tan sólo a nuestro resplandor intrínseco y a nuestros potenciales espirituales más elevados, sino también a nuestra confusión y a las limitaciones de nuestro conocimiento.

La sutileza del autoengaño aumenta en la medida en que avanzamos desde el falso yo hasta los aspectos más auténticos y verdaderos de nuestra experiencia. Resulta imposible subestimar las facetas más resbaladizas del camino espiritual, porque hay tantos escollos como pasos y nadie está libre de caer en ellos. Pero es cierto sin embargo que, cuanto mejor conozcamos el camino, más fácilmente podremos evitar sus baches.

Según Roberto Assaglioli, el psiquiatra italiano fundador de psicosíntesis, cualquier psicoterapia que aspire a ser completa no sólo debería centrarse en el tratamiento de la psicopatología, sino alentar también el despertar espiritual y enfrentarse adecuadamente a las dificultades y retos que entrañe ese despertar. En la medida en que vamos desenterrando nuevos niveles de conciencia, inevitablemente descubrimos también sus aspectos enfermos y desintegrados, tanto a nivel personal como familiar, cultural y hasta histórico. Pero éste no es un problema que debamos temer ni un error que debamos corregir, sino un aspecto ineludible y sano del desarrollo espiritual al que debemos enfrentarnos con un discernimiento cada vez más potente y efectivo.

Hace ya varios años, fui a visitar al maestro budista Jack Kornfield. «Quisiera hacerte una pregunta –me dijo–. ¿Estás a mitad del camino?» Él no fue el primero en formularme esta pregunta y mi respuesta interna siempre han sido la misma: ¡Todavía me falta *mucho* para llegar a la mitad del camino! Sería muy petulante afirmar que he llegado a la mitad del camino y mucho más todavía decir que he "llegado" a algún lugar. Ahora sé que el camino del desarrollo espiritual es interminable y que la montaña de las posibilidades espirituales no tiene cúspide.

Creo que nos pasamos la vida jugando en la falda de esta

montaña espiritual metafórica. Independientemente de que los demás nos consideren "maestros espirituales", de que hayamos experimentado centenares de epifanías espirituales o de que haga treinta años que emprendimos un camino espiritual serio, todos estamos aprendiendo todavía, en este sentido, a atarnos los cordones de los zapatos y a dar los primeros pasos. A veces ascendemos lo suficiente como para llegar a un repecho de la "montaña" desde el que tenemos una visión más amplia, pero también tropezamos y caemos de continuo. El camino es interminable y la integración humana es una tarea laboriosa y difícil. Son muy pocos los maestros y los santos extraordinarios –algunos de los cuales se mencionan en este libro– que han aprendido a asentarse en una visión realmente grande. Al resto de nosotros nos basta con la humilde tarea de estudiarnos en profundidad durante toda la vida y establecer alianzas espirituales que nos ayuden a recorrer este camino diligente y apasionadamente.

*∗∗∗*

Lo más hermoso, para quien anhela la verdad, es también lo más verdadero. Quien ama la verdad acepta gustoso la necesidad de aprender a discernir lo que es falso y de enfrentarse a los obstáculos y a los aspectos inconscientes que hay en su interior. Y es que, cada vez que nos atrevemos a enfrentarnos a lo que no es cierto damos un importante paso hacia adelante en el camino que conduce a la verdad.

Este libro aspira a ayudar a los buscadores y practicantes serios de cualquier tradición espiritual. Mi investigación personal y profesional me ha proporcionado el privilegio de conocer y pasar largos períodos de tiempo con personas que, en mi opinión, son los principales maestros espirituales, psicólogos, yoguis, sanadores y líderes religiosos del mundo.

Muchas de las citas que presento en este libro proceden de entrevistas y conversaciones con esas personas. Sus enseñanzas se derivan de investigaciones, experimentos y experiencias procedentes de tradiciones y caminos espirituales muy diferentes, desde el sufismo hasta el yoga, el budismo tántrico, el judaísmo, el hinduismo, el taoísmo, el Cuarto Camino, el chamanismo y el Diamond Approach, así como también de la tradición baúl occidental, bajo la supervisión y guía de mi maestro, Lee Lozowick. También me he zambullido profundamente en las tradiciones psicológicas occidentales, que van desde los enfoques tradicionales hasta las psicoterapias de orientación corporal más vanguardistas. Mi deseo más profundo es que este libro resulte de interés para personas procedentes de todas las tradiciones religiosas y espirituales así como también de muchas escuelas psicológicas, y que las lagunas de mi conocimiento sobre ciertas tradiciones no eclipsen la relevancia de los principios básicos del discernimiento espiritual aquí presentados.

Cualquier libro que verse sobre el discernimiento tiene más que ver con preguntas que con respuestas. También debe tratar de corregir, desde una amplia variedad de perspectivas, algunas de las cuestiones más problemáticas del camino espiritual, para enseñarnos a formular la pregunta adecuada en el momento adecuado y discriminar así la verdad de la falsedad. «Viva usted ahora sus preguntas –dice el poeta Rainer Maria Rilke– porque tal vez, de ese modo, sin advertirlo siquiera, llegue a adentrarse poco a poco en la respuesta y descubra, un día lejano, con que ya está viviéndola.»[2]

\*\*\*

«Ojalá vivas en una época interesante», dice un conocido proverbio chino. Y lo cierto es que, independientemente de que se trate de una bendición o de una maldición, el tiempo que nos ha tocado vivir es un tiempo "interesante". Los recursos del planeta están agotándose y el destino mismo de la tierra está empezando a ponerse en cuestión. La delincuencia, la pobreza y la ignorancia se expanden por doquier, asistimos a un colapso de las religiones y son muchos los jóvenes que deciden no seguir las religiones de sus padres. Hemos nacido en una época en la que hay poca o ninguna educación relativa al cuerpo, las emociones y el espíritu. Cuando la conocida maestra budista y pacifista Chān Không llegó, por vez primera, a Estados Unidos después de haber ayudado a innumerables huérfanos durante la guerra de Vietnam, afirmó que nada de lo que había visto hasta entonces se asemejaba a la pobreza de espíritu y a la alienación espiritual que acababa de ver en la cultura occidental. Es cierto que los caminos espirituales de las culturas de todo el mundo a lo largo de los siglos no han estado exentos de los escándalos, los desengaños y los desafíos que acompañan al ser humano, pero no lo es menos que condiciones culturales y épocas históricas diferentes nos obligan a enfrentarnos a retos también diferentes.

Uno de los rasgos fundamentales de nuestra época, según el jeque sufí Llewellyn Vaughan-Lee, es que «no nos acordamos de lo que hemos olvidado». Así pues, no sólo hemos perdido el contacto con nuestra naturaleza espiritual más profunda sino que, en la mayoría de los casos, ni siquiera nos hemos dado cuenta de ello. ¿Cómo podemos recordar quiénes somos realmente y discernir cómo necesitamos crecer si ni siquiera sabemos lo que hemos olvidado?

En cierta ocasión, el psicólogo Abraham Maslow escribió: «Cada vez resulta más evidente que lo que la psicología considera "normal" no es, hablando en términos generales, más que una forma de psicopatología tan poco llamativa y generalizada que habitualmente ni siquiera nos damos cuenta de ella». La época que nos ha tocado vivir es tan confusa que ni siquiera nos damos cuenta del desequilibrio que nos aqueja.

Otra faceta de los "tiempos interesantes" en que vivimos tiene que ver con la importación masiva de técnicas no occidentales a la cultura occidental. Las nuevas e importantes visiones que nos proporciona esta oferta espiritual no están exentas de sus propias dificultades. Cada tradición mística emerge dentro de un determinado contexto cultural que incluye sus propias estructuras familiares y sociales, su propio lenguaje y su propia relación con la tierra. El psiquismo occidental es considerablemente diferente del psiquismo oriental o indígena, y no todos los aspectos de una determinada tradición oriental o chamánica resultan aplicables al psiquismo occidental. En el caso del tantra, el yoga y muchas prácticas chamánicas populares, el contexto espiritual mayor suele "perderse en la traducción" es decir, durante el proceso de importación.

También es importante reconocer que la mayoría de las tradiciones espirituales contemporáneas no han sido diseñadas para curar las heridas psicológicas generadas por el tipo de trauma prevalente de la cultura occidental provocado por la ruptura familiar, la desconexión de nuestro cuerpo y de la naturaleza y la alienación de las auténticas fuentes de la sabiduría espiritual. Cualquier intento de trasplantar la tecnología espiritual oriental e indígena –por más transcultural y objetiva que su sabiduría parezca ser– debería tener en cuenta las circunstancias psicológicas, culturales e históricas –a veces muy distintas– en que esas tecnologías emergieron y se desarrollaron.

Llewellyn Vaughan-Lee dice, con respecto a la época que nos ha tocado vivir:

La humanidad ha creado un velo que lo distorsiona todo. Y poco importa, en este sentido, que miremos hacia adentro, porque también ahí todo aparece distorsionado. Y no hay nada que, al respecto, podamos hacer. Es como una sala de espejos en el que basta con decir algo para que no tarde en convertirse en otra cosa. Los seres humanos han creado este velo y las personas llevan a cabo prácticas y siguen caminos espirituales sin descorrerlo.[3]

Pero el problema no radica en la presencia de esos velos. La cuestión, por el contrario, consiste en corregir este problema cultivando el discernimiento y cobrando conciencia de la complejidad de las variables implicadas en el proceso. Tiempos interesantes como el nuestro exigen soluciones creativas. Y, cuantos más velos obstaculicen nuestra mirada, más importante resulta el cultivo del discernimiento. Este libro se ocupa de muchos de los retos a los que actualmente deben enfrentarse los buscadores y practicantes espirituales del mundo occidental y considera también las distinciones sutiles que debemos realizar para gestionar más adecuadamente los obstáculos que salpican el camino espiritual.

*** 

El capítulo 1, "¿Qué es, de hecho, la espiritualidad?" empieza proporcionándonos una visión global del supermercado espiritual occidental contemporáneo y considerando cuestiones básicas como la predominancia actual de los escándalos espirituales y si la iluminación es realmente el objetivo del camino espiritual. El capítulo 2, titulado "Las enfermedades de transmisión espiritual", nos ofrece una clasificación de muchas de las trampas con las que suele tropezar el buscador espiritual contemporáneo, y el capítulo 3, "La postura de la mente", considera las actitudes que debemos cultivar para avanzar con discernimiento a través del camino espiritual.

Los capítulos 4 y 5, titulados respectivamente "La psicología del ego" y "El materialismo espiritual y el *bypass* espiritual", se ocupan de la relación existente entre el ego, la psicología y el karma y de las trampas que afloran cuando nuestro desarrollo en esos dominios es irregular, confuso y desequilibrado.

Los siguientes capítulos se ocupan de explorar la importancia del discernimiento como herramienta de transformación que nos ayuda a convertir las crisis y otros aspectos de la vida en oportunidades para el desarrollo espiritual. El capítulo 6, titulado "La crisis curativa", nos revela el modo en que el viaje de descenso, al que deben enfrentarse la mayoría de las personas que se comprometen con el camino espiritual, desarrolla la capacidad de discernir y adentrarse en aspectos y dimensiones cada vez más amplias y profundas de la experiencia. El capítulo 7, titulado "El principio tántrico", considera el modo en que la aplicación meticulosa del discernimiento puede servirse literalmente del poder terapéutico de los venenos internos y externos para acabar convirtiendo la experiencia ordinaria en una experiencia extraordinaria. El capítulo 8, titulado "El secreto de Pandora: desmitificar la sombra", ilustra las extraordinarias posibilidades de una transformación espiritual integral que conlleve la aplicación del discernimiento a nuestra sombra.

Los capítulos 9 y 10, titulados "El cuerpo como árbol de la bodhi: el imperativo de la encarnación" y "La unión entre la psicología y la espiritualidad", exploran la integración viva entre la psicología y la espiritualidad y el modo en que asimilamos y expresamos esta integración a través del cuerpo.

Pero un libro dedicado al discernimiento no sería completo si no considerase también su aplicación a la relación maestro-discípulo, uno de los aspectos más difíciles para gestionar adecuadamente la vida espiritual. En este sentido, el capítulo 11, titulado "La cuestión del maestro", nos proporciona una visión equilibrada de los beneficios espirituales únicos de trabajar con un maestro y de los desafíos psicológicos de esta relación tanto para el discípulo como para el maestro. En el capítulo 12, por último, titulado *"Om mani padme* ¡madura!" consideraremos con detenimiento el discernimiento y reflexionaremos sobre el significado del crecimiento –tanto del crecimiento psicológico como del crecimiento espiritual– y del avance hacia una auténtica madurez espiritual.

***

Cuando tenía veintidós años y estaba en condiciones de explorar con más detenimiento cuestiones de espiritualidad, asistí a un seminario dirigido por los maestros y autores budistas Stephen y Ondrea Levine. Para mí, se trataba de auténticos héroes que habían dedicado su vida al conocimiento de sí mismos, a la conciencia y al servicio a la humanidad. Pasé el fin de semana degustando la sabiduría que habían logrado a lo largo de una vida entregada a la práctica espiritual intensa y no comprometida, al estudio y la experimentación incesante y a una humildad difícilmente lograda. Cuando el fin de semana estaba a punto de concluir, una mujer levantó la mano y se lamentó de que, mientras que Stephen y Ondrea se habían convertido en practicantes modelo, ella estaba demasiada atrapada en su pasado como para llegar a esa profundidad y sabiduría.

Dirigiendo entonces una mirada muy tierna a la joven, Stephen pasó a contarnos, para nuestra sorpresa, la historia del angustioso pasado del que Ondrea y él provenían. Según nos dijo, se conocieron en una clínica de rehabilitación en la que ambos estaban recuperándose de una adicción al alcohol y a las drogas, respectivamente. Uno se pasaba las tardes golpeándose la cabeza con una roca, mientras que la otra sufría profundos estados psicóticos. Luego Stephen miró fijamente a la audiencia y, como si nos hablase personalmente a cada uno de nosotros, apostilló: «Es muy sencillo: el Buddha y Jesús eran, tiempo atrás, Joe y Mike. La única diferencia entre ellos y vosotros es que ellos tomaron una decisión muy profunda con respecto a sus vidas y han seguido manteniéndola. Creedme. Si nosotros hemos podido, *cualquiera* puede hacerlo».

«Yo enseño lo que necesito aprender», dijo, en cierta ocasión, T. Krishnamacharya, padre del yoga moderno. Ofrezco todas estas consideraciones sobre el discernimiento espiritual para que yo y todos nosotros podamos aumentar la claridad espiritual de nuestras vidas. Ojalá el fruto de nuestro estudio y de nuestra investigación compartida pueda contribuir positivamente a la reducción del sufrimiento y al aumento de la paz del planeta.

# 1. ¿QUÉ ES, DE HECHO, LA ESPIRITUALIDAD?

> No tengo la menor duda de la existencia de un mundo invisible. La cuestión es si queda muy lejos del centro y hasta qué hora permanece abierto.
>
> WOODY ALLEN, *Sin plumas*

Atraída por la obra de Carlos Castaneda tomé, a los diecinueve años, un avión para viajar a Ciudad de México y aprender con Kuiz, un conocido chamán azteca. Durante ese viaje, anoté en mi diario "Confío en que, si practico lo suficiente, llevo a cabo todas las ceremonias y hago caso a lo que me diga el chamán, en unos tres años estaré iluminada".

Pero resultó que, además de dirigir poderosos rituales aztecas y presentarme a personas excepcionales, el tal Kuiz era un alcohólico que insistía de un modo cada vez más agresivo en cobrarse sus enseñanzas con favores sexuales. Y, cuando le aclaré que no estaba dispuesta a pagarle en especies, se empeñó en que le entregase los 300 dólares que me quedaban para pasar el resto del verano en México. Innecesario es decir que, durante ese viaje, aprendí muchas más cosas sobre "oscurecimiento" espiritual que sobre iluminación espiritual… y lo cierto es que ése no fue más que el comienzo.

Kuiz fue mi primer maestro espiritual formal. Afortunadamente no renuncié, después de tan decepcionante experiencia –y de otra y hasta de una tercera–, a seguir buscando maestro. Entonces empecé a estudiar con judíos, budistas, hindúes, nativos americanos, psicólogos transpersonales y personas que se autoproclamaban dioses y brujas. No tardé en darme cuenta de que el psiquismo y el espíritu humano son muy amplios y complejos y que, quien quiera aprender a moverse adecuadamente por el laberinto del mundo interior y convertirse en una persona sabia y con conocimiento, debe contar con la cualidad, ciertamente difícil de lograr, de una adecuada guía.

De algún modo, me di cuenta de que uno tiene que aprender lo que más tarde reconocí como la necesidad de cultivar el discernimiento espiritual aunque, por aquel entonces, todavía carecía de palabras para referirme a ello. Entonces me enteré de la existencia de enseñanzas y metodologías muy elaboradas que pueden servir de guía para desplazarse adecuadamente por el camino espiritual. Era joven y tenía un hambre atroz, pero carecía de mapa que me indicase el camino a seguir para llegar a un destino elusivo cuyo nombre ignoraba y carecía también de manual de instrucciones que me dijese lo que tenía que "hacer" con mi vida. Aunque la *iluminación* era un término habitualmente utilizado en los círculos que, por aquel entonces, frecuentaba, todavía ignoraba de qué se trataba, quién podía ayudarme a encontrarla, dónde debía buscarla, cuáles eran las trampas que, a lo largo del camino, me acechaban y quién y qué debía evitar. El discernimiento sólo puede descubrirse a través de un largo proceso de tanteo, es decir, de aciertos y de errores.

Hoy en día, un par de décadas después de ese primer viaje a México, puedo decir que finalmente he encontrado a un maestro espiritual sincero con el que llevo estudiando la mayor parte de mi vida adulta. Los errores y los aciertos me han enseñado a ser más discriminativa y diferenciar entre caminos, prácticas, maestros y procesos internos. Aunque cada viaje sea único –y nadie pueda recorrer por otro su camino ni impedir que incurra en sus propios errores y aprenda sus propias lecciones–, todos tenemos que aprender a cultivar el discernimiento. Así es como llegamos a tomar decisiones cada vez más inteligentes y eficaces y a minimizar las distorsiones y sufrimientos innecesarios provocados por una falta de educación y de conciencia. La "espada de la discriminación" de la que hablan tantas tradiciones espirituales es la mejor de las protecciones con que podemos contar para avanzar adecuadamente por el camino espiritual.

Cada vez son más, en la medida en que los movimientos espirituales contemporáneos siguen evolucionando, las escuelas y enfoques occidentales que se centran en aspectos diferentes de la integración espiritual. El presente libro, basado en la sabiduría procedente de tradiciones y prácticas muy diferentes, aspira a proporcionar un modelo integral de la transformación espiritual del que puedan servirse los practicantes de todas las religiones y tradiciones. Éste es un modelo que tiene muy en cuenta las dificultades que hoy en día atravesamos, las sutilezas que implica el trabajo con la mente egoica y la psicología occidental y el imperativo de integrar todos los niveles de nuestra transformación.

A lo largo de este libro veremos una amplia variedad de procesos, visiones y principios que deben atravesar quienes llevan tiempo siguiendo un camino espiritual. Y es que, independientemente de la tradición a que se adscriban, son muchos los retos a los que deben enfrentarse los aspirantes sinceros, entre los cuales cabe destacar el fracaso, las crisis curativas, el autoengaño, la decepción del sueño de la iluminación y la desilusión de los maestros que afirman estar iluminados. Trabajar adecuadamente, en este sentido, con el psiquismo y el ego es algo muy complejo y que requiere de un gran discernimiento.

"Percepción y juicio agudos", "capacidad de captar y entender lo oscuro" y "enjuiciar de manera sabia y objetiva" son algunas de las definiciones que del término "discernimiento" nos ofrecen los diccionarios. Nuestra tarea, en tanto que practicantes espirituales, consiste en aprender a ver con claridad, mantener los ojos bien abiertos, distinguir la verdad de la falsedad y exponer a la luz de la conciencia lo que, en nuestro interior, permanece inconsciente.

Avanzar clara e inteligentemente por el camino espiritual puede ser, en estos tiempos, una empresa muy difícil y cada viaje tiene, en este sentido, sus peculiaridades. Son muchas las luces que alumbran el supermercado espiritual y muy llamativa la mercancía que, en él, se nos ofrece. No resulta sencillo, por tanto, en ningún momento del camino, tomar decisiones claras, sanas y económicas. Aun quienes llevan mucho tiempo comprometidos con la práctica espiritual se ven inevitablemente abocados al reto de discernir cuál de entre toda la plétora de prácticas y maestros accesibles es, en tal o cual momento, la más adecuada.

Comenzaremos, como primer paso en nuestra presentación del discernimiento como herramienta esencial del camino espiritual, con una revisión acerca del estado de la espiritualidad contemporánea en Occidente. ¿Cómo ha dejado de ser, la espiritualidad y la iluminación, un proceso de búsqueda del alma para acabar convirtiéndose en un buen negocio? ¿Cuáles son los productos del mercado de la espiritualidad y la iluminación que más se venden hoy en día? ¿Por qué tantos gurus famosos acaban viéndose catapultados al escándalo, decepcionando a sus antiguos seguidores y llevándoles a abandonar el camino espiritual y optar por una vida normal y corriente? ¿Por qué el budismo resulta tan atractivo y popular y por qué hay tanta gente cautivada por el Dalai Lama? ¿Qué *es*, en suma, la iluminación? ¿Y qué es lo que realmente queremos?

Nada hay más hambriento que el corazón humano. Aunque, en lo más profundo de cada uno de nosotros, aliente el deseo y el anhelo de plenitud humana y espiritual, el miedo que nos consume todavía es más intenso. Y lo más curioso es que ni siquiera nos damos cuenta de ello. Son muchas las potencialidades que se agitan bajo la superficie de nuestra conciencia. En nuestro interior bullen universos enteros, cuya existencia sólo intuimos. Reventamos de ganas de nacer, de ir más allá de nuestros límites, de liberar las potencialidades que se agitan en nuestro interior, de descubrir una intimidad que hemos intuido en sueños o, en alguna que otra ocasión, hemos degustado. Éste es el anhelo que late en el núcleo mismo de nuestras células.

Incapaces siquiera de dar nombre a nuestra hambre, la mayoría acabamos sencillamente reprimiéndola y circunscribiéndonos a una vida previsible y mecánica. Como, en cierta ocasión, me dijo mi amigo Zak, un productor de cine de Bollywood: «Ni siquiera me atrevo a formularme la primera pregunta porque sé que, detrás de ella, vendrían otras miles –o quizá millones– y temo que, en tal caso, acabase mi vida como actualmente la conozco».

Llega un momento, sin embargo, en que nuestro sufrimiento personal es demasiado intenso y ya no podemos seguir negando esa realidad. Nuestra mente nos atormenta, nuestra vida no funciona como esperábamos o nos movemos a un nivel estrictamente mundano, pero sin poder encontrar la alegría profunda que sabemos posible. La conciencia nos remuerde hasta el punto de no poder seguir reprimiendo la necesidad de saber cuál es nuestro potencial no vivido. Ya no queda entonces más remedio que buscar algún tipo de guía o práctica que nos ayude a alimentar nuestro hambriento corazón hasta acabar descubriendo lo que, hablando en términos muy generales, se conoce como "camino espiritual".

En otros casos, sin embargo, parece como si fuese el camino el que llegase hasta nosotros y se insertase en nuestra vida. Estamos viviendo una vida normal y corriente cuando de repente se presenta una persona, un libro o una experiencia que sacude los cimientos de nuestro mundo hasta un punto ya no hay posible vuelta atrás. Hay veces en que el camino espiritual llega como una revelación que se experimenta de manera muy familiar mientras que, en otras, se presenta como algo "nuevo", aunque sospechemos que siempre ha estado con nosotros.

Independientemente, sin embargo, de que lo hayamos buscado o no, el descubrimiento del camino espiritual suele ser motivo, para el corazón, de celebración y se experimenta como un rito íntimo y privado de pasaje, que va acompañado de experiencias y comprensiones iluminadoras. El camino parece muy sencillo y evidente. Lo único que debemos hacer es estudiar, entender, sosegar nuestra mente y llevar a cabo ciertas prácticas para alcanzar, con el tiempo, la paz mental y el autoconocimiento duraderos.

«Y Dios se reirá de que una vez tratases de ser santo» escribió, en cierta ocasión, el místico persa Hafiz. Si tenemos suerte, la fase inicial de la vida espiritual, la luna de miel espiritual, dura lo mismo que la luna de miel de un romance, meses o quizás, en el mejor de los casos, años. Pero finalmente acaba estableciéndose un compromiso entre nuestro yo limitado y nuestro yo ilimitado, entre uno mismo y Dios o la Verdad. Y, en ese preciso momento, empieza el trabajo verdadero y profundo.

## EL SUPERMERCADO ESPIRITUAL

Merece la pena, al empezar a interesarnos por el camino espiritual, recordar la advertencia que insiste en que "tengamos cuidado con lo que compramos", porque la verdadera espiritualidad puede manipularse hasta convertirse en un bien de consumo susceptible de venderse y comprarse en el mercado. La espiritualidad no sólo es un camino hacia la liberación, la verdad y la compasión, sino también un gran negocio. La espiritualidad se combina, hoy en día, con la cultura capitalista hasta un punto en que bien podríamos hablar de una auténtica "economía de espíritu", que resulta muy fácil confundir con la auténtica espiritualidad.

En un artículo titulado "Yoguis Behaving Badly", el periodista Paul Keegan escribió que, en el 2002 había, en Estados Unidos, unos 18 millones de practicantes de yoga moderno y que el mercado de productos sanos y respetuosos con el medio ambiente se estimaba en torno a los 230.000.000 de dólares. Las alfombrillas de yoga pueden comprarse en Kmart, Wal-Mart y hasta en muchos supermercados de gasolineras y estaciones de servicio… ¿para quienes practiquen acaso yoga en el coche? Muchos grandes centros espirituales ofrecen clases de cualquier cosa, desde divorcio consciente hasta ganchillo y atención plena y mueven presupuestos realmente multimillonarios. Las máquinas expendedoras venden budas de chicle y hay avispados vendedores que afirman haber embotellado la singular energía espiritual de Sedona (Arizona). El encuentro entre Oriente y Occidente, la tendencia a la globalización, el consumismo que caracteriza a la cultura americana y su creciente impacto en el resto del mundo ha propiciado la aparición de una superabundancia de movimientos espirituales que se expanden por todas partes con la misma celeridad que McDonald o Starbucks.

Invito al lector que discrepe de mi diagnóstico a que se acerque a cualquier congreso mente-cuerpo-espíritu o a una de esas exposiciones de la Nueva Era y estoy seguro de que se quedará sorprendido, desbordado, estupefacto y hasta encantado por los miles de productos asombrosos –y no tan asombrosos– que descubrirá. Es realmente apabullante la diversidad de productos relacionados con la diosa, con la ropa "espiritual" y con toda la parafernalia ligada a la meditación y el yoga, que van desde alarmas zen hasta pirámides de cristal para colocar sobre la cabeza y activar los chakras y artilugios plásticos destinados a separar los dedos de los pies durante la práctica del yoga: la lista resulta ciertamente interminable. Y también debemos señalar el saturado mercado del libro espiritual, que abarca desde novelas de amor y misterio espiritualmente orientadas hasta libros de autoayuda que prometen enseñar de todo, desde el modo más adecuado de convertirse en chamán hasta la mejor forma de tener sexo espiritual.

El "turismo" espiritual también se ha convertido en un gran negocio, no sólo el tipo que te lleva hasta Maui o la selva brasileña para estudiar el tantra de los delfines o llevar a cabo rituales chamánicos, respectivamente, sino el amplio y más habitual peregrinaje por un largo periplo de caminos, maestros, talleres y prácticas diferentes. La espiritualidad se halla hoy en día tan difundida que haríamos bien en aclarar si nuestro interés al respecto es un entretenimiento de moda o el fruto de un hambre más verdadera. Y no porque, en tal caso, nuestro enfoque sea mejor o más noble que el otro, sino porque tener claras estas cosas nos ayuda a orientarnos más adecuadamente en nuestro paso por el supermercado espiritual.

El discernimiento no sólo es interesante cuando compramos algo valioso e importante, sino que también resulta esencial en el ámbito del supermercado espiritual. Debemos ser, en este sentido, muy discriminativos porque, del mismo modo que sucede con el uso carismático y diestro del lenguaje de la iluminación por parte de un guru para venderse a sí mismo y a su enseñanza, éste no necesariamente implica la autenticidad ni la calidad del producto o del servicio que ofrece. Es cierto que las tiendas de comida rápida venden "comida", pero su beneficio nutritivo y sobre la salud está muy lejos del que el consumidor obtiene de los pollos de granja, de la ternera libre de grasas y de las frutas y verduras orgánicas. Necesitamos ser tan discriminativos, al menos, en el mercado espiritual como en el mercado de los bienes de consumo. La comercialización del equivalente espiritual de la comida rápida es impecable y va desde seminarios de fin de semana que prometen la transformación completa hasta los llamados maestros "iluminados" que afirman tener decenas o aun centenares de discípulos iluminados que han alcanzado los primeros estadios de la comprensión y la experiencia espiritual.

No todos los caminos, prácticas y maestros espirituales proporcionan enseñanzas de la misma calidad. Es cierto que ciertas prácticas y procesos pueden resultar muy útiles en determinados momentos del viaje –e incluso introducirnos al hecho de que se trata, en realidad, de un viaje– pero, con el paso del tiempo, debemos aprender a establecer distinciones más sutiles entre la amplia diversidad de caminos, prácticas y maestros accesibles. También es muy importante identificar la motivación que nos ha llevado a emprender el camino. Si queremos descubrir las riquezas que el camino espiritual puede ofrecernos, deberemos aprender a diferenciar antes los diamantes de imitación de los diamantes verdaderos en los ámbitos de la literatura, los caminos, las prácticas y los maestros que compiten por nuestra atención. «Si el oro verdadero no existiera –dice Rumi– tampoco existiría el oropel.»

## EMERGENCIA Y CAÍDA DE LOS GRANDES GURUS Y DE LOS GRANDES DISCÍPULOS

Con cierta frecuencia se me acercan, como resultado de mi investigación, del tipo de libros que escribo y de mi práctica del *counseling*, personas que, por un motivo u otro, han acabado desengañándose de la vida espiritual. Y ello me permite acceder a un inusual banco de datos procedentes de lo que bien podríamos denominar "el vientre de la iluminación". Se trata de una modalidad de chismorreo espiritual que haría tambalearse a cualquier aspirante serio al camino. Son datos, si nos los tomamos en serio, que ponen de relieve que nadie, absolutamente nadie, ni maestros ni discípulos, está exento de incurrir en los errores en los que inevitablemente se cae a lo largo del camino espiritual.

Son muchas las historias terribles que he escuchado de algunos de los maestros "iluminados" más admirados de nuestro tiempo que, en su búsqueda de la espiritualidad, han abandonado a sus hijos, se han servido de la práctica espiritual para desconectarse de los demás o han maltratado a sus parejas justificando su conducta con conceptos y terminología espiritual. El escenario espiritual contemporáneo está saturado de escándalos ligados al sexo, el dinero y el poder y podríamos considerarlo una forma de virus que se difunde silenciosamente hasta que el daño resulta irreparable.

No es de extrañar que, cuando acabe de pronunciar una charla, se me acerque, con mucha frecuencia, alguien diciéndome: «Me gustaría contarte algo que probablemente desconozcas...» y pase luego a relatarme la historia relativamente habitual del maestro X que, afirmando ser célibe, se acuesta, con la excusa de estar "iniciándolas tántricamente", con muchas de sus discípulas, o del modo en que engaña a su mujer manteniendo relaciones sexuales con las mujeres y/o con los jóvenes de la comunidad, o que prohíbe a las mujeres de la comunidad tener hijos, afirmando que generan demasiado apego o que mal puede educarse a un hijo antes de haberse iluminado. Son muchas, en suma, las historias que se cuentan acerca de maestros supuestamente iluminados que manipulan a sus discípulos obligándoles a entregarles grandes sumas de dinero o del narcisismo de otros que mienten, engañan y abusan física, psicológica, emocional o espiritualmente tanto de sus discípulos como de sus seres queridos.

Basta con abrir mi buzón de correo electrónico para encontrarme con más historias de escándalos espirituales de las que me gustaría enterarme. No es de extrañar que, en lugar de movilizar el amor y la compasión, el término *espiritualidad* despierte, en muchas personas, una retahíla de maldiciones. Como le gusta decir al maestro budista theravada Jack Kornfield: «Si quieres saber lo iluminado que está alguien habla con su marido o con su esposa».

La comprensión de las causas de los engaños y escándalos en los que se han visto inmersos muchos maestros espirituales es un tema muy complejo al que dediqué mi último libro, titulado *¿Necesitas un guru?* Ese libro proporciona una visión global que puede servir de punto de partida para entender las complejidades del establecimiento, en nuestra vida, de una visión poderosa y no escandalosa del aprendizaje y del desarrollo espiritual.

Es importante, en primer lugar, reconocer la magnitud de los escándalos que salpican el camino espiritual. Y, aunque haya casos de abusos que ponen en peligro la vida, lo cierto es que son una excepción. La mayoría de las infracciones son de orden más leve –y, en consecuencia, menos visible– y suelen incluir el forzamiento psicológico, económico y sexual. Mucho más frecuente es el fenómeno de la mediocridad espiritual, que tiene lugar cuando individuos mal preparados asu-

men (o se ven obligados a asumir) prematuramente posiciones de poder que no se hallan en condiciones de desempeñar
adecuadamente. En tales casos, acaba estableciéndose, dentro del grupo, una manipulación sutil o una disfunción orga-
nizativa racionalizada y justificada, muy a menudo, con la
terminología espiritual o dhármica. Por más que uno crea que
la etiqueta "espiritual" expresa un compromiso irreprochable
con la integridad, lo cierto es que, en un mundo que se mueve
por parámetros ligados al dinero, el poder y la fama, el hecho
de etiquetar a un maestro o un camino como "espiritual" no
le libra de verse afectado por la misma corrupción que pesa
sobre cualquier otro aspecto de la vida. Thom Birch, un destacado maestro, antes de tomar la decisión de abandonar ese
negocio del circuito de congresos de yoga, afirma hoy en día,
en ese sentido: «Muchas de esas personas son simples tima-
dores, matones y adictos al sexo que se ocultan tras el velo
de la espiritualidad».[1] La corrupción espiritual es, de algún
modo, una de las formas más insidiosas de fraude que suele
justificarse apelando al lenguaje de la verdad.

También merece la pena determinar, en segundo lugar,
cuáles son las conductas poco íntegras. ¿Es un abuso espiritual que el maestro mantenga una relación sexual o romántica
con una o uno de sus discípulos? ¿O el abuso reside, por el
contrario, en que se trate de un secreto o en la contradicción
(cuando se opone frontalmente, por ejemplo, a un voto formal de celibato)? ¿No dependerá acaso de las circunstancias
que rodeen al comienzo de la relación y al grado de madurez implicado? ¿Y no cuestionaría acaso tal eventualidad la
sabiduría y la capacidad del maestro para transmitir el conocimiento? ¿Debería ser considerada como forzamiento económico la solicitud del diezmo (la entrega del 10% de los in-
gresos) o legar la herencia a una organización espiritual o
sólo se convierte en tal después de que el sujeto se haya de-

cepcionado de un determinado camino o maestro? También estoy convencida de que, aunque éstas sean las preguntas que deberían formularse con respecto a todo tipo de manipulación espiritual, no existen respuestas generales, porque cada caso es único y depende de variables muy distintas. Hay instituciones que, en su esfuerzo por minimizar el efecto de los abusos espirituales, han tratado de establecer un código ético, pero tales intentos suelen tener un efecto sofocante sobre maestros cuyo trabajo consiste en apoyar al practicante para que pueda acceder personalmente al misterio de la creación y también hay casos en los que el precio de la seguridad requiere el sacrificio de la creatividad y de la libertad de los practicantes.

La fuente primordial, en mi opinión, de las conductas problemáticas que encontramos en las comunidades espirituales reside dentro de cada uno de nosotros. Este *conocimiento* puede cambiar nuestra perspectiva y, dejando de asumir el papel de víctimas, podremos asumir nuestra responsabilidad. La expresión *complicidad mutua*, que he presentado en mi libro *A mitad de camino*, se refiere al principio según el cual la corrupción exige una suerte de confabulación, a menudo inconsciente, entre maestro y discípulo o entre maestro y grupo de discípulos. Del mismo modo que, para bailar el tango, son necesarias dos personas, también se necesitan dos o más para que, dentro de una escuela espiritual, acabe instalándose la corrupción. La complicidad mutua es, en este sentido, una forma de codependencia espiritual.

Creo que, cuando la corrupción espiritual se halla presente, además del propósito consciente de la alianza entre discípulo del maestro –que gira en torno al objetivo de la iluminación espiritual, el despertar, servir a Dios, etcétera– también existe una alianza entre necesidades y acuerdos inconscientes. Entre éstas, cabe destacar la necesidad del maestro de sentirse poderoso, de controlar, de sentirse especial, necesitado o amado mientras que el discípulo, por su parte, puede necesitar inconscientemente ser salvado, protegido, cuidado o eximido de la necesidad de crecer y asumir la responsabilidad personal de su conducta. Independientemente de los detalles, la corrupción emerge de los aspectos inconscientes de la relación entre maestro y discípulo.

No deberíamos olvidar por tanto que, por más cierto que sea que el maestro se halla en una posición de poder e influencia, las personas sobre las que influye son –o deberían ser– adultas. Cuando más adelante veamos el tema de la psicología, advertiremos los muchos casos en que consideramos aspiraciones espirituales a necesidades y deseos infantiles insatisfechos. No es de extrañar por tanto que, con cierta frecuencia, acabemos sumidos en circunstancias espirituales que reproducen los conflictos irresueltos de nuestra vida. Y es que, como decía Carl Jung «las situaciones internas de las que no somos conscientes acaban exteriorizándose en forma de destino».

Mi propia vida me ha proporcionado ejemplos que ilustran perfectamente la verdad de este principio. Fueron muchas las ocasiones en que, durante los siete años que pasé buscando un maestro espiritual, me vi inmersa en relaciones con maestros espirituales varones que reproducían, de un modo u otro, aspectos conflictivos irresueltos de la relación con mi padre. El dolor provocado por esas situaciones es real y los abusos de esos individuos son devastadores para sus discípulos. Y, aunque no podamos impedir la violencia ajena, sí que *podemos* cobrar conciencia de nuestra tendencia a colocarnos en situaciones especialmente violentas. Es una auténtica tragedia que individuos apasionados por la verdad acaben renunciando al camino espiritual porque no pueden recuperarse de la decepción provocada por un maestro espiritual o incluso de la ingenuidad con que se metieron en situaciones lamentables. De este modo, el alma pierde la ocasión, debido a circunstancias psicológicas que bien podría haber evitado, de desarrollarse profundamente en esta vida.

Conviene insistir una vez más en el hecho de que nadie está libre de caer en las trampas de la confusión y el error espiritual. Difícilmente podremos, careciendo de poder, autoridad y fama, entender las sutilezas que acompañan a esas tentaciones y saber, en consecuencia, cual sería, si la situación nos afectara, nuestra respuesta. Son muy pocas las personas que se han adentrado lo suficiente en las sutilezas de la sabiduría dhármica como para darse cuenta del modo en que los aspectos inconscientes del ego pueden apropiarse de la verdad y acabar creando, justificándose con el lenguaje apropiado, una coraza chapada en oro. «No me interesan –me comentó, en cierta ocasión, el filósofo Robert McDermott– los escándalos que tengan más de siete años de antigüedad. Mal podría considerarme una persona espiritual si no soy lo suficientemente abierto como para admitir la posibilidad de que las personas cambien.»

Es aconsejable aproximarse a los caminos y prácticas espirituales con un escepticismo inteligente. Y dos son las razones que explican la necesidad de llevar a cabo un escrutinio inteligente: la primera de ellas es la excepcionalidad de las organizaciones, maestros y comunidades espirituales que han logrado un elevado nivel de integración entre todos los niveles, y la segunda es que nuestra atracción por los caminos y prácticas espirituales es el resultado de una adecuada combinación entre las auténticas necesidades del alma y las inevitables necesidades y puntos ciegos psicológicos. Descartar la posibilidad de la espiritualidad verdadera debido a la existencia de una espiritualidad fraudulenta o "de imitación" es tan absurdo como descartar la posibilidad de descubrir el amor por el simple hecho de haber sufrido un desengaño amoroso. Uno de los objetivos fundamentales de este libro consiste en ofrecer al lector el apoyo necesario para que aprenda a salir airoso de la ciénaga de nuestros conceptos y experiencias psicológicas y espirituales y de nuestros mecanismos egoicos sutiles y que pueda tomar decisiones espirituales más inteligentes y poderosas.

## LA ILUMINACIÓN NO VIENE A CUENTO

Los lectores que visiten la página web de mi maestro, encontrarán la frase: «Si buscas la iluminación será mejor que lo hagas en otra parte».

Otro maestro, Claudio Naranjo, místico, escritor y educador nacido en Chile experimentó, en 1971, una gran experiencia de iluminación. Pronto se estableció, a su alrededor, una escuela espiritual y, durante los tres años siguientes, vivió sumido en un estado de transparencia, inspiración y claridad... que acabó esfumándose hasta verse reemplazado, durante más de una década, por una auténtica noche oscura del alma. Tras cuatro décadas más de integración espiritual, reflexionó sobre los cambios que había experimentado su "iluminación" hasta llegar a abarcar la totalidad de la experiencia humana, que incluye tanto la luz como la oscuridad, y concluyó, a este respecto, lo siguiente:

> Puedes utilizar la luz de la experiencia para ver tu oscuridad. La experiencia sólo se pierde en la medida en que se reinvierte en ti mismo. La luz que recibes se combina entonces con tu propia oscuridad y deja de ser luminosa. Pero tampoco entonces la oscuridad es ya tan oscura. Tu ser se ha visto transformado.[2]

«Uno no se ilumina imaginando figuras luminosas, sino cobrando conciencia de la oscuridad», dijo Carl Jung. Personalmente, no puedo entender la idea de la iluminación, por la simple razón de que no estoy iluminada. Yo también, como la mayoría de los aspirantes entusiastas, tenía una visión grandiosa de mi potencial espiritual y compartía, como muchos otros, la fantasía secreta de tener un acceso espiritual a la iluminación. Esto es algo muy frecuente, especialmente durante los primeros años de nuestra vida espiritual, cuando tendemos a vernos cautivados por intuiciones espectaculares y experiencias deslumbrantes. La voz de la grandiosidad dice algo así como "*yo* soy, aunque otras personas lo ignoran, un poco más especial que los demás. *Yo* tengo una conexión especial con Dios". Ésta es una fantasía muy habitual entre los buscadores espirituales.

Recuerdo el momento exacto en que estalló mi burbuja de la iluminación personal. Era una joven buscadora de treinta y cuatro años que había viajado a la India y había encontrado a mi maestro Lee y a su maestro, un gran santo llamado Yogi Ramsuratkumar. Recibí mucha atención personal del santo, que me ofreció un tratamiento especial y experimenté momentos extáticos de intoxicación divina que no son infrecuentes cuando uno despierta por vez primera a su verdadera naturaleza. Estaba convencida, aunque jamás lo hubiese admitido en voz alta, de ser especial. Un buen día, mi amigo Michael, que llevaba mucho tiempo viviendo en la India y llevaba veinte años siendo discípulo de Lee, me dijo: «Apuesto que crees tener una relación no sólo especial, sino superespecial, con lo divino. Apuesto a que secretamente crees tener un mayor acceso a la iluminación que el resto de nosotros. Pero sabes, Mariana –concluyó– así es como se sienten casi todos los estudiantes serios».

¡Qué vergüenza! ¡Y qué auténtico regalo también! Sabía

que estaba en lo cierto. Recuerdo que, durante esa época, conocí a una joven pareja que seguía montada en su globo. El
muchacho era inglés, tenía unos treinta años y había tenido
una gran experiencia de iluminación que duró tres meses y
le impulsó a viajar a la India para conectar con las grandes
tradiciones de iluminación. Había encontrado una novia australiana que se convirtió en su primera discípula y viajaban
en busca de nuevos discípulos. Cuando les dije que no podía
seguir con ellos porque me incomodaba el papel de maestro
que asumía de continuo, dijo haberme lanzado una maldición
por haberles traicionado.

También conocí, durante esa época, a un gran maestro,
llamado H.W.L. Poonja, llamado también Poonjaji, que vivía
y enseñaba en Lucknow (India). Se trataba, según los relatos
de quienes le conocían, de un hombre iluminado, pero una de
las tragedias de su enseñanza era que había contado, inferido
o permitido que centenares de individuos creyeran, por el hecho de haber tenido una o varias experiencias poderosas de
despertar, estar completamente iluminados. Estos maestros
"iluminados" procedían entonces a iluminar de manera parecida a sus propios discípulos, lo que dio origen al movimiento conocido, en la cultura occidental, como "Neoadvaita" o
Satsang, una palabra sánscrita que significa "estar juntos en
la verdad". Asumir que experiencias provisionales de percepción de la vacuidad o de la iluminación constituyen el final
del camino es un grave error, un error difundido a menudo
por maestros de este movimiento y que resulta en centenares
de miles de decididos buscadores que van de un lado a otro
del mundo y de maestro en maestro en busca de "indicios"
de verdad espiritual que ingenuamente toman por la iluminación. El Vedanta Advaita indio tradicional, del que se deriva este enfoque, implica décadas de estudio y práctica bajo
la supervisión y guía de un maestro cualificado y tiene poco

que ver con la "iluminación" de la que habla gran parte del movimiento Neoadvaita actual.

Aunque posteriormente afirmó haber enviado embajadores que se habían considerado erróneamente reyes, no bastó con esta aclaración para acabar con la avalancha de afirmaciones prematuras de iluminación que acabó desencadenándose. Un fenómeno paralelo empezó a darse entonces, simultáneamente, en torno a los discípulos de otros maestros indios. Algunos de ellos eran manifiestamente escandalosos, mientras que otros se mostraban sencillamente ingenuos ante la tendencia egoica que existe especialmente en la cultura occidental de servirse de las experiencias espirituales para escapar del laborioso y difícil proceso de enfrentarse a todos los niveles de la experiencia humana (los lectores interesados en el *bypass* espiritual encontrarán más información al respecto en el capítulo 5). Aunque haya notables excepciones a la regla –tanto en lo que respecta a los maestros como a los discípulos del movimiento Satsang–[3] éste me parece uno de los movimientos más confusos de la historia de la espiritualidad occidental contemporánea.

Poco después de la publicación de *A mitad de camino*, recibí la llamada telefónica de un hombre que solicitó una cita para hablar de algo relacionado con mi libro. Cuando nos encontramos, me contó que a pesar de que, años atrás, se había iluminado, no podía conseguir que nadie aceptara su iluminación. Había perdido a su mejor amigo y a otros muchos porque, según decían, les resultaba imposible relacionarse, en ese estado iluminado, con él. Estaba muy preocupado por el sufrimiento de sus amigos y solicitaba mi consejo para que le recomendase el camino más adecuado para conseguir que aceptasen su iluminación. Dejando entonces a un lado mi comida tailandesa, le sugerí que lo más apropiado suele ser asumir la función de maestro espiritual cuando los demás o tu propio maestro (algo de lo que él, por cierto, carecía) te lo piden y que, hasta ese momento, sería mejor que renunciase a su intento. Son muchas las personas que, a lo largo de mis viajes e investigaciones, han afirmado estar iluminadas y muchas más las que, pese a que no se atrevían a decirlo en voz alta, así lo creían.

No es difícil, como veremos, tener comprensiones y experiencias espirituales profundas que satisfagan las definiciones que muchos textos han dado de la iluminación. Pero esas comprensiones y experiencias no representan, como veremos, tanto el final como el comienzo del camino. Es cierto que jalonan un momento muy importante del desarrollo espiritual, pero no lo es menos que se trata de un momento que se halla más próximo al comienzo que al final.

La mayoría de los practicantes occidentales de la espiritualidad no son conscientes de que el término *samādhi* –utilizado a menudo para describir un estado de concentración y unidireccionalidad en el que la conciencia del sujeto experimentador se funde con el objeto experimentado– tiene, en realidad, muchos niveles diferentes. Los niveles preliminares son muy habituales, mientras que los más avanzados son tan infrecuentes que pocos seres humanos, incluidos los muy desarrollados, llegan a experimentarlos. *Los yoga Sūtras de Patañjali*, un texto de más de dos mil años de antigüedad sobre la ciencia del desarrollo espiritual en el camino del yoga, al que me referiré a lo largo de este libro, describe del siguiente modo estos niveles.

*Vitarka*, el primer nivel, se refiere a la comprensión intelectual del conocimiento o la verdad derivados del pensamiento y el estudio deliberados. Éste es el nivel que experimentamos cuando, estudiando un texto espiritual, tenemos una experiencia "¡Ajá!", un nivel profundo de comprensión intelectual. El siguiente nivel, denominado *vicāra*, implica un tipo de comprensión más sutil fruto de la investigación personal que, no sólo tranquiliza la mente, sino que también agudiza y profundiza nuestra percepción. Este nivel ha sido experimentado por muchas personas que se han comprometido en un largo proceso de meditación y/o indagación y por muchos de quienes afirman estar iluminados. Luego está *ānanda*, la beatitud, otro poderoso estado de realización que suele tomarse erróneamente por la iluminación y que resulta bastante habitual entre quienes siguen el camino del yoga, la meditación y la indagación. Después está *asmitā*, un nivel en el que el individuo mora en su Yo verdadero. Estos estados preliminares no sólo incluyen, en su interior, niveles de desarrollo más sutiles, sino que todavía existen niveles más avanzados de samādhi, conocidos como *asamprajñātā samādhi* y *nirbīja samādhi*, en los que la conciencia se funde en un estado de ser sin comienzo, sin final y ajeno a la mente.[4] No es difícil entender el modo en que los aspirantes e incluso los maestros espirituales pueden descubrirse, inconscientes de las posibilidades y distinciones sutiles del desarrollo espiritual adicional, experimentando y hasta integrando uno o más de los niveles inferiores de samādhi. El resultado de todo ello es la creencia de que han llegado al final del camino cuando, en realidad, no han hecho más que empezar.

Convendría que, en lugar de aferrarnos a una imagen irreal del despertar espiritual como un producto que puede ser alcanzado, lo entendiésemos como un proceso interminable caracterizado por niveles de integración cada vez más profundos. Si revisamos de ese modo la imagen que tenemos de la iluminación, evitaremos caer en muchas de las trampas, de otro modo inevitables, que acechan a lo largo del camino espiritual, en varias de las cuales nos centraremos en el siguiente capítulo. Aunque inicialmente pueda resultar muy frustrante admitir que no somos tan sabios como creíamos o que no estamos tan cerca como suponíamos del supuesto objetivo de la vida espiritual, abandonar la visión centrada en objetivos también nos convierte en personas más humildes y más reales.

¿Y si la iluminación no tuviese tanto que ver con fuegos artificiales y con una supuesta beatitud eterna sino, muy al contrario, con disipar las ilusiones que nos hacemos sobre la vida? ¿Y si la iluminación tuviese más que ver con abandonar las pretensiones y convertirnos en seres humanos más auténticos, más compasivos y más reales? ¿Y si tuviese que ver con la renuncia a las capas protectoras de la estructura de nuestra personalidad? ¿Y si consistiera en aprender a ser agentes más eficaces de la transformación y el alivio del sufrimiento del mundo, empezando por nosotros mismos? En los muchos años que he dedicado a la investigación y la práctica de la espiritualidad y a las entrevistas, he llegado a la conclusión de que, por más diferentes que sean los objetivos de los distintos caminos, el camino espiritual auténticamente integrado debería hacernos más –que no menos– reales y humanos.

Mis héroes espirituales no son las personas que habitualmente se consideran santas. Muchas de las personas supuestamente santas que conozco, tanto maestros como discípulos, carecen de profundidad, dimensión y textura. Es como si, de algún modo, la energía que invierten en mantener a raya la oscuridad distorsionase la calidad de su luz. Como Claudio Naranjo que, para integrar lo que todavía estaba "oscuro" o inconsciente en su interior, se vio obligado a sacrificar su gran iluminación, yo también creo que, si queremos reconocer las potencialidades espirituales más profundas que yacen en nuestro interior, debemos estar dispuestos a experimentar nuestra propia oscuridad.

## ¿QUÉ ES LO QUE REALMENTE QUEREMOS?

–¿Cuál es la diferencia que existe entre un sándwich de huevo y uno de jamón? –preguntó el jeque sufí Llewellyn Vaughan Lee, antes de responder rápidamente–: En el sándwich de huevo, el pollo está *implicado* mientras que, en el de jamón, el cerdo está *comprometido*.

No estaría de más que, desde esta perspectiva, nos preguntásemos "¿Y qué pasa conmigo? ¿Estoy yo comprometido o sólo estoy implicado?" Porque la respuesta sincera a esta pregunta podría ayudarnos a tomar decisiones más inteligentes sobre los caminos y las prácticas más idóneos para nuestro desarrollo espiritual. El problema aparece cuando afirmamos una cosa y vivimos otra porque, en tal caso, no sólo nos confundimos a nosotros mismos y a los demás, sino que limitamos también nuestro desarrollo.

Ojalá pudiésemos, honestamente y sin avergonzarnos, admitir que "la espiritualidad es, para mí, un pasatiempo", que "lo único que quiero es llevar a cabo una práctica espiritual que, sin obligarme a asumir compromiso ni disciplina alguna, me proporcione cierta tranquilidad de espíritu", que "la espiritualidad me gusta como amante pero sin renunciar, por ello, a mi esposa, la comodidad y la seguridad" o que "creo que la espiritualidad me convertirá en una persona sexualmente más atractiva". Ojalá pudiésemos admitir sencillamente que "a mí lo que me va es la Nueva Era", que "soy budista porque está de moda", que "soy un hindú de pacotilla" o que "soy un aspirante a guru". O quizá baste con utilizar un lenguaje más claro y decir, por ejemplo, "soy un aspirante espiritual serio", "soy un buscador con un interés moderado" o "soy un simple turista en el mundo de la espiritualidad". Pero no debemos, por ello, concluir que el resto de los abordajes al desarrollo espiritual estén *equivocados*. Sólo podemos cre-

cer desde el lugar en el que nos encontramos y, si pretendemos estar en otro sitio y tratamos de avanzar a partir de ahí,
lo más probable es que lo hagamos siguiendo una línea que-
brada y acabemos más confundidos de lo necesario.

Creo que casi todo el mundo desea, en el fondo, ser feliz,
descubrir el sentido de su vida y sufrir menos. Y, en este sentido, hay ciertas aproximaciones a la enseñanza y a la práctica espiritual, así como también ciertos enfoques inteligentes al
desarrollo psicológico, que pueden acercarnos a ese objetivo.
Mi amiga Karen, por ejemplo, es una excelente terapeuta, una
madre y una esposa fantástica y una auténtica amiga que res-
peta la tierra y honra la presencia del espíritu. En cierta ocasión, me contó una experiencia muy poderosa que había tenido durante una búsqueda de visión, en la que cual experimentó
una visión completa de la conciencia, tanto de sus facetas luminosas como de sus facetas oscuras. Fue su toma de conciencia de los requisitos que necesitaba para enfrentarse a esas dimensiones lo que la llevó a tomar conscientemente la decisión
–una decisión merecedora, en mi opinión, de todo el respeto–
de no dedicar su vida a la realización de esos niveles sino centrarse, por el contrario, en una vida sincera, amorosa y equilibrada, respetuosa con la tierra y con su comunidad.

Pero la decisión de Karen no es, para muchos de nosotros, viable. Hay quienes sentimos, desde lo más profundo
de nuestra conciencia, una imperiosa llamada que nos obliga
a seguir profundizando cada vez más. Los grandes maestros
que se han atrevido a expandir su conciencia hasta sus últimas consecuencias han asimilado este proceso, en el que no
hay posible vuelta atrás, a caminar sobre el agudo filo de una
navaja. El precio, según dicen, de la verdad, es mucho mayor de lo que, antes de emprender el camino, podíamos imaginar y supera con creces lo que, de saberlo, estaríamos dispuestos a pagar.

Existen, según los *Yoga Sūtras de Patañjali*, tres categorías distintas de buscadores espirituales (débil, moderado e intenso) y, dentro de cada una de ellas, tres subcategorías diferentes. Esta clasificación nos da los siguientes tipos: débilmente débil, medianamente débil e intensamente débil; débilmente medio, medianamente medio e intensamente medio y débilmente intenso, medianamente intenso e intensamente intenso.[5] Desde esa perspectiva existen, pues, dicho en otras palabras, nueve niveles diferentes de buscadores espirituales y no es sencillo que nos ubiquemos en el que nos corresponde. ¿Por qué? Porque las ideas que tenemos sobre nosotros mismos suelen ser inexactas y no siempre es cierto lo que, al respecto, nos gusta creer. No es de extrañar, en este sentido, que la mayoría de nosotros nos ubiquemos en un nivel más elevado de la escala del buscador espiritual que aquél en el que realmente nos encontramos.

Recuerdo que, en cierta ocasión, me vi obligada a asistir, para recuperar los puntos perdidos debido a una infracción por exceso de velocidad, a un curso de reciclaje en una autoescuela. El profesor nos pidió que empezásemos evaluando nuestra capacidad de conducción en una escala de 0 a 10 (en donde 0 era "pésimo" y 10 "excelente"). El hecho es que todos los asistentes, hablando en términos generales, se ubicaron tres puntos, al menos, por encima del valor promedio demostrado por la investigación realizada al respecto para todos los conductores… y que, en nuestro caso, debido a las especiales circunstancias que nos habían congregado ahí, debía ser notoriamente inferior a la media.

Creo que esa situación refleja perfectamente la visión que tenemos de nuestra implicación en la vida espiritual. Existe la tendencia natural a creer que somos practicantes "intensamente intensos" o, al menos, "medianamente intensos", no sólo debido a la tendencia egoica a sobreestimar nuestro conocimiento y nuestra sabiduría, sino porque los occidentales carecemos de referencias sobre lo que es el auténtico logro espiritual y los sacrificios que implica. Yo creo, por ejemplo, que Ramana Maharshi, la Madre Teresa, el Dalai Lama, J. Krishnamurti y U.G. Krishnamurti eran practicantes "intensamente intensos". También conozco a un par de maestras espirituales budista tibetanas, Tenzin Palmo, que hizo un retiro de doce años en solitario en una caverna de los Himalayas antes de dedicarse a fundar un monasterio para mujeres en la India y Robina Courtin, que enseña budismo tibetano a los reclusos del pabellón de la muerte. Mi maestro, Lee Lozowick, que vive entre sus discípulos y está día tras día a su servicio –y que, durante treinta años, sirvió infatigablemente a su guru, sin un solo día de vacaciones– cae también dentro de la categoría de practicante espiritual intenso. Entender y valorar la vida de esas personas arroja luz sobre nuestro grado de desarrollo espiritual.

Cuando asumimos que estamos donde estamos y no dónde nos gustaría estar, es posible desarrollar y lograr la ayuda que necesitamos para profundizar nuestra aspiración. El grado de compromiso con nosotros mismos y con nuestras potencialidades espirituales puede crecer y transformarse a lo largo de toda nuestra vida. Muchos de nosotros no tenemos sencillamente la menor idea de nuestras posibilidades de desarrollo espiritual. Una faceta del disfrute de la práctica espiritual consiste en la comprensión de lo insondables que son las posibilidades del desarrollo espiritual. ¿Cómo podríamos, de otro modo, aspirar a algo que ni siquiera sabemos que existe?

Como señalaba en la Introducción, todo el mundo está, lo sepa o lo ignore, en el camino espiritual... y la mayoría lo desconoce. Nuestra misma encarnación evidencia que nos hallamos inmersos en un largo viaje. Y poco importa, en este sentido, que este viaje sea el de tornarnos conscientes o que nosotros, nuestros maestros o nuestros caminos nos hayan decepcionado reiteradamente, porque todavía seguimos aquí y estamos profundamente implicados con la práctica. La cuestión, en cualquier caso, sigue siendo la misma: «¿Qué es lo que quiero?».

Muchos de los grandes textos védicos empiezan con la palabra *atha*, un término sánscrito que suele traducirse como "ahora". Pero, en realidad, *atha* sugiere que cada uno de los *ahoras* en los que nos encontramos es un nuevo presente, un presente que nunca antes había existido y que jamás volverá a existir. Y es por ello que cada nuevo instante nos brinda la oportunidad de empezar de nuevo. Por más años o décadas, pues, que hayamos pasado buscando, meditando y comprometidos con la práctica espiritual, cada momento nos proporciona la ocasión de empezar de nuevo. Así es como acabamos viéndonos obligados a abrirnos a posibilidades infinitas que nos permiten adentrarnos, del modo más valiente y consciente posible, en lo desconocido.

## LA NECESIDAD DE UNA ESPIRITUALIDAD INTEGRAL

Muchas son las circunstancias que pueden haber provocado nuestro acercamiento al mundo espiritual, desde el compromiso decidido con la verdad hasta el simple intento de aprender a no sufrir tanto. Independientemente, no obstante, de nuestra motivación, las angustiosas circunstancias del mundo en que vivimos –que, con el paso del tiempo, parecen intensificarse– nos urgen a desarrollar un modelo occidental de espiritualidad que tenga en cuenta todos los niveles de nuestra experiencia. El camino y la práctica espiritual no deberían acrecentar los problemas de la humanidad, sino contribuir a resolver los grandes retos a los que nos enfrentamos. Éstos no son tiempos para que los monjes se recluyan en la cima de las montañas, sino para que todo el mundo lleve a cabo un trabajo espiritual profundo, concentrado y eficaz que le permita aportar su granito de arena a la mejora de las estructuras y de los sistemas –desde la familia hasta la educación, la política y la policía– que puedan transformar esas estructuras e infundir fortaleza e integridad a una tierra y una cultura sufrientes y cada vez más despojadas de espíritu. La comprensión y el despertar deben expresarse externamente.

Pero esta no es una idea nueva. El místico y revolucionario indio Sri Aurobindo acuñó la expresión *yoga integral*, que «no sólo se refiere a la realización de unidad del Yo, sino también de la infinita diversidad de actividades, mundos y criaturas».[6] La teoría integral del filósofo Ken Wilber aboga por un modelo de transformación inclusivo, equilibrado y global. El místico ruso G.I. Gurdjieff esbozó un método de trabajo transformador, habitualmente conocido con el nombre de Cuarto Camino, que integra los caminos del faquir (que se ocupa del dominio de uno mismo a través del cuerpo), del monje (que lo hace a través de la fe) y del yogui (que se aproxima a través del conocimiento y de la mente). Y también hay que decir que la mayor parte de las grandes tradiciones tántricas aspiran a integrar la sabiduría iluminada en el cuerpo.

No basta, en estos tiempos, con aspirar a una iluminación o una sabiduría exclusiva para nosotros. Debemos aspirar a una iluminación que aspire al bienestar de todos los seres y a la curación de la tierra y de todos sus habitantes. La comprensión debe acabar integrándose en la acción y la armonía que queremos ver en la tierra debe cultivarse simultáneamente en nuestro cuerpo y en nuestra vida.

# 2. LAS ENFERMEDADES DE TRANSMISIÓN ESPIRITUAL

Ten muy en cuenta hacia dónde te diriges, porque bien podrías acabar llegando.

LAO-TZU

Hace varios años, pasé un verano viviendo y trabajando en Sudáfrica. Sólo entonces me enteré de que acababa de llegar al país con la tasa de asesinatos más elevada del mundo, en el que la violación era algo muy frecuente y en donde más de la mitad de la población, tanto hombres como mujeres y homosexuales como heterosexuales, eran seropositivos. Posteriormente me enteré de otras estadísticas relativas a las enfermedades de transmisión sexual como que, en Estados Unidos, por ejemplo, se diagnosticaban anualmente más de diecinueve millones de nuevos casos de enfermedades de transmisión sexual[1] y de que uno de cada cinco estadounidenses sufre de herpes genital.[2] Y debo decir que las estadísticas al respecto procedentes del resto del mundo son, en este sentido, bastante peores.

Conscientes del problema al que se enfrentan los practicantes occidentales y de la importancia de emprender el camino con los ojos bien abiertos, es necesario concretar mucho nuestra indagación de los obstáculos que aparecen a lo largo del camino. Las "enfermedades de transmisión espiritual" investigadas en el presente capítulo nos proporcionan una visión global de algunos de los principales obstáculos que deberemos, en consecuencia, aprender a discernir con sumo cuidado.

Los centenares de maestros espirituales y los miles de practicantes a los que mi trabajo y mis viajes me han llevado a conocer han acabado convenciéndome de que nuestras visiones, perspectivas y experiencias espirituales pueden verse "infectadas" por un amplio abanico de "contaminantes conceptuales" –que van desde una relación confusa e inmadura hasta complejos principios espirituales– tan invisibles e insidiosos como las enfermedades de transmisión sexual. Y, si bien, en las enfermedades de transmisión sexual, los agentes infectados son nuestros fluidos corporales, las enfermedades de transmisión espiritual afectan, entre otros, a nuestros conceptos, nuestras percepciones y nuestra confusión egoica. Y la sutileza e invisibilidad de esos contaminantes los hace muy difíciles de detectar.

Las enfermedades de transmisión espiritual suelen ser, como las de transmisión sexual, tan contagiosas que afectan a grupos y subculturas enteras. Son enfermedades del ego y, en consecuencia, enfermedades muy sutiles, enfermedades casi invisibles, tanto en nosotros como en nuestra comunidad. Y lo invisible es, por definición, imposible de ver y nada hay tan invisible como el ego humano, verdadero meollo de las enfermedades de transmisión espiritual. En este tipo de enfermedades, el ego se combina lentamente –tan lentamente que suele pasar desapercibido– con nuestros anhelos y comprensiones espirituales hasta que la "dolencia" espiritual empieza a devorarnos sigilosamente, como si de un parásito se tratara. Y si no les prestamos la necesaria atención, acaba obstaculizando nuestra visión e impidiendo nuestro desarrollo.

El objetivo de este capítulo consiste en cobrar conciencia de las diferentes enfermedades de transmisión espiritual.

¿Cuál es su incidencia? ¿Cuáles son sus diferentes modalidades? ¿Cómo podemos identificar si estamos o no afectados? ¿Cómo podemos diagnosticarlas en los demás? ¿Y cómo, sobre todo, podemos protegernos? Muchos hemos aprendido a practicar sexo seguro o a ser conscientes, al menos, de los riesgos a los que, de no hacerlo, nos exponemos. Si asumimos la responsabilidad que, al respecto, nos compete, evitaremos convertirnos en transmisores inconscientes y, aplicando el discernimiento a nuestro estudio y nuestra práctica, aumentaremos la conciencia de nuestra comunidad sobre las enfermedades de transmisión espiritual (ETE).

## La inevitabilidad de las enfermedades de transmisión espiritual

Muchas personas profundamente comprometidas con el viaje espiritual tropiezan, a lo largo de su vida, con versiones diferentes de la enfermedad espiritual. Y es que, por más sinceras que sean nuestras intenciones, nuestra cultura se halla tan enferma que, independientemente de la profundidad de nuestra comprensión espiritual, la mayoría vivimos de un modo relativamente desequilibrado. ¿Cómo podríamos, dado el desequilibrio, entre leve y severo, que afecta a las diferentes facetas de nuestra vida –desde la política hasta el medio ambiente, las relaciones con la naturaleza y los ritmos naturales de la vida–, esperar que nuestra vida espiritual discurriese por cauces diferentes?

Una creencia equivocada –muy frecuente, por otra parte, entre quienes se hallan en el camino espiritual– es la de que la persona que ha pasado diez, treinta o cincuenta años en el camino espiritual –ya sea como maestro o como discípulo –está exenta, en virtud de la longevidad, del peso de los factores psicológicos y kármicos que afectan a los demás. El desarrollo espiritual es un proceso mucho más *largo* y lento de lo que a la mayoría nos gusta suponer. No es de extrañar que el desarrollo de una comprensión madura requiera, en el mejor de los casos, muchos años de práctica. El ámbito de lo que ignoramos siempre será, aun para los más sabios, inmenso y son muchos los esfuerzos que debemos hacer para superar los obstáculos que obstaculizan el desarrollo de nuestra conciencia. Es por ello que el riesgo de contraer una enfermedad espiritual es, aun entre quienes han dedicado su vida a la transformación, tan probable como el de contagiarse de gripe.

Existe una fuerza en el universo y en cada uno de nosotros a la que el místico ruso G.I. Gurdjieff denominó "fuerza de la negación". Dentro de cada ser humano se libra, según decía, una batalla entre el "sí" y el "no". El "sí" apunta, a lo largo de toda nuestra vida en el camino espiritual, en dirección a la conciencia, la claridad y el resplandor, mientras que el "no", por su parte, tiende a frustrar todos los esfuerzos realizados por el "sí". Y son muchos los disfraces diferentes que asume la fuerza de la negación, tanto en nuestra vida externa boicoteando nuestra conducta, como en nuestra vida interna confundiendo nuestro conocimiento espiritual. Ésta es una fuerza muy importante y que, en nuestro avance por el camino espiritual, jamás deberíamos soslayar.

LA DIFUSIÓN DE LAS ENFERMEDADES
DE TRANSMISIÓN ESPIRITUAL:
CULTURA, MAESTRO Y EGO

Son tres, independientemente de la etiqueta con que califiquemos a las fuerzas que se resisten a nuestro crecimiento espiritual, las corrientes a través de las cuales se transmiten este tipo de enfermedades: (1) la influencia cultural, (2) la relación entre maestro y discípulo y (3) el interior de la estructura del ego, en una suerte de "asalto a uno mismo".

Las enfermedades espirituales de origen cultural se hallan tan extendidas y son tan sutiles que, con mucha frecuencia, sólo nos damos cuenta de que las padecemos al enfermar. Un ejemplo de ello es la profundidad con que las creencias judeo-cristianas han acabado calando en el psiquismo occidental. Su visión de la naturaleza fundamentalmente "pecadora" de la humanidad, la polarización del mundo en carne y espíritu y la negación de la mujer y la desconsideración por la sabiduría femenina se hallan tan arraigados en el psiquismo colectivo occidental que hasta los movimientos espirituales más radicales hunden sus raíces en sutiles cimientos judeo-cristianos.

Pero las enfermedades espirituales también se transmiten de maestro a discípulo. Y es que muchos maestros espirituales, pese a no estar corruptos, poseen un conocimiento inmaduro, se hallan psicológicamente poco integrados y no parecen tener el menor problema en transmitir enseñanzas relativas a un nivel que trasciende su comprensión. No es de extrañar, por tanto que, en esas condiciones, el maestro acabe transmitiendo inadvertidamente a sus discípulos alguna enfermedad de transmisión espiritual. Y, si bien el efecto de algunas de esas enfermedades se limita simplemente a inhibir el desarrollo del discípulo, el de otras, sin embargo, es francamente devastador.

Pero las enfermedades de transmisión espiritual más sutiles y difíciles de detectar y más difíciles también, en consecuencia, de evitar, son las que se originan en el propio ego. Éste es un nivel que abarca un espectro interminable de enfermedades espirituales que se presentan en modalidades y grados de sutileza muy distintas y en las que el ego asume las comprensiones y la perspectiva del Yo superior.

Cualquiera puede caer presa de las enfermedades de transmisión espiritual sin que haya, para ellas, antídoto conocido. La mayoría no operan aisladamente, sino en relación con otras enfermedades. La debilidad de nuestro sistema inmunitario –inevitable, por otra parte, en una cultura que soslaya la importancia del discernimiento espiritual– acaba propiciando, más pronto o más tarde, la aparición de una o más de estas enfermedades.

Pero no es fácil, como sucede con el diagnóstico físico y con las enfermedades psicológicas, identificar las enfermedades espirituales. Mientras no cobremos conciencia de las enfermedades que padecemos, para poder así curarnos y recuperar la salud espiritual, debemos permanecer muy atentos para no acabar imponiéndonos, a nosotros y a los demás, etiquetas y categorías excesivamente estrictas. La enfermedad espiritual no es "mala", sólo es un hilo roto en el gran tejido de nuestras potencialidades más profundas. Las etiquetas sólo son útiles cuando nos ayudan a cobrar conciencia e identificar determinados problemas. Y, en este sentido, la identificación excesiva con nuestra enfermedad espiritual o el exceso de análisis de la enfermedad ajena refleja un cierto tipo de enfermedad espiritual.

## DIEZ ENFERMEDADES DE TRANSMISIÓN ESPIRITUAL

Enumeremos ahora, sin pretensión de ser exhaustivos, algunas de las enfermedades de transmisión espiritual más comunes.

## 1. La espiritualidad tipo comida rápida

La combinación entre la espiritualidad y una cultura que celebra la velocidad, la multitarea y la gratificación instantánea nos aboca necesariamente a una espiritualidad tipo comida rápida. *Super Size Me*, un documental centrado en McDonald, puso de relieve la dolorosa realidad de la cultura de la comida rápida, una mentalidad que se extiende bastante más allá del mundo de los restaurantes. Son muchos los libros, movimientos y maestros espirituales que prometen a sus lectores y demasiadas cosas a cambio de muy poco. Libros tan populares como el *Manual de la iluminación para holgazanes* sugieren la posibilidad de iluminarse sin realizar el menor esfuerzo. Hay quienes dicen que basta, para ello, con asistir a un "intensivo de iluminación" de fin de semana. La espiritualidad tipo comida rápida es un producto de la creencia de que la liberación del sufrimiento inherente a la condición humana puede ser sencilla y rápida. Pero lo cierto, no obstante, es que la transformación espiritual no es sencilla ni rápida. Aunque, en algunos casos, el bikram yoga o un intensivo de fin de semana pueden proporcionar un pequeño atisbo de la no dualidad o abrir las puertas a la espiritualidad y al mundo interior, no deberíamos, en modo alguno, confundir estos "fogonazos" o "subidones" provisionales con un proceso de transformación que, una vez asumido, acaba convirtiéndose en algo continuo y cada vez más profundo.

## 2. La falsa espiritualidad

La falsa espiritualidad consiste en la tendencia a hablar, vestirse y actuar como creemos que debe hacerlo una persona espiritual. Se trata de un tipo de espiritualidad que, como el tejido de piel de leopardo imita la piel de leopardo, se limita a emular la realización espiritual, una enfermedad, por otra parte, más frecuente dentro del ámbito de la cultura de la Nueva Era, que se manifiesta cuando el ego se apropia de verdades espirituales y cree en la posibilidad de acceder a estados elevados de conciencia imitando externamente el aspecto y la conducta que supone que caracterizan a las personas iluminadas. Y es que, del mismo modo que el niño juega a ser bombero cogiendo la manguera del jardín o que la niña remeda a su madre colocándose sus zapatos de tacón y maquillándose, el adulto humano se disfraza, en un intento de emular la conducta de las personas supuestamente espirituales, con algún tipo de ropaje espiritual. Luego asiste a acontecimientos espirituales y, de un modo tan sencillo, cree haber accedido a las enseñanzas de la sabiduría perenne de los místicos de todos los tiempos, sin necesidad de emprender el trabajo real necesario para experimentar el arduo y profundo proceso de transformación interior.

## 3. Motivaciones confusas

Ésta es una enfermedad que hunde sus raíces en la motivación que nos lleva a emprender el camino espiritual. Y es que, por más auténtico y puro que sea nuestro deseo de crecer, a menudo se entremezcla con motivaciones no tan puras, como el deseo de ser amado, el deseo de pertenencia, la necesidad de llenar nuestro vacío interior, la creencia de que el camino espiritual acabará con nuestro sufrimiento y la ambición espiritual, es decir, el deseo de ser especial, de ser el mejor, de ser "el número uno".[3]

Aunque la confusión resulte inevitable cuando, por vez primera, nos embarcamos en el camino espiritual, si nuestra práctica espiritual no pone finalmente de relieve las fuerzas que inconscientemente estén operando, puede acabar provocando una enfermedad. En tal caso, podemos sucumbir al impulso de satisfacer nuestras necesidades psicológicas de aceptación, significado y singularidad, soslayando las posibilidades más profundas que nos brinda la vida espiritual. Pero, en tal caso, no lograremos satisfacer nuestras expectativas y, en lugar de entender el fracaso percibido como un aspecto del camino, culparemos a Dios, a nuestro maestro o al camino y acabaremos decepcionándonos del desarrollo espiritual.

## 4. La identificación con las experiencias espirituales

«El despertar religioso que no orienta al soñante hacia el amor le ha despertado en vano», escribió la cuáquera estadounidense Jessamyn West. Por más profundo que sea el impacto provocado por las experiencias místicas y no duales –quizás el mayor de los cuales sea el de iniciarnos a un compromiso vital con el camino espiritual y a una vía de servicio– no es lo mismo acceder a los estados no duales de conciencia que llegar a integrarlos. En esta enfermedad, el ego se identifica con las experiencias espirituales y, tomándolas como algo propio, empieza a considerarse –en una forma de inflación del ego– artífice de las comprensiones que, en ocasiones, afloran en su interior. Y aunque, en la mayoría de los casos, esta enfermedad no dure indefinidamente, tiende a afectar durante mucho tiempo a quienes creen estar iluminados y/o funcionan como maestros espirituales.

Hay veces en que la identificación con las experiencias espirituales es tan profunda que uno acaba perdiéndose. El santo indio del siglo xx Meher Baba emprendió la tarea de buscar *masts*, es decir, practicantes espirituales atrapados en elevados estados de intoxicación espiritual y ayudarles a integrar su conocimiento para convertirse, de ese modo, en seres humanos más auténticos y funcionales.

«La iluminación súbita del satori es un concepto sumamente resbaladizo», escribió el autor húngaro Arthur Koestler.[4] En la mayoría de los casos y, a pesar de nuestro esfuerzo por aferrarnos a ellas y de mantenerlas, las experiencias místicas acaban desvaneciéndose. Si combinamos esto con las humillantes realidades del cuerpo, la enfermedad y las relaciones humanas, acabamos descubriendo que las experiencias místicas son, en esencia, simples experiencias.

## 5. El ego espiritualizado

Esta enfermedad se presenta cuando la estructura de la personalidad egoica se confunde con conceptos e ideas espirituales provocando, como resultado, lo que Llewellyn Vaughan-Lee llama una estructura egoica "a prueba de balas". Cuando el ego se espiritualiza, nos tornamos invulnerables a la ayuda, a los nuevos *inputs* y al *feedback* constructivo. Entonces es cuando, en nombre de una supuesta espiritualidad, nuestro desarrollo espiritual se atrofia y acabamos convirtiéndonos en seres humanos impenetrables. El ego espiritualizado se manifiesta entonces en modalidades que abarcan el amplio abanico que va desde lo sutil hasta lo extremo, un ejemplo de lo cual es lo que he acabado denominando "novios zen" o "novias zen", que echa mano de conceptos, ideales y prácticas espirituales para eludir la autenticidad y vulnerabilidad características de la auténtica relación amorosa.[5]

## 6. Producción en masa de maestros espirituales

Muchas tradiciones espirituales modernas llevan a la gente a creer que se encuentran en un nivel de desarrollo o iluminación espiritual que se halla muy lejos de la realidad. Son muchos, tanto en Oriente como en Occidente, los maestros espirituales mediocres que enseñan a sus sinceros discípulos niveles bastante menos que óptimos. Ésta es una enfermedad que opera como una especie de cinta transportadora espiritual: ¡Ten esta experiencia, logra esa comprensión y estarás iluminado!... y en condiciones, según parece, de iluminar a otros del mismo modo.

El problema no es lo que esos maestros enseñan, sino el hecho de que se presentan como si hubiesen alcanzado el dominio espiritual. Ésa es una creencia prematura que no sólo frustra la evolución del maestro, sino que también transmite, en sus discípulos, una imagen muy limitada del desarrollo espiritual. En este sentido, T.K.V. Desikachar aconseja: «En ningún estadio del camino debes creer que te has convertido en un maestro. Siempre, por al contrario, debes alentar la esperanza de ser hoy un poco mejor que ayer y de ser mañana también un poco mejor que hoy».[6]

## 7. El orgullo espiritual

El orgullo espiritual aparece cuando el practicante, después de años de laborioso esfuerzo, alcanza cierto grado de sabiduría que utiliza para justificar su desconexión de cualquier experiencia adicional. Resulta tentador que, en lugar de permanecer continuamente abiertos a un conocimiento más profundo, nos durmamos en los laureles del logro espiritual. En este sentido, los practicantes espirituales orgullosos deberían encontrar el valor y la integridad necesarios para exponerse a individuos que les obliguen a demostrar sus logros.

El maestro budista tibetano Chögyam Trungpa Rinpoche consideraba el orgullo espiritual como uno de los obstáculos más difíciles de superar. Ése era, en su opinión, un problema que frustraba el desarrollo tanto de los maestros espirituales (llevándoles a creer que habían llegado al final del camino) como de los practicantes avanzados (haciéndoles creer que se hallan en un estado muy superior al de sus compañeros más jóvenes).

La sensación de "superioridad espiritual", que consiste en sentir que "yo soy mejor y más sabio que los demás y, como soy espiritual, estoy por encima de ellos", es otro de los síntomas característicos de esta enfermedad de transmisión espiritual. El síntoma mental de esta enfermedad incluye la sensación de "estar en el ajo", es decir, de conocer realmente el ego, la conciencia y la espiritualidad. Y, entre sus manifestaciones físicas, cabe destacar la sensación de distanciamiento, la mirada de aprobación cuando los demás están hablando de cuestiones espirituales y la necesidad de afirmar, en la conversación, la superioridad de nuestro conocimiento espiritual.

## 8. La mentalidad de grupo

Conocida también como pensamiento grupal, mentalidad sectaria o enfermedad del *ashram*, la mente del grupo es un virus insidioso que incluye muchos de los elementos de la codependencia tradicional. Se trata de una enfermedad en la que un grupo espiritual se pone sutil e inconscientemente de acuerdo en el modo adecuado de pensar, hablar, vestirse y actuar. Las intenciones compartidas relativas a la práctica y el protocolo resultan invisibles y el establecimiento de acuerdos homogeneiza al grupo, proporcionándole un nivel de seguridad psicológica que tiene muy poco que ver con las aspiraciones compartidas del desarrollo espiritual. Los individuos y grupos afectados por la "mentalidad de grupo" rechazan a los individuos, actitudes y circunstancias que no se adaptan a sus reglas, a menudo implícitas. No hay grupo, independientemente de su grado de desarrollo, que no incluya, como parte de su estructura, aspectos de esta dinámica sectaria enfermiza. Y uno de los indicadores más claros de esta enfermedad es la negación o ignorancia de esa dinámica.

El sectarismo y el pensamiento de grupo son inevitables correlatos del psiquismo humano. Y aunque, en algunos casos, sus consecuencias sean leves en otras, no obstante, resultan letales. Recordemos, en este sentido, los suicidios colectivos de Jonestown y de la secta Puertas del Cielo. Dentro de un grupo espiritual, el individuo puede representar inconscientemente roles y dinámicas semejantes a los desempeñados en su familia de origen. Y, sin conciencia de esta dinámica, el grupo espiritual puede convertirse en una réplica colectiva de la familia disfuncional del individuo y de la misma codependencia que afecta al resto de sus relaciones. Es cierto que, en tal caso, reciben el consuelo de la sensación de pertenencia y la gratificación de identificarse con un grupo y/o con un líder carismático. ¿Pero cuál es el coste de esta recompensa? ¿Y en qué medida pone en peligro su integridad humana y sus posibilidades espirituales más elevadas?

Es importante que, en tanto que individuos, reconozcamos en qué medida nos mantenemos inconscientes debido a la mentalidad colectiva del grupo. Y los grupos deberían igualmente cobrar conciencia de su dinámica psicológica insana. De ese modo, perfeccionamos nuestra relación y alentamos una práctica y una comunidad espiritual más fructífera.

## 9. El complejo de persona elegida

Una enfermedad espiritual relacionada con la anterior, aunque con el toque añadido del orgullo espiritual, es el complejo de persona elegida. Se trata de una enfermedad que se halla presente en todos los grupos espirituales y se expresa en la creencia de que "nuestro grupo es espiritualmente más poderoso, evolucionado, iluminado o, simplemente, *mejor* que cualquier otro grupo". Y esta conclusión suele ir acompañada de la idea de que "nuestro maestro es el *más grande* de todos los maestros" y otras creencias tales como "jamás (en toda la evolución de la humanidad) ha habido un grupo como el nuestro" o de que "nuestro grupo es el más importante y valioso para la salvación de la humanidad".

Esta enfermedad suele derivarse de una tendencia psicológica profunda e inconsciente de impotencia, de falta de amor y de inmaterialidad que lleva a maestros y a discípulos a creer que su camino no sólo es el mejor para ellos, sino el mejor de todos los caminos posibles. Existe una importante diferencia entre el reconocimiento de haber encontrado el camino, el maestro o la comunidad más adecuados para uno y el de haber encontrado *el* camino, la misma diferencia, en suma, que existe entre afirmar "mi esposa/esposo es la mejor pareja del mundo para mí" y decir que "mi esposa/esposo es la mejor de todas".

También es muy habitual que las personas reafirmen su sensación de valía psicológica creyendo que su asociación con un maestro poderoso o iluminado les confiere, de algún modo, poder o iluminación, un fenómeno conocido con el nombre de "culto a la personalidad". Es como esos padres que se identifican desproporcionadamente con la belleza o los logros de sus hijos, como si las cualidades o acciones en cuestión no fuesen de sus hijos, sino suyas propias.

## 10. Supervivencia del ego basada en la ilusión de separación

Una de las enfermedades de transmisión espiritual más sutiles e insidiosas –y que llega a afectar a la inmensa mayoría de la población de aspirantes espirituales del mundo– es la creencia de que la espiritualidad tiene que ver *conmigo*, es decir, que *yo* estoy estudiando, que *yo* estoy llevando a cabo prácticas, servicio y esforzándome en sentirme bien, ser más feliz y convertirme en una mejor persona.

La falacia básica implícita en este error gira en torno a la creencia en el "yo". El "yo" con el que casi todo ser humano se identifica es un constructo psicológico creado para sobrevivir, pero nos hemos identificado tanto con él que hemos acabado creyendo que somos el yo (un punto que veremos con más detenimiento en el capítulo 4, titulado "La psicología del ego"). Los místicos de todas las tradiciones han afirmado que "Dios es Uno" y que "Tú eres Eso". Y, aunque todos los seres humanos sepan eso intuitivamente y muchos lo hayan llegado a experimentar por sí mismos, la creencia de que sus somos seres separados se mantiene durante toda la vida.

Este malentendido básico de nuestra identidad verdadera no sólo es el problema fundamental al que se enfrentan todos los aspirantes espirituales, sino el fundamento mismo de todas las enfermedades de transmisión espiritual. La inquebrantable certeza de que "yo soy quien creo ser" –que tiende a ser tan fuerte entre quienes entienden intelectualmente este concepto como entre quienes no lo entienden– es tan virulenta que tiñe toda nuestra práctica espiritual, desde el servicio hasta la meditación y el ritual. La mayoría nos pasamos nuestra vida en el camino sumidos en esta enfermedad integrada en nuestra conciencia. Se trata de una enfermedad de transmisión espiritual –quizá la más difícil de erradicar de todas ellas– que afecta tanto a maestros como a discípulos, movimientos religiosos y tradiciones espirituales.

## El virus mortal. "Ya he llegado"

Pero existe una enfermedad tan letal para el progreso espiritual que he decidido considerarla aisladamente, la creencia de que "ya hemos llegado" a la meta del camino espiritual. Cuando esa creencia se asienta en el psiquismo, acaba todo posible avance espiritual. Y es que, en el mismo instante en que creemos haber llegado al final del camino, concluye todo posible desarrollo. Y no olvidemos que, cuando no seguimos avanzando, acabamos retrocediendo.

La enfermedad de creer que ya hemos llegado –conocida también como la afirmación prematura de iluminación, enfermedad zen o complejo mesiánico– es la mejor documentada dentro de las tradiciones espirituales y religiosas. En su libro *El corazón del yoga*, T.K.V. Desikachar explica que: «El mayor de los obstáculos consiste en creer saberlo todo. Suponemos que hemos llegado al final y que hemos visto la verdad cuando lo único que, en realidad, ha ocurrido es que hemos experimentado un período de calma que nos lleva a decir "¡Esto era lo que siempre estaba buscando! ¡Finalmente lo he encontrado! ¡Ya lo he conseguido! Pero lo cierto es que la sensación de haber alcanzado el peldaño más elevado de la escalera no es más que una ilusión».[7]

La tragedia es que esta enfermedad puede acabar infectando a la gente de un modo que deteriora gravemente su amor a la verdad. Es mucho el daño provocado por maestros espirituales poderosos, populares y carismáticos que, pese a tener una comprensión muy profunda, han perdido la humildad y, al no darse cuenta de lo mucho que ignoran, sólo enseñan prácticas y verdades a medias. Y estos casos despiertan muy a menudo, cuando las supuestas "verdades" se revelan falsas, un profundo sentimiento de traición, amén de resultar muy difíciles de curar. Son muchos, de hecho, los aspirantes espirituales sinceros que, después de haber sufrido los efectos de alguien aquejado del virus "yo ya he llegado", jamás acaban de recuperarse lo suficiente como para confiar en otro maestro.

Un aspecto menos reconocible de esta enfermedad de transmisión espiritual se manifiesta en el pequeño mesías que todos, de algún modo, llevamos dentro. No es difícil imaginar a un líder carismático como Jim Jones convenciendo a sus seguidores para que se bebiesen el vaso de Kool-Aid que acabó con sus vidas, ni a un mesías tántrico de la Nueva Era enseñando a sus discípulos el modo de unirse con Dios a través del sexo... y utilizando, muy diestramente por cierto, para ello, la intermediación de su propio cuerpo. Lo que no resulta tan sencillo es descubrir y admitir al pequeño mesías que hay dentro de cada uno de nosotros. Me refiero a esa pequeña voz que, contra toda evidencia e incluso contra la claridad de nuestra propia conciencia, insiste en que realmente sabemos lo que está ocurriendo, en que somos algo más sabios que los demás, en que nuestro juicio es objetivo y en que nuestra visión es exacta y verdadera. Esto, a decir verdad, es algo que, en alguna que otra ocasión, muchos hemos experimentado... pero, ¿seríamos tan honestos como para admitirlo?

## La prevención de las enfermedades de transmisión espiritual

La principal protección contra las enfermedades de transmisión espiritual es el discernimiento espiritual que, en sánscrito se conoce como *viveka khyātir* o "sabiduría sublime". El término *viveka* se refiere a la capacidad de discernir lo real de lo irreal y *khyātir* es la visión del conocimiento o de la conciencia. De este modo, las personas que han desarrollado el discernimiento espiritual han desarrollado también su conciencia, lo que les permite tomar decisiones inteligentes y equilibradas sobre su propio desarrollo espiritual. Esas personas tienen el fundamento de un conocimiento que les mantiene continuamente alertas frente al autoengaño egoico y los sutiles errores que pueden presentarse a lo largo del camino. En este sentido, *viveka khyātir* es una especie de preservativo espiritual que proporciona una protección eficaz (aunque no ciertamente a toda prueba) contra el contagio de las enfermedades de transmisión espiritual.

Pero no deberíamos dar erróneamente por sentado que contamos con el discernimiento espiritual, porque eso no es algo inherente, sino que debe cultivarse. La mayoría de los caminos espirituales, especialmente en la cultura occidental, suelen inclinarse más por técnicas que ayudan a los practicantes a tener experiencias espirituales o a liberarse del sufrimiento que a centrar la atención en el cultivo de habilidades que descorran los infinitos velos del autoengaño con que encontramos a lo largo del camino. Son muy pocos, independientemente de los obstáculos con los que tropezamos a lo largo del proceso de autodesarrollo, los caminos que proporcionan un adiestramiento concienzudo.

«La honestidad implacable con uno mismo» es la expresión con la que Lee Lozowick se refiere al proceso de desarrollo del discernimiento espiritual. Son muchos los casos en que, pese a ver con mucha claridad los obstáculos, no estamos dispuestos a reconocerlos. Es como si, en lugar de cambiar y curarnos, prefiriésemos seguir cómodamente asentados en la enfermedad. Afortunadamente, muchas enfermedades de transmisión espiritual son fáciles de detectar y también, en consecuencia, de curar. Y también disponemos, si estamos más interesados en la verdad espiritual que en la ficción y tenemos el coraje de admitirlas, pruebas que pueden ayudarnos a determinar nuestra salud al respecto.

## Pruebas para detectar las enfermedades de transmisión espiritual

«La verdad no teme a las preguntas», dijo el conocido maestro indio Paramahansa Yogananda, muy conocido por su libro *Autobiografía de un yogui*. No deberíamos pues, si nuestra comprensión y conocimiento espiritual fuesen verdaderos, tener ningún problema en ponerlos a prueba.

¿Quién, incluso entre los maestros, es tan puro e inmaculado como para estar más allá de los sutiles e inconscientes impulsos egoicos que tiñen su visión de las cosas? Estoy convencida de que las enfermedades de transmisión espiritual son tan frecuentes entre quienes emprenden el camino espiritual como las de transmisión sexual entre quienes mantienen relaciones sexuales. Pero, aunque muchas personas se hagan pruebas para determinar si padecen una enfermedad de transmisión sexual, son muy pocas las que se interesan en determinar si padecen una enfermedad de transmisión espiritual. ¿Cuáles son esas pruebas, qué tienen que ofrecernos y cómo podemos servirnos de ellas?

## *Prueba número 1: La experiencia de la vida*

Son muchas las pruebas que la vida nos proporciona para determinar la presencia de una enfermedad de transmisión espiritual. Pero, por más que sospechemos que, de algún modo, estamos siendo sometidos a este tipo de pruebas, solemos ser incapaces de interpretar adecuadamente sus resultados. Esas pruebas, por las que han pasado muchos maestros espirituales, tanto orientales como occidentales, pueden llegar en forma de acceso al poder, el dinero o las oportunidades de seducción sexual. Son muchos los *yoguis*, *swamis*, *rinpoches* y *tulkus* que, pese a profesar el celibato, no han tardado, al llegar a Occidente, en acostarse con atractivas discípulas. Y también son muchas las figuras espirituales contemporáneas que piden sumas exorbitantes de dinero por sus enseñanzas o tienen dificultades en dar cuenta de lo que han hecho con el dinero recibido. Y, aunque la dinámica del poder sea habitualmente más sutil, también se halla igualmente generalizada, aprovechándose del poder para lograr acuerdos, admiración y todo tipo de favores, algo muy habitual, por otra parte, en el caso de políticos, actores de cine y personas normales y corrientes. Pero, por más que uno piense que las personas supuestamente "espirituales" deberían ser inmunes a este tipo de aflicciones, lo cierto es que las cosas no son así.

Son muchas las pruebas de este tipo a las que la vida nos somete, como la traición amorosa, el divorcio, la enfermedad grave, los accidentes y la muerte. Mi propia experiencia de la enfermedad crónica fue una prueba de realidad tan poderosa que puso claramente de relieve tanto mis fortalezas como mis debilidades espirituales. En circunstancias en que el cuerpo está muy débil o el psiquismo se encuentra muy afectado, carecemos de la energía necesaria para mantener nuestra persona –o incluso para seguir con las prácticas internas y externas que solemos emplear para mantener a raya nuestra debilidad–, así que llegamos a ver lo profundamente que han calado nuestras prácticas, creencias y dónde seguimos atrapados en el miedo, la duda, la victimización y la falta de fe. Conozco unos cuantos maestros budistas que, como resultado de un divorcio o de problemas de pareja, han acabado sumiéndose en una profunda depresión.

No existe ninguna ley espiritual que diga que un maestro no puede deprimirse, contraer enfermedades que desarticulan completamente su identidad y su visión del mundo, atravesar crisis de fe o incluso experimentar algún que otro episodio psicótico como ilustra, por ejemplo, el caso Carl Jung, que, para familiarizarse con el inconsciente, se provocó deliberadamente un brote psicótico. Todas estas circunstancias nos proporcionan una prueba poderosa de la realidad y la oportunidad de contemplarnos desde una perspectiva diferente a la que estábamos acostumbrados.

Pero las pruebas a las que la vida nos somete también pueden ser afirmativas. Hace ya varios años, Arnaud Desjardins, un gran maestro francés de Vedanta Advaita, se descubrió en una camilla mientras le transportaban al hospital con los pulmones encharcados. Un discípulo que le acompañaba le escuchó entonces, en las mismas puertas de la muerte, repitiendo quedamente "oui, oui, oui". Estaba diciendo "sí" a la vida –a toda forma de vida– una de las primeras prácticas que enseña en su escuela. Y, aunque Desjardins es reverenciado en Francia como un gran maestro dijo, después de recuperarse, cerca ya de cumplir los ochenta que, hasta que no tuvo aquella experiencia, no estuvo convencido de ser un auténtico discípulo y de poseer una práctica lo suficientemente sólida como para poder enfrentarse adecuadamente a la muerte.

## Prueba número 2: Las observaciones de un maestro

Otro nivel de verificación nos lo proporciona el maestro. La historia está llena de historias de profetas autoproclamados, pero los linajes espirituales siempre han contado con un sistema integrado de controles y contrapesos –el maestro, la comunidad de practicantes y las enseñanzas– que enseñan a los practicantes el modo adecuado de sortear y escapar, en el caso de caer en ellas, de las innumerables trampas con que necesariamente tropezarán a lo largo del camino.

El verdadero maestro señala a su discípulo la enfermedad espiritual y le ayuda, cuando es necesario, en la tarea, propia de los médicos del alma, de curar. La cuestión es si escucharemos. Yo tenía un amigo, que llevaba veinte años siendo discípulo de mi maestro, muy interesado en la difusión de la enseñanza. Se trataba de una persona muy conocida, entre los miembros de la comunidad, por su especial debilidad por las mujeres y su tendencia a seducirlas en circunstancias de lo más inapropiadas. Su insistencia fue tal que el maestro acabó permitiéndoselo, pero nadie se extrañó de que su "enseñanza" acabase mezclándose con las citas y el sexo. Y aunque el maestro le sugirió entonces que abandonase la enseñanza durante un tiempo, mi amigo decidió, por el contrario, abandonar la comunidad y seguir enseñando por su cuenta y riesgo.

## Prueba número 3: El feedback de los compañeros

En uno de los primeros viajes que hice a Europa con mi maestro, compartí habitación con una de sus discípulas más antiguas, una mujer de unos cincuenta años que llevaba más de treinta en el camino. Al finalizar la semana me dijo, mientras estábamos sentadas en el borde de la cama: "Hemos pasado una semana viviendo en estrecha proximidad. Dime aquello que hayas visto en mi práctica o en mi conducta a lo que, en tu opinión, estoy ciega y no soy capaz de ver por mí misma".

Por unos instantes, me sentí desarmada. Era una practicante avanzada que pedía opinión a una novata, una discípula de treinta y seis años. Entonces le conté lo que yo había visto y, estimulada por la intimidad de la circunstancia, me atreví a preguntarle por los puntos ciegos que ella había visto en mí. Y todavía recuerdo perfectamente todo lo que ese día me dijo.

El *feedback* sincero de nuestros compañeros es, independientemente del nivel de nuestra práctica, una prueba de realidad muy valiosa... siempre y cuando estemos dispuestos a solicitarla y admitirla. Solemos ver a los demás con mayor claridad que a nosotros mismos y, si estamos dispuestos a abrirnos, nuestros pares pueden revelarnos muy a menudo lo que no llegamos a ver por nosotros mismos.

Un grupo de maestros conocidos como *acharyas*, nombrados por Chögyam Trungpa Rinpoche para transmitir su obra después de su muerte, programó encuentros rutinarios para dar y recibir el *feedback* de sus pares, especialmente con respecto a sus propios puntos ciegos. La mayoría de las tradiciones espirituales contemporáneas cuentan, según mi experiencia y mi investigación, con un sistema de observación por parte de los pares. Pero son muchos, no obstante, los maestros que se encuentran solos en la cúspide de su jerarquía y rara vez están dispuestos, aun teniendo pares, a utilizarlos como espejo.

Pero debemos ser muy cautelosos con respecto a este tipo de *feedback*. Son muchos los casos, en los círculos espirituales, en los que parece haber una especie de confabulación inconsciente que no tiene empacho alguno en sacrificar la veracidad a expensas de la afirmación mutua. Y también son muchos los casos en los que la persona sencillamente tiene miedo o carece de la habilidad para comunicarse de manera real y amorosa con sus pares. En cualquiera de los casos, no obstante, deberíamos, para conservar la salud espiritual y eludir la enfermedad, tener muy en cuenta los comentarios de quienes nos ven más claramente.

## Admitir nuestros errores

Todo el mundo puede, en el camino espiritual, equivocarse, independientemente de que se trate de alguien que recién empieza o de un maestro famoso. Todo el mundo puede, en este sentido, padecer una enfermedad espiritual y contagiarla a los demás, expandiendo así la combinación de conocimiento e ignorancia a quienes todavía saben menos.

En cierta ocasión, cuando recién empezaba mi práctica, pregunté, a un maestro muy famoso, por el modo de enfrentarse al gran "no" que se manifestaba internamente como resistencia a la práctica espiritual. Cuando me pidió que ilustrase con un ejemplo mi pregunta le dije que ese mismo día, sin ir más lejos, me había tomado un par de tazas de café, una evidente fuga de la realidad y una clara infracción del compromiso de no emplear substancias tóxicas para modificar mi estado mental.

En medio de la carcajada general desencadenada por mi comentario –porque, en esa época, los discípulos arrasaban el café local en el que yo me había permitido mis dos tazas de café– su respuesta penetró tan profundamente en mi interior que me ha acompañado hasta el día de hoy. «Escucha querida –me dijo–, debes saber que recién estás empezando y todavía te queda un largo camino por recorrer. Son muchos los errores que cometerás en el camino y debes estar dispuesta a aceptar también que algunos de ellos serán *grandes* errores. Ahorra, pues, toda tu energía para enfrentarte a los grandes errores.»

Hoy en día, quince años después, veo con absoluta claridad los errores, en algunos casos muy importantes, que cometo tanto yo como los maestros que más respeto me merecen. El maestro que me enseñó la necesidad de ahorrar mi energía para los grandes errores, sin ir más lejos, incurrió también en sus propios errores pero, hasta el momento, ha sido incapaz de reconocerlos y de asumir su responsabilidad, algo muy lamentable, porque la aceptación constituye la antesala del cambio. Las personas, en mi opinión, somos muy resilientes y comprensivas. Es por ello que, cuando nos aproximamos humildemente arrepentidos por los errores cometidos, nuestro corazón se abre y se consume el karma acumulado. El arrepentimiento simple y sincero puede curar las heridas y el resentimiento profundos dejados en nuestro cuerpo y en nuestro espíritu por la culpa, la ira e incluso la traición.

Tengo una amiga que había sido discípula próxima de Yogi Amrit Desai. De hecho, fue una de quienes le demandaron por su escandalosa conducta sexual (a la que, por cierto, se había visto expuesta) y acabó ganando el juicio. Luego siguieron manteniendo contacto y hasta llegaron a hacer terapia juntos, lo que les permitió explorar la dinámica inconsciente que habían representado y expresar el remordimiento y el perdón. Muchos años después, ella volvió a convertirse en su discípula y hoy en día mantienen una relación madura, próspera y adulta. Éste es un caso que ilustra perfectamente, en mi opinión, la posibilidad del perdón y del cambio.

Todos cometemos errores y uno de los principales consiste en suponer que estamos libres del error. Si entendemos esto, podremos aceptarlos cuando incurramos en ellos, perdonarnos, corregir lo que sea necesario y seguir adelante con nuestro proceso de profundización del camino espiritual.

Un aspecto esencial del aprendizaje del discernimiento en el camino espiritual consiste en descubrir la enfermedad omnipresente del ego y del autoengaño que a todos nos afecta. Entonces es cuando necesitamos el sentido del humor y el apoyo de los verdaderos amigos. Hay veces, cuando nos enfrentamos a los obstáculos que impiden nuestro desarrollo espiritual, en que resulta fácil caer en una sensación de desesperación y autodegradación que nos lleva a perder nuestra confianza en el camino. Pero, si queremos contribuir positivamente al mundo, deberemos mantener la fe, tanto en nosotros como en los demás.

Las malas noticias suelen ser, para quienes han establecido un compromiso vital con el camino espiritual, buenas noticias. Ver, a fin de cuentas, lo que habitualmente nos pasa inadvertido, es un hito que jalona el despertar de nuestra conciencia y la profundización de nuestro discernimiento. Si hoy podemos ver algo de lo que anteriormente éramos inconscientes, no es porque antes hiciésemos algo equivocado, sino porque así es la condición humana. De ese modo, se moviliza nuestro interés en el interminable camino que día a día aumenta nuestra conciencia. La capacidad de curarnos a nosotros mismos, a las personas a las que amamos y a nuestro mundo está en relación directa con nuestro grado de conciencia.

# 3. LA POSTURA DE LA MENTE

El 99% de todo trabajo sobre uno mismo es actitudinal.

E.J. GOLD

Eran las diez de una noche de diciembre de 1999 y estaba de pie junto a la puerta de entrada del dormitorio de la YMCA de Chennai (India) bajo un chaparrón y envuelta en un sari blanco empapado junto a tres amigas. Formábamos parte de un cortejo de unas cuarenta discípulas en un peregrinaje de cinco semanas acompañando a nuestro maestro por el sur de la India, viajando al estilo indio... lo que significaba que cualquier noción occidental de comodidad hacía ya tiempo que había naufragado entre los escollos de la realidad.

Como no era la primera vez que visitaba la India y había vivido allí, era muy consciente del criterio laxo con el que, en ese país, se califica a los hoteles y alojamientos, y todas mis alarmas sensoriales insistían en que el albergue en el que íbamos a pasar la noche distaba mucho de ser aceptable. Y como, en ese momento de nuestro peregrinaje, estábamos extenuadas y nuestra moral se hallaba por los suelos dije, antes de meter la llave en la cerradura, a una de mis compañeras, una antigua monja y la más piadosa de todas nosotras: «¡Regina, haz el favor de decirnos algo sabio antes de entrar!».

Regina irguió entonces cuanto pudo sus casi dos metros

de altura, inspiró profundamente y, citando a Swami Papa Ramdas, un sabio del siglo xx del sur de la India, dijo: «El universo entero es una obra de arte de Dios. No demos más importancia a esto que a aquello. Todo el universo es una manifestación de Dios, una hermosa manifestación de Dios».

Reconfortadas por sus palabras, no nos desalentamos por el paisaje que, al abrir la puerta, se desplegó ante nosotras: el suelo estaba lleno de un líquido irreconocible y, sobre un par de camas metálicas oxidadas, se extendían cuatro "colchones" (si es que podía llamárselos así) que se nos antojaron, al tumbarnos sobre ellos, llenos de piedras. El suelo del cuarto de baño estaba sucio de excrementos, probablemente humanos, la ratas y las cucarachas campaban a sus anchas y un ventilador colgaba precariamente de una cuerda del techo de un modo que no eran sólo las aspas del ventilador las que giraban, sino todo el aparato, que parecía sobrevolar la habitación como un helicóptero en mitad de una tormenta. Pero, como acababan de invitarnos a contemplar el universo como una hermosa manifestación de Dios, a ello nos aprestamos. Entonces sacamos los pocos productos de limpieza con que contábamos y, cantando a voz en grito, nos pusimos manos a la obra. Utilizando champú a modo de jabón, fregamos el inodoro y los suelos, echamos luego a la calle las distintas criaturas que poblaban la habitación, quemamos incienso, colgamos pañuelos de seda y nos fuimos a dormir. Y aunque nada impidió la incomodidad –porque no había actitud positiva que pudiese sacar las piedras del colchón– el amor llenaba nuestros corazones y experimentamos una confortable comunión femenina. Esa noche sigue siendo, para mí, el más memorable de los acontecimientos de ese viaje y ha dejado en mi recuerdo una huella mucho más indeleble que la visita a los antiguos templos, las ceremonias sagradas y las suntuosas comidas a las que nos invitaron. Así fue como nuestro cambio de actitud acabó transformando una pesadilla en un lugar habitable y lleno de apoyo y comunión.

El desarrollo de una postura mental sana como la descrita en el presente capítulo es tanto un requisito del discernimiento en el camino espiritual como un logro de nuestros esfuerzos. Jamás insistiremos lo suficiente en la importancia que el cultivo de la actitud tiene para el éxito del camino espiritual. Mal podremos navegar por las aguas del inconsciente si no contamos con el equipamiento adecuado –en este caso, con las actitudes adecuadas– que se desarrollan y fortalecen gracias al discernimiento y el cultivo diligente. En este capítulo veremos una docena de actitudes que pueden fortalecer nuestro discernimiento y ayudarnos a atravesar, de manera menos confusa, el camino espiritual. Cuando la postura de nuestra mente se desajusta y desequilibra, también se debilita nuestra "inmunidad espiritual", hasta el punto de que corremos el peligro de caer en muchas formas de confusión egoica, incluidas las enfermedades de transmisión espiritual que hemos mencionado en el Capitulo 2.

El *Webster's New World Medical Dictionary* define la postura como "actitud del cuerpo" y la "totalidad del vehículo corporal". La mente, como el cuerpo, también tiene una postura, que se expresa a través de nuestra actitud y nuestra predisposición global. Pero, por más evidente que resulte la necesidad de cuidar el cuerpo –alimentándolo y ejercitándolo adecuadamente y cuidándolo también cuando está enfermo–, es poca la atención que solemos prestar al cultivo de una postura mental sana.

La actitud es una de las expresiones más importantes de la postura mental. Nuestra actitud incluye creencias y puntos de vista que, como resultado del condicionamiento y originándose mucho más allá de las dimensiones conscientes de nuestra conciencia, han ido acumulándose en torno a nuestra visión del mundo. Si queremos entender el modo en que el condicionamiento ha determinado nuestra postura mental, deberemos tener en cuenta nuestra postura corporal. Cuando estudiamos detenidamente el vehículo físico de una persona, vemos el modo en que su postura corporal expresa los retos físicos y emocionales que ha experimentado a lo largo de su vida. También la mente humana, del mismo modo, parece asumir una postura concreta que es la resultante de nuestra educación y de nuestra experiencia vital.

El cuerpo físico refleja, a un nivel más burdo y manifiesto, nuestra actitud mental. «La buena salud empieza en nuestra conciencia», escribe T. Krishnamacharya. Es por ello que el cultivo de una postura mental sana resulta esencial para el equilibrio global de la mente y del cuerpo necesario tanto para la práctica espiritual o *sadhana* como para tener una calidad adecuada de vida y una sensación general de bienestar.

## TODO TIENE QUE VER CON LA ACTITUD

«Todo puede serle arrebatado al ser humano… excepto la última de las libertades, elegir su propio camino, la actitud con la que se enfrentará a una determinada circunstancia», escribió Viktor Frankl, conocido autor y superviviente del Holocausto, en *El hombre en busca de sentido*. Pero, si la persona que se vio torturada en el campo de concentración de Auschwitz y que estuvo en la antesala de la muerte admite la posibilidad de elegir su actitud, no es difícil concluir que todo el mundo, independientemente de sus circunstancias, dispone de esa misma libertad.

Resulta sencillo suponer que la actitud es un don de Dios y que, si tenemos una buena actitud, será porque hemos nacido con ella. Y es cierto que hay personas que han venido a esta tierra con una actitud básicamente positiva. Quizás esos curiosos individuos se vieron educados "precisamente así" o nacieron con una predisposición atípica que les hizo naturalmente alegres, optimistas y amables, pero lo cierto es que esas personas, en cualquiera de los casos, son una franca minoría. Todos los demás tenemos que cultivar nuestra actitud y esforzarnos diligentemente, porque la actitud no es algo dado, sino algo que hay que ganarse. El trabajo interno empieza, en cierto modo, en el mismo instante en que decidimos asumir la responsabilidad de nuestra actitud, es decir, de su mantenimiento, desarrollo y crecimiento continuo.

La actitud, según la filosofía yóguica, debe ser cultivada asiduamente. La actitud sana es una posesión valiosa y difícilmente lograda fruto del esfuerzo perseverante. Nuestra mente se expande y contrae de continuo a lo largo de todo el día, la mayor parte de las veces a un nivel que se halla por debajo de nuestro radar consciente. Y, como pone de relieve la práctica exhaustiva de la meditación, cuando nuestra mente se contrae produce automáticamente pensamientos y sentimientos que son una expresión de esa contracción. No es de extrañar que, si no prestamos la atención necesaria, acabemos convirtiéndonos en víctimas de nuestros pensamientos, que se han visto fundamentalmente establecidos por nuestro condicionamiento.

El doctor y escritor ayurvédico Robert Svoboda ha sugerido que cerca del 90% de los pensamientos que tenemos hoy son los mismos que tuvimos ayer. Creemos estar pensando cuando, de hecho, son nuestros pensamientos los que nos piensan. La palabra "postura" se deriva de la latina *ponere*, que significa "poner o colocar". Y es, de hecho, la atención deliberada a nuestra actitud la que nos permite cultivar una postura mental sana.

Patañjali nos ofrece la siguiente receta de las llamadas

"vitaminas de la mente", es decir, de las actitudes necesarias para el éxito en el camino del yoga, «*sraddhā vīrya smrti samādhiprajñā pūrvakah itaresām*», lo que quiere decir que «para romper la complacencia espiritual, la práctica debe ser llevada a cabo con confianza, vigor, memoria aguda y poder de absorción».[1] Debemos cultivar la fe sobre la base de lo que hemos experimentado e intuido y de lo que nos cuentan textos y autoridades espirituales fiables. Debemos asumir una actitud simultáneamente confiada y guerrera, apelando al poder de la perseverancia para insistir en nuestro esfuerzo hasta superar los obstáculos que se presenten. Estamos llamados a recordar de continuo lo que hacemos y por qué lo hacemos y a sumergirnos una y otra vez, independientemente de las distracciones que se empeñan en alejarnos de nuestro objetivo más profundo, en nuestra tarea. Así es, según Patañjali, como se pone de manifiesto el conocimiento profundo que yace en nuestro interior.

El cultivo de la actitud requiere tiempo, paciencia, atención interna y una gran disciplina. Pero la mayoría somos lamentablemente demasiado perezosos o desinteresados como para llevar a cabo el intenso trabajo que ello requiere. Preferimos, como escribió Henry David Thoreau, «vivir vidas de quieta desesperación», es decir, vivir vicariamente a través de las imágenes de quienes vemos en televisión o en Internet. Una actitud sana requiere la disposición a asumir la responsabilidad de la vacuidad, la tristeza y el miedo interiores, lo que pone de relieve que no somos nosotros quienes elegimos nuestro bienestar.

El primer paso para el cultivo de una actitud sana consiste en cobrar conciencia de los aspectos enfermizos de nuestra actitud presente. Y, para ello, debemos preguntarnos de manera clara, directa y sincera: «¿Qué es lo que valoro? ¿Soy acaso una expresión de esos valores? ¿Y, en caso contrario, por qué no?». Una vez que le prestamos la atención necesaria, nuestra actitud empieza a cambiar, primero rápidamente y luego con más lentitud.

No es tarea fácil ni rápida cambiar de actitud de un modo lo suficientemente profundo como para que ese cambio perdure toda la vida. ¿Pero hay acaso otra cosa que merezca la pena? Y es que, aunque la mayoría seamos inconscientes de la posibilidad de cambiar conscientemente nuestros valores y actitudes, lo cierto es que, si no los elegimos nosotros, serán ellos los que nos elijan. Debemos tener muy clara la actitud que queremos encarnar y hacer luego, de manera consciente, deliberada y sistemática, lo que sea necesario para movilizarla y desarrollarla.

## DOCE ACTITUDES QUE ALIENTAN EL DISCERNIMIENTO EN EL CAMINO ESPIRITUAL

### 1. Intención sincera

En el núcleo de todo logro yace la intención, la semilla de la creatividad que se cultiva a través del esfuerzo. En ausencia de una intención clara, intensa y sincera, nada puede suceder. Aunque la transformación de nuestra mente –renunciando al control del yo limitado y permitiendo, de ese modo, el descubrimiento de algo mayor– sea una de las cosas más difíciles y aterradoras a las que el ser humano puede enfrentarse, también es el requisito último de cualquier camino espiritual verdadero.

No debemos confundir esto con la noción popular de intención como "pensar en el modo de conseguir un nuevo coche", porque la verdadera intención consiste en una especie de visión clara. Las vidas de personas extraordinarias nos proporcionan ejemplos claros del poder de la intención. Las Misioneras de la Caridad, por ejemplo, se originaron en la vocación de una joven monja católica albanesa llamada Agnes Gonxha Bojaxhiu, a la que hoy en día conocemos como Madre Teresa. Cuando la joven fue invitada por sus superiores a fundar las Misioneras de la Caridad, escribió que, pese a saber que no era nadie especial, tenía una visión y, más allá de ella, la creencia sincera de que podía llevarla a la práctica.

Todos los seres humanos somos simultáneamente insignificantes y poseedores de capacidades inconmensurables. Y la intención sincera puede resultar, en este sentido, sumamente movilizadora. La intención es la que nos lleva a decir a la vida "sé que estoy confundido y que soy arrogante, pero también soy sincero y bondadoso y quiero la sabiduría que puedes ofrecerme". Pero es evidente que no basta, diga lo que diga la filosofía y las visiones de la Nueva Era, con la intención para "lograr" o "alcanzar" todo lo que pretendemos o deseemos. La vida no es lineal ni predecible y cualquier visión discriminativa que cultive la intención sincera debe incluir el reconocimiento de estar viviendo en un universo complejo que no obedece a nuestros deseos. La intención sincera es nuestra ofrenda al camino espiritual y debe incluir la disposición a servirnos de cualquier cosa que la vida nos depare para alentar nuestro desarrollo.

## 2. Compasión

Cuando empezaba mi práctica espiritual, un discípulo que llevaba varios años con mi maestro le preguntó: «¿Será exitosa mi vida espiritual si aprendo a ser amable, generoso y compasivo?». Yo sentí lástima por ese hombre porque, hallándose tan lejos de la iluminación, sólo quería aprender a ser amable, generoso y compasivo. Necesité muchos años para darme cuenta de las dificultades que entraña ser una persona bondadosa. Ser generosos con nuestro tiempo, con nuestra energía, con nuestros recursos y con nuestro amor no es la norma, sino la excepción, y la verdadera compasión es un estado de ser muy elevado que sólo se alcanza en contadas ocasiones.

Muchas personas se creen compasivas, sin darse cuenta de lo difícil y preciosa que es la auténtica compasión, es decir, la actitud que nos lleva a colocar sistemáticamente a los demás por delante de nosotros. Recuerdo que, durante el curso de formación de profesores de yoga había, en mi clase, una mujer muy hermosa que, aunque sumamente capacitada para realizar las posturas físicas, se hallaba psicológicamente herida hasta el punto de la psicosis. Estaba llena de rabia reprimida, de una energía vampírica y tan absorta en sí misma que literalmente era incapaz de escuchar a los demás. Siempre estaba hablando y había aprendido a ocultar su psicosis tras el velo de los conceptos y la filosofía yóguica. Era como si su psicosis llevase un estandarte con el lema "Unidad, paz e iluminación". Todavía recuerdo el día en que llegó a clase frustrada y preguntándose por qué la gente no podía ser tan compasiva como ella. «¿Por qué –se preguntaba en voz alta– la gente no podía, como ella, amar a los demás en cualquier circunstancia?»

Y, aunque se trate de un caso obviamente muy extremo, refleja, no obstante, la tendencia humana al egocentrismo que, en ocasiones, incluye también a nuestros hijos, nuestra familia y nuestros amigos. La verdadera compasión sólo se alcanza a través de la práctica, la experiencia, la devoción, el amor y el sufrimiento. No puede ser imitada ni representada. El Mahatma Gandhi se mostró compasivo rezando, hasta el momento en que murió, por su asesino. Las personas que perdonan a quienes les han dañado o traicionado ilustran perfectamente la verdadera compasión. Todos experimentamos poderosos momentos de compasión cuando nuestro corazón se abre y sentimos un amor verdadero por todo el mundo o cuidamos desinteresadamente a un extraño que lo necesita. Expresar esta compasión de manera infatigable y sistemática, independientemente de las circunstancias es, aunque excepcional, algo por lo que realmente merece la pena esforzarse.

### 3. Vulnerabilidad y apertura

La vulnerabilidad es una cosa positiva. Son muchas las personas, especialmente varones, que se encogen de hombros cuando escuchan esta palabra, porque tiene connotaciones de debilidad, desamparo e indefensión. Pero lo cierto es que la vulnerabilidad es, de hecho, el signo de una gran fortaleza interior. No en vano el *Tao Te Ching* dice que «lo blando vence a lo duro». Podemos dejar que la vida, con toda su belleza y todo su dolor, nos conmueva y también podemos, en lugar de protegernos, abrirnos, tornarnos transparentes y dejar que los demás entren en nosotros. La vulnerabilidad nos transmite una sensación de apertura y autenticidad que posibilita una auténtica intimidad con los demás y con la vida.

Estar abierto es ser vulnerable a la vida, mirando de continuo al interior de uno mismo y del mundo, sin que ello nos impida sentir. El amor es, según John Welwood, una combinación de apertura y afecto. La apertura es el gesto de un corazón vulnerable. Cuando nos abrimos, permanecemos presentes y disponibles. Nada, desde la perspectiva de la transformación, puede ocurrir a menos que decidamos abrirnos. Tomada esa decisión, no obstante, podemos emprender un viaje de evolución consciente que no tiene fin.

## 4. Paciencia

«Dame, Señor, paciencia… ¡pero dámela ya!», rezaba la placa enmarcada que, durante varios años, tuve colgada en mi cocina. De naturaleza inquieta, me vi obligada a aprender lentamente que la impaciencia no acelera el proceso de la transformación… ni, de hecho, ninguna otra cosa.

La analista Marion Woodman ha escrito, en algún lugar, que «la flor no se abrirá por más que grite "¡Florece!"». Es mucho el tiempo que el camino espiritual y cualquier viaje, en suma, de autoconocimiento, requiere. La mayoría de los grandes maestros a los que he conocido afirman que los cambios que anhelábamos al emprender el camino quizá no hagan acto de presencia hasta pasados veinte o treinta años y que los frutos de la práctica espiritual pueden ser tan distintos a lo que esperábamos que ni siquiera, cuando aparezcan, los advirtamos. No deberíamos sorprendernos si, después de décadas de práctica, asistimos a muy pocos cambios. Es cierto, obviamente, que algunas cosas cambian, pero la transformación es muy lenta y no es infrecuente, cuando el sufrimiento perdura y la tan ansiada iluminación tarda en presentarse, que acabemos impacientándonos y hasta decepcionándonos. No existen, para quienes aspiran a la verdadera sabiduría espiritual, atajos, y quienes así lo crean se verán obligados finalmente a admitir que la integración espiritual es un proceso que requiere mucho tiempo y discurre a su propio ritmo.

## 5. Ecuanimidad

La ecuanimidad consiste en la capacidad de permanecer emocionalmente estables, independientemente de las circunstancias. Existe una historia extraordinaria sobre el maestro zen
del siglo XVIII, Ryokan, quien, después de que un ladrón le ro-
base sus escasas pertenencias, se sentó y escribió: «El ladrón
olvidó llevarse la luna de la ventana».

La mayoría de las personas nos vemos sacudidas por
las circunstancias y carecemos de centro que nos sostenga.
Vivimos sumidos en una montaña rusa que, dependiendo de
nuestra disposición emocional, se manifiesta externamente
en nuestra vida en forma de tragedia, odio hacia uno mismo,
depresión o enfermedad.

«Conviértete en eso en lo que nada puede arraigar», dice
Lee Lozowick. Debemos aprender lentamente a no tomar-
nos la vida de un modo demasiado personal, sin considerarla
un premio cuando las cosas van como nos gusta, ni un casti-
go cuando van como nos desagrada. Todos, cada uno a nuestro modo, somos egocéntricos y tendemos, en consecuencia,
a pensar que las cosas giran alrededor nuestro. Pero lo cierto es que las cosas sencillamente ocurren y el mundo funciona de un modo que escapa a nuestra comprensión. No es fácil cultivar la ecuanimidad y, para ello, es necesario aprender
a controlar gradualmente nuestra mente.

## 6. Sensibilidad

Cuando le pedí al maestro tibetano Reggie Ray una definición de la iluminación, respondió sencillamente con una sola
palabra: "sensibilidad". Y, aunque necesité tiempo para admitir que el tan ansiado estado de iluminación pueda ser de-

finido como la capacidad de responder adecuadamente a las circunstancias, tanto internas como externas, creo finalmente que estaba en lo cierto.

El camino espiritual es una vía de un solo sentido llena de baches, retos y sorpresas tanto agradables como desagradables, especialmente cuando nos vemos obligados a atravesar las aguas revueltas, turbias y tenebrosas del psiquismo. Nuestro viaje es único e impredecible y, si no cultivamos la flexibilidad y la disposición a responder a las circunstancias cambiantes, acabaremos estancados.

Pero sensibilidad implica discernimiento. Y es que, por más útil que, en ocasiones, pueda ser, la rutina acaba calcificándose y rigidizándose. Y aun la disciplina y la práctica espiritual pueden convertirse, en tal caso, en una excusa para permanecer contraídos y seguros en el supuesto proporcionado por los hábitos. Debemos controlar nuestra mente, pero no para justificar nuestra rigidez, sino para asegurarnos de que la práctica nos enseña a ser más flexibles. No es sano, por ejemplo, identificarnos tanto con la práctica meditativa que no podamos vivir si, un buen día, nos olvidamos de meditar ni insistir tanto en la comida orgánica que no podamos, cuando visitamos a nuestros padres, disfrutar de la comida que nos sirvan.

«La respuesta depende completamente de las circunstancias» dice, en este sentido, Lee Lozowick. No existe respuesta que sirva, ni siquiera en el ámbito espiritual, para todas las circunstancias. La respuesta sensible a un determinado estímulo depende completamente de las circunstancias, tanto visibles como invisibles y tanto conscientes como inconscientes. Cada circunstancia y cada momento son únicos.

## 7. Pasión

Las traducciones de los textos espirituales procedentes de multitud de tradiciones diferentes insisten en la necesidad de dominar nuestras pasiones. Hay quienes imaginan que las personas espiritualmente avanzadas son muy tranquilas, hablan muy lentamente y no disfrutan del vino, el sexo, la música y la belleza. Pero lo cierto es que mi experiencia dista mucho de confirmar esa conclusión.

La pasión es una cuestión compleja y, a menudo, muy malentendida, a que volveremos reiteradamente a lo largo de este libro. Esta visión errónea se debe básicamente al condicionamiento del lavado de cerebro judeocristiano y de textos orientales escritos por monjes y monjas. Ambas tradiciones tienden a equiparar el concepto de pasión con los de pecado y sexo, sugiriendo que la pasión es oscura y sucia y está ligada a la tentación y la naturaleza pecadora de la humanidad. Pero lo cierto es que, para enfrentarnos adecuadamente a los retos de una vida comprometida con el camino se requiere, muy al contrario, una gran pasión. La vida espiritual no debe hacernos menos, sino *más* apasionados.

Los grandes monjes y monjas, personas como Thomas Merton, Swami Vivekananda, Teresa de Ávila y Thich Nhat Hahn, por ejemplo, se han visto impulsados por grandes pasiones que, en algunos casos, son de naturaleza manifiestamente erótica. Los grandes maestros y practicantes espirituales que he conocido poseían una extraordinaria capacidad de comprometerse profundamente con la vida, moverse por los recovecos de la vida y extraerle todo su jugo. Además de dirigir tres *ashrams* y de vivir una vida austera durante meses o hasta años, Lee Lozowick también es un marchante de arte, un gourmet, un supervisor de proyectos artísticos y teatrales y un cantante que –tatuado y con largas trenzas rasta–

actúa ante miles de personas en las giras anuales de su banda por Europa.

El término sánscrito *tapas* (que no debemos confundir con los deliciosos aperitivos españoles) se refiere a la "energía esencial" o el "fuego de la transformación". Tapas es, en este sentido, el fuego interno que debemos acumular hasta que empiece a consumirnos y acabe quemando todos los obstáculos que nos separan de lo que realmente somos. Es el acto de aprender a respirar y soportar el ardiente fuego de la transformación. La vida espiritual no siempre es placentera. En muchas ocasiones, de hecho, no lo es, pero nuestra pasión y convicción interna profunda −como la alegría que encontramos en la vida− nos sostiene y nos permite enfrentarnos a todos sus retos.

## *8. Relajación*

Pocos años después de haber emprendido el camino, mi maestro espiritual, me llamó a su despacho y me preguntó si quería algún *feedback*. Cuando le respondí afirmativamente, me dijo: «Si quieres avanzar rápida y eficazmente, como dices, por el camino espiritual, debes aprender a relajarte, relajarte y relajarte. ¿Entiendes? ¡Relájate! ¡Relájate! ¡Tranquilízate y relájate! ¡Necesitas relajarte!».

La probabilidad de experimentar una lesión grave en accidente de automóvil disminuye en proporción inversa a la tensión muscular. A eso de los quince años tuve un accidente de automóvil que casi acaba con mi vida. Lo que me salvó fue el hecho de estar dormida en el asiento trasero, lo que relajó lo suficientemente mis músculos como para soportar los golpes que mi cuerpo dio contra las puertas, el techo y el piso del coche. La capacidad de relajarnos en situaciones estresantes, una habilidad que suele ser más aprendida que innata, es una actitud vital que debe ser cultivada a lo largo de todo el camino.

La vida espiritual consiste en el delicado equilibrio entre el esfuerzo y la entrega. «*Prayata saithilya ananta samāpattibhyām*», es decir, «¡Relaja la tensión generada por todos tus esfuerzos!». En los seminarios intensivos de yoga, Bhavani, mi profesor de yoga, solía citar a Patañjali en los momentos en que, por ejemplo, nos mordíamos la lengua y teníamos los ojos girados hacia atrás. Digan lo que digan los maestros de la modalidad de espiritualidad tipo comida rápida de nuestro tiempo, la práctica espiritual requiere de un tremendo esfuerzo que necesariamente va acompañado de cierta tensión. Pero, si queremos abrirnos a la gracia, profundidad y sutileza energética que son los frutos de la práctica, debemos aprender a relajar esa tensión.

## 9. Contento

–Buen día, señor –dice, en una conocida historia zen, un discípulo a su maestro.

–¿Acaso hay algún día que no sea bueno? –responde el maestro.

Pero lo cierto es que los días que nos ha tocado vivir son, para la mayoría de nosotros, malos días.

El contento, conocido en sánscrito como *santosha*, debe ser cultivado con diligencia. Lo que nosotros entendemos como felicidad depende fundamentalmente de las circunstancias. Si las cosas van como nos gustan, es decir, si las personas se portan bien con nosotros y acabamos de comprarnos unos tejanos nuevos, somos felices. Si, por el contrario, las cosas no van como nos gusta, si nuestro hijo no nos hace caso, si nuestra pareja no ha querido mantener relaciones sexuales y si acaban de contarnos que tenemos cáncer, somos infelices. Ésta es una respuesta muy comprensible. Buscamos el placer y evitamos el dolor y, en la medida en que nos acercamos a ese objetivo, suponemos que somos felices. Pero este tipo de felicidad –el único, por cierto, que mucha gente conoce– resulta muy evanescente, porque sólo perdura mientras lo hace el estímulo o circunstancia placentera que lo desencadena.

El contento, por el contrario, no depende de las emociones ni de las circunstancias. El contento es un estado interior de ser que florece en presencia de la apertura, la flexibilidad y la predisposición a aceptar todo lo que la vida nos depare y es uno de los frutos de aprender a discernir los contenidos de nuestra mente. Así es como dejamos de empeñarnos en que la vida nos dé lo que queramos y aprendemos a aceptar todo lo que nos brinda. El contento es una forma de agradecimiento, una forma de gratitud que no depende de lo que la vida nos proporcione. El maestro espiritual francés Arnaud Desjardins nos habla de una época de su vida en que estaba aprendiendo a dominar sus emociones en la que, cuando aparecía una emoción difícil, decía: «¡Adelante!». Se había comprometido a desarrollar el contento y su prima hermana, la ecuanimidad, frente a todos los posibles obstáculos.

## 10. Sentido del humor

«Si tuvieras que hacer caso a la opinión de algunos devotos, Dios nunca ríe», escribió el filósofo indio Ghose Aurobindo.

La autora Ángeles Arrien cuenta una maravillosa historia de la época en que, siendo muy joven –y muy seria–, su maestro espiritual le transmitió un mantra. Apenas llegó a casa, se aprestó a recitar las sílabas sagradas que le habían dado. *Sansah humah, sansah humah, sansah humah, sansah humah*, repitió una y otra vez... hasta que cayó súbitamente en cuenta de que estaba diciendo *sense of humor* ["sentido del humor"]. Su maestro estaba, de ese modo, diciéndole que no se tomase tan mortíferamente en serio su proceso espiritual.

El documental *Sunseed* nos presenta al renombrado maestro japonés Suzuki Roshi, la persona quizá más importante en la transmisión del budismo Zen a Occidente, hablando de los sacrificios que requiere el camino espiritual, mientras jugaba con un yo-yo y se reía como si fuese la cosa más divertida del mundo.

El santo de la India del Sur Yogi Ramsuratkumar tenía un agudísimo sentido del humor. En cierta ocasión, me pidió que cantase en sánscrito frente a más de un centenar de sus discípulos y, en el mismo momento en que empecé, comenzó a mover salvajemente los brazos, como si fuese un pájaro moviendo las alas y haciendo gestos y sonidos tan locos que empecé a reír hasta que se me saltaron las lágrimas y no pude seguir cantando. Y, cuanto más reía yo, más tonterías hacia él y más nerviosos se ponían sus discípulos indios por la que consideraban mi sacrílega conducta. Pero lo importante, para él, no sólo era que recitásemos las sílabas sagradas, sino que estuviésemos alegres y nos riésemos incondicionalmente.

El sentido del humor es imprescindible para enfrentarnos adecuadamente a los retos del camino y también es una poderosa herramienta de transformación. Cuando reímos, nuestras defensas se relajan y permanecemos receptivos y permeables al influjo de la gracia, la transmisión y la energía. El amor, la alegría y la capacidad de reírnos de nosotros resultan esenciales en el camino espiritual. Debemos aprender a reírnos de nosotros, del camino y del ego. El plan divino es hermoso, difícil y absurdo y, cuando aprendemos a reírnos de él y de nosotros, más sencillo resulta enfrentarnos al fuego de la transformación.

## 11. La sorpresa y la apertura a la magia

En *Alicia en el país de las maravillas*, la reina dice a Alicia: «¡A veces he pensado en seis cosas imposibles antes de desayunar!». En el camino espiritual, es necesario que nos esforcemos en el cultivo de una sensación de sorpresa y apertura a la magia.

La magia se halla continuamente presente en el mundo, pero la mayoría nos hemos desconectado de ella. Todos la conocíamos cuando éramos niños y a menudo volvemos a conectar con ella cuando estamos enamorados, en medio de la naturaleza, en presencia de grandes seres o durante rituales sagrados. Pero aprender a experimentar la sorpresa y abrirse a la magia ordinaria de la vida cotidiana es una actitud que debe cultivarse. Para ello, es necesario prestar atención a los detalles, apreciar las cosas pequeñas y valorar el parpadeo que es nuestra vida. Y, aunque no sea fácil abrirse a la magia y la sorpresa, la apertura precede a la percepción. Un amigo mío que es estudiante de chamanismo suele decir que si bien, «desde la perspectiva ordinaria, ver es cree, desde la perspectiva chamánica, creer es ver».

## 12. Humildad

«El conocimiento se ha convertido en un bien de consumo, la gasolina que quemamos para desplazarnos por la superautopista de la información», escribe Robert Svoboda en *The Greatness of Saturn*. Pero, por más cosas que sepamos, son muy pocos los que se conocen a sí mismos. Y el hecho es que no sólo *no* nos conocemos, sino que creemos que nos conocemos, con lo cual ni siquiera advertimos nuestra ignorancia. A diferencia de la habitual apariencia de humildad tan característica del escenario espiritual, el auténtico reconocimiento de que "sé que no sé", nos permite permanecer abiertos al aprendizaje que el proceso vital nos brinda de continuo.

Debemos admitir que ignoramos lo que está ocurriendo. Si queremos descubrir quienes somos, tenemos que empezar admitiendo que nadie nos ha engañado y que tampoco estamos engañándonos deliberadamente. Esta sencilla aceptación y reconocimiento es el precio que necesariamente debemos pagar para emprender el gran viaje que nos lleva a entender los mecanismos del ego, descubrir el funcionamiento del psiquismo y el modo de trabajar con las emociones para percibir gradualmente las leyes kármicas y cósmicas y aprender a movernos inteligentemente dentro de ese dominio. Hasta lo que nos parece cognoscible es un resultado de nuestro condicionamiento mental y está limitado por nuestro conocimiento habitual. El terreno de la realidad cognoscible va mucho más allá del conocimiento ordinario.

–¡Aclárame esto! –dije, hace ya muchos años, mientras me acercaba al escritorio de mi maestro–. Dices que no puedo confiar en mí misma porque mi mente está condicionada, confundida y llena de mentiras y autoengaños pero que debo, al mismo tiempo, confiar en mí misma, porque no hay nadie más en quien pueda hacerlo.

–¡Eso es! –respondió.

Así pues, aunque no podamos confiar en nosotros, *debemos* confiar en nosotros. El autoengaño es algo tan omnipresente que habitualmente no nos damos siquiera cuenta de él.

La mente miente y se confunde. Son muchos, como veremos en el capítulo 4, los "yoes" que hay en nuestro interior y, por más que algunos conozcan la verdad sobre nosotros y sobre la vida, hay otros, sin embargo, que la ignoran.

Es un signo de discernimiento y madurez establecer distinciones entre lo que sabemos y lo que ignoramos. Poco a poco descubrimos entonces lo que podemos saber y lo que no podemos saber y aprendemos a utilizar también adecuadamente nuestra atención. Así acabamos aprendiendo a confiar en nosotros tal cual somos y empezamos a interesarnos más en lo que ignoramos que en lo que hacemos.

Según el autor Gilles Farcet, tendemos a pensar en la iluminación como un estado de omnisciencia, pero quizá se trate más bien de un estado de omnignorancia. En lugar de dedicar toda nuestra atención a tratar de saberlo todo –lo que, muy a menudo, no es más que una defensa contra la aterradora vulnerabilidad inherente a la condición humana–, admitamos nuestra ignorancia y dejemos que las barreras erigidas por la arrogancia y superioridad espiritual caigan y nos tornemos permeables a la sabiduría de la vida.

\*\*\*

Nadie es capaz de cultivar y expresar estas doce actitudes. Aun los grandes maestros son humanos y atraviesan, en ocasiones, momentos de desesperación y falta de fe. Pero gran parte de la salud global de nuestro cuerpo es el resultado de atender y alentar sus diferentes componentes. Nuestra actitud global, dicho en otras palabras, mejora en la medida en que atendemos a determinados aspectos de nuestra postura mental. La actitud abierta y sana depende, en suma, de la adecuada combinación entre la atención sincera y el esfuerzo inteligente y discriminativo.

## La necesidad del autoconocimiento

Para poder ver, debes *aprender a ver*. Ésta es la primera iniciación del ser humano en el camino del autoconocimiento. En primer lugar, debes saber qué mirar. Y, una vez que sepas esto, debes hacer esfuerzos, mantener la atención y observar de manera continua y perseverante. Y, cuando hayas visto una vez, podrás ver una segunda y, si ese estado prosigue, ya no serás capaz de no ver. Sólo de ese modo, manteniendo la atención y observando quizá puedas, un buen día, llegar a ver. Éste es el estado que buscamos y el propósito de la observación. Es de ahí de donde nacerá el verdadero deseo, el irresistible deseo, de llegar a ser. Y, cuando permitamos que la realidad nos toque, dejamos de ser fríos y nos convertimos en seres humanos cálidos y vibrantes.

Jeanne de Salzmann, "Primera iniciación"[2]

«Yo no creo que quiera saber lo que hay en mi interior –me dijo, en cierta ocasión, un amigo de la infancia que me acompañó a una cena con un conocido psicólogo–. Soy feliz como soy y creo que, si supiera lo que hay en mi interior, dejaría de serlo.»

Son muchas las personas que no se conocen muy bien y también las hay que, como mi amigo, no *quieren* conocerse, aunque muy pocas sean lo suficientemente sinceras como para admitirlo. Es como si quisiéramos experimentar los frutos imaginarios de la vida espiritual –resplandor, sabiduría, compasión, comprensión y claridad– sin estar dispuestos a pagar o hasta ignorando el esfuerzo que ello requiere. Y es que, por más naturales, sanas y accesibles que parezcan, todas esas actitudes son, de hecho, el difícil fruto de un camino que se cultiva través del autoconocimiento, la contemplación y la práctica intensiva.

El estudio de uno mismo, *svādyāya* en sánscrito, se refiere a un proceso largo y profundo de búsqueda del alma mediante el que la persona trata de entender su verdadera naturaleza. Todo empieza con el estudio de libros y enseñanzas que nos ayudan a entender conceptos, luego avanza hasta proporcionarnos –con la ayuda, a menudo, de maestros, terapeutas y mentores– cierta comprensión de nuestra psicología y finalmente llega al alma, la naturaleza misma de la mente. Conocerse uno mismo quizá sea la cosa más difícil e importante que el ser humano puede hacer y resulta indispensable para el cultivo de las actitudes necesarias para avanzar, con discernimiento y claridad, por el camino espiritual.

El verdadero desarrollo espiritual no puede empezar hasta que no descubramos el modo de vernos. El verdadero desarrollo espiritual sólo puede empezar desde el lugar en el que nos encontramos y, si creemos saber más o conocernos más profundamente de lo que, en realidad, sabemos, la primera lección del camino pondrá claramente de relieve lo mucho que nos desconocemos. Antes de poder hacer algo –y el simple hecho de empezar a observarnos ya *es* hacer algo– al respecto, debemos tornar visible lo invisible. ¿Cómo es que, viviendo desde hace décadas en este cuerpo y esta mente, todavía ignoramos su composición y su funcionamiento? ¿Por qué tenemos tanto miedo a lo que sucede en nuestro interior que preferimos experimentar un profundo sufrimiento psicológico, una enfermedad física o incluso la muerte y la guerra entre naciones que vernos a nosotros mismos y entender nuestra condición? Es evidente que la comprensión de las fuerzas interiores que sabotean nuestro autoconocimiento contribuye gradualmente a socavar esta dinámica autodestructiva.

El ego, para empezar, está destinado a impedir que nos veamos a nosotros mismos. Nuestra personalidad habitual, es decir, nuestro ego, es básicamente una estructura de supervivencia condicionada creada en la infancia para dar sentido y enfrentarnos adecuadamente a la vulnerabilidad en que nos encontrábamos. El ego está condicionado a creer que *eso* es lo que somos. E, ignorando que se trata de un constructo elaborado, percibe cualquier intento de desmantelamiento como una amenaza de muerte. No es de extrañar por tanto que, cuando un aspecto de nosotros se mueva en dirección al autoconocimiento, otro aspecto inconsciente se empeñe en frustrar esos esfuerzos. Pero, si no podemos dejar atrás al ego que, en nuestra infancia, fue un valioso mecanismo de supervivencia, acaba convirtiéndose en el principal obstáculo para nuestro desarrollo.

Tampoco sabemos vernos a nosotros mismos sin juzgarnos, a menudo muy duramente. Juzgamos nuestros pensamientos, nuestros sentimientos, nuestras acciones, nuestras motivaciones y hasta nuestros juicios, sin darnos cuenta del mecanismo subyacente en el que se apoya el castillo de naipes que es nuestra mente. La función de todos esos juicios es la de impedirnos ver. Cuando juzgamos, no vemos. Si alguien nos juzgase con la misma severidad que lo hacemos nosotros, probablemente acabaríamos alejándonos de esa persona... lo que no impide que sigamos enjuiciándonos con extrema dureza.

Muchos tememos vernos sinceramente, ver en profundidad y sin engaños todas nuestras mentiras. Y no queremos porque nos sentimos tan mal con nosotros, nos consideramos tan esencialmente odiosos y nos criticamos tan duramente que creemos que, si nos viésemos tal como somos, nos quebraríamos de inmediato. Son muchas las personas que, llenas de odio, de dudas y de inseguridad existencial, sólo se mueven por la superficie de su experiencia vital. Prefiriendo la ficción a la realidad, muchas personas desaprovechan todas las oportunidades de saber quiénes son realmente. Pero no sólo es una mentira la persona que tememos ser, sino también la persona que creemos ser. Lo cierto es que no somos una ni la otra, somos algo diferente y más grande que cualquier de esas dos opciones. Y eso es algo que es sólo puede descubrirse a través de un largo y laborioso proceso de búsqueda del alma.

Una vez iniciado el proceso de búsqueda del alma, sin embargo, nos adentramos en una calle de un solo sentido que da vueltas y más vueltas en el largo camino del autoconocimiento. *Neti*, *neti* o "no es esto, no es esto", es el gran proceso de purificación que nos permite descubrir gradualmente lo que es, en última instancia, real, desvelando los interminables niveles de ilusión y falsedad interna y externa que ocultan lo esencial. Según el *Brihadaranyaka Upanishad*, en el mismo momento en que nos desidentificamos de los objetos de nuestra percepción, somos capaces de distinguir lo que somos. Por más paradójico que resulte, sólo descubrimos lo que somos viendo lo que no somos.

Tengo un amigo que vive en el paraíso natural de Kauai (Hawai). Pero, pese a ser un muchacho muy guapo de treinta y ocho años, un exitoso practicante del cuidado de la salud, un excelente artista y un auténtico apasionado del aprendizaje, mi amigo padece las mismas tribulaciones internas que afectan a muchos seres humanos, el reto de las emociones, la digestión de una infancia difícil y encontrar el objetivo y el significado profundo de la vida. Poco importa, en este sentido, que vivamos en el paraíso porque, en cualquiera de los casos, la tarea a la que nos enfrentamos es la misma. En cierta ocasión en que estaba en Bodh Gaya (India), escuché a Su Santidad Gyalwang Karmapa hablar a un grupo de miles de monjes reunidos allí. Según dijo, una parte muy importante del camino espiritual consiste simplemente en aceptar el desafío de la emoción. No hay, en este sentido, posible escape y ésa es una noticia muy buena. Si no hacemos algo con nuestra situación, nadie lo hará. Este reconocimiento es el aldabonazo que nos despierta y nos impulsa a asumir la responsabilidad de nuestra propia vida.

Cuando finalmente admitimos que hay cosas de nosotros que no podemos ver, aflora la posibilidad de asumir la responsabilidad de nuestra vida y abrirnos, de ese modo, a una mayor comprensión, sufrimiento, desafío, expansión y capacidad de servir de un modo cada vez más profundo a la humanidad. Aunque, en los años pasados, podamos haber sentido que estábamos mirando hacia adentro –y lo cierto es que, en la medida en que pudimos, estuvimos haciéndolo– ahora profundizamos más que antes. Y, al renunciar a nuestro autoconocimiento anterior, nos permitimos reconstruirnos en algo más grande.

«La experiencia espiritual –dijo, en una entrevista que le hice, el maestro zen francés Jacques Castermanne– no consiste en ver otra cosa, sino en ver de manera diferente. Yo puedo ver esta flor cada día y súbitamente la veo de manera diferente. Me he quedado desconcertado pero, para ello, tengo que estar atento y cuidar mucho el acto de ver.»

El cultivo de una actitud mental sana y flexible nos ayuda a entender y aprender a trabajar con los procesos más profundos que subyacen a nuestro funcionamiento egoico. En el siguiente capítulo, titulado "La psicología del ego", abordaremos directamente la complejidad del ego y sus relaciones con la psicología, el karma y la proyección.

# 4. LA PSICOLOGÍA DEL EGO

¡Yo no he sido!
WES NISKER

«Mirad. Ya no hay razón para que sigáis llevando ese vestido. ¿Creéis acaso que sigue impresionando a alguien?», dijo el maestro E.J. Gold al grupo íntimo de discípulos que se habían congregado a su alrededor en el comedor. Habíamos llegado poco antes de romper el alba al centro de Grass Valley (California) para pasar un día trabajando sobre la complejidad de la estructura egoica. Hay maestros espirituales capaces de compartir enseñanzas que representan un determinado aspecto de la realidad y de transmitir la *experiencia* de la verdad misma. En el momento al que me refiero, resultó dolorosamente patente para los presentes que el "atuendo" al que Gold se refería no era más que la totalidad de lo que creemos ser, es decir, todos los conceptos, condicionamientos e identificaciones que maquillan nuestra percepción del "yo". En el momento de ese reconocimiento fue como si toda pretensión se disipara y quedásemos expuestos y vulnerables al momento que se abría ante nosotros.

El ego es la cáscara de constructos y condicionamientos que Shakespeare describió como «una historia contada por un idiota, llena de estruendo y furia que no significa nada». Creemos saber lo que significa el ego, creemos que podemos determinar el tamaño, la magnitud y la salud de nuestra estructura egoica o de la de cualquier otra persona, sin darnos cuenta de que estamos tratando con el más complejo y sutil de todos los mecanismos con que cuenta la maquinaria humana. Creemos que es posible reducir la complejidad del psiquismo a unas cuantas cuestiones relacionadas con papá y con mamá que pueden solucionarse en un curso de terapia o que podemos reducir el principio del karma al equivalente de un juego que se limita a interpretar los eventos favorables como "buen karma" y las consecuencias desagradables como "mal karma".

Aunque los místicos y visionarios de las grandes tradiciones de todo el mundo lleven miles de años investigando las complejidades del ego, la psicología popular y muchos nuevos movimientos espirituales se empeñan en reducir estas complejidades a una serie de fórmulas y aforismos de fácil aplicación que puedan comprarse y venderse fácilmente en el moderno supermercado espiritual. Pero lo cierto es que, cuando simplificamos esos extraordinarios e importantes principios y asumimos prematuramente que los hemos entendido o que los hemos dominado, acabamos engañándonos y desaprovechando, en tal caso, sus posibilidades más profundas.

Empezaremos este capítulo revisando los difíciles, complejos, interrelacionados y habitualmente malentendidos conceptos del ego, la psicología y el karma. El cultivo del discernimiento espiritual requiere del compromiso con una investigación continua y entregada sobre la naturaleza del mecanismo egoico y del proceso que lo informa. Quizás el cultivo del discernimiento y el establecimiento de distinciones entre el ego, la psicología y el karma sean las tareas más importantes y difíciles a la que deberemos enfrentarnos a lo largo del camino espiritual. También hay que recordar que los frutos más profundos de la comprensión espiritual, como la sabiduría y la compasión, son directamente proporcionales a la profundidad de la comprensión práctica que tengamos sobre todas esas cuestiones.

Esta revisión de los tópicos del ego, la psicología y el karma va necesariamente acompañada de otras cuestiones complementarias como, por ejemplo ¿Qué es este ego del que tanto hablamos? ¿Cómo funciona? ¿Qué es lo que, a lo largo del camino espiritual, debemos hacer con el ego, destruirlo o trabajar con él? ¿Cómo funciona la proyección y de qué manera podemos reapropiarnos de las proyecciones psicológicas que vertemos sobre los demás y sobre la vida? ¿Cuál es la relación existente entre el karma y la psicología y cómo podemos trabajar con el karma utilizando la investigación psicológica profunda? Y, aunque este capítulo sólo nos proporcione, sobre estos complejos temas, una visión global, nuestro discernimiento aumenta con cada bocado de comprensión bien digerido.

## VISIONES SOBRE EL EGO

Hablamos del ego como si hubiera, en torno a él, el modo en que funciona y la forma de mantenerlo a raya, algún tipo de acuerdo, pero lo cierto es que nadie parece saber dónde se encuentra ni de qué está compuesto. Cuando les pregunto a mis alumnos universitarios dónde creen que se encuentra, la mayoría responden que está en su cabeza y, cuando les pregunto en qué parte de la cabeza, responden que está en la mente. Pero ningún científico, no obstante, ha determinado la ubicación física del ego. ¿Por qué? ¿Por qué la gente tiene miedo a tener un ego muy grande, pero no un ego demasiado pequeño? ¿Sabemos realmente cómo funciona el ego en nuestra vida o debemos estar siempre investigando más profundamente? Muchas tradiciones insisten en la necesidad de desembarazarnos del ego ¿pero cómo podemos desembarazarnos de algo que ni siquiera podemos ubicar? ¿Y estamos seguros de que, en el caso de poder ubicarlo, querríamos desembarazarnos de él?

El ego quizá sea el concepto más mal entendido de toda la espiritualidad occidental. Se trata de un concepto tan resbaladizo que hemos erigido, en torno a él, multitud de presupuestos, creencias, generalizaciones, prejuicios y malentendidos. No resulta sorprendente, siendo tan inteligente, escurridizo y poco dispuesto a exponerse, que, pese a toda la atención le prestan los psicólogos y maestros espirituales, todavía sepamos tan poco sobre él.

La capacidad de discernir con claridad los conceptos de ego, psicología y karma resulta de gran ayuda en el camino espiritual. En la medida en que aprendemos a ubicar nuestra experiencia en un contexto mayor, podemos tomar decisiones más sabias y más eficaces. Es importante recordar que, por más que *creamos* entender al ego, se trata de un proceso tan elusivo que escapa de continuo de nuestra comprensión. Por ello debemos estar dispuestos a enfrentarnos a él una y otra vez.

## Los múltiples "yoes"

> –¿Quién eres tú? –preguntó la Oruga.
> Pero, como ésa no era una forma demasiado alentadora de iniciar una conversación, Alicia replicó, un tanto intimidada:
> –Apenas, señora, lo que soy en este momento... sé quién *era* al levantarme esta mañana pero creo que, desde entonces, he cambiado en varias ocasiones.
>
> Lewis Carroll, *Alicia en el país de las maravillas*

Según el místico ruso G.I. Gurdjieff, aunque el ser humano tienda a considerarse como una experiencia continua e inconsútil, lo cierto es que estamos compuestos de múltiples "yoes" que desfilan, uno tras otro, por el escenario de nuestra conciencia, compitiendo por nuestra atención y tratando de convencernos de que *eso* es lo que *somos*. No nos damos cuenta de que esos "yoes" están cambiando de continuo en nuestro interior aflorando, en ocasiones, como respuesta condicionada a nuestro entorno interno o externo. Es por ello que el hombre de negocios puede mostrarse fuerte y seguro mientras dirige una reunión, pero asustadizo y quejumbroso apenas descuelga el teléfono para hablar con su madre y que, en otros momentos, acabe desbordado por la depresión, la excitación sexual, etcétera. Son muchas pues, desde esa perspectiva, las personalidades que configuran a un ser humano, con las que la estructura de la personalidad egoica va identificándose, en la medida en que aparecen.

Solemos incurrir en el error garrafal de creer que somos las diferentes subpersonalidades que emergen en nuestro interior. Hay quienes poseen un conjunto de subpersonalidades relativamente sano, agradable y funcional, mientras que el de otros es bastante más complejo. Pero lo cierto es que mal podemos ser libres si ignoramos el modo en que funciona nuestro ego y no podamos decidir si domina o no nuestra experiencia.

Mientras sigamos atrapados y nos veamos arrastrados por la ingobernable corriente de pautas de pensamiento, identidades, ideas y opiniones que suponemos "nuestros", nuevos y originales, seguiremos siendo, como dice Gurdjieff, entre otros, meras máquinas que, a lo largo de su vida, van repitiendo, de manera rutinaria y mecánica, un programa inconsciente tras otro. Tornarse consciente consiste en aprender a observar esa repetición y conocer de primera mano las historias que nos contamos una y otra vez y hasta que acaban oscureciendo la creatividad resplandeciente y objetiva de nuestra vida.

Trabajamos para desarrollar nuestro ser hasta que, entre los múltiples "yoes", haya un "yo" más estable y auténtico que los demás, es decir, una parte de nosotros a la que podamos acceder, que resuene con una verdad superior y nos guíe eficazmente a lo largo del camino. Este "yo" es el que representa el auténtico guru, el guía interior, el Yo verdadero, la voz del corazón y la intuición por la que merece la pena vivir... aunque todo ello se vea, con cierta frecuencia, oscurecido por la profundidad de nuestra inconsciencia.

## *Los pensamientos se piensan solos*

«¡Los pensamientos se piensan solos!» Este comentario de mi antiguo maestro alemán de meditación vipassana rompió el silencio del desierto y puso fin a la interminable cháchara de nuestra mente. Yo tenía veintidós años y era mi primer retiro de vipassana de diez días. Los participantes permanecíamos sentados dieciocho horas al día familiarizándonos con nuestra mente y tratando de observarnos objetivamente y sin juicio. Pero lo más habitual, no obstante, era descubrir la frecuencia con que nos zambullíamos en universos creados por el yo llenos de fantasías, miedos, juicios, planificación, resentimiento y esperanza.

A pesar de la sincera sugerencia de mi madre de que estaría más cómoda sentada contemplando la pared de mi casa durante dieciocho horas al día, creo que la mayoría de nosotros –y ciertamente yo– necesitamos, para poder enfrentarnos a nuestro interior, ubicarnos en entornos disciplinados y seguir una guía cuidadosa.

«¡Tú no eres ninguno de sus pensamientos! –repetía, una y otra vez, nuestro profesor de vipassana–. ¡Los pensamientos se piensan solos!» Aunque esta afirmación sea conceptualmente muy pobre, la comprensión experiencial de que los pensamientos se piensan solos puede resultar muy reveladora. Es muy interesante reconocer, aunque sea de manera estrictamente provisional que, independientemente de quien creamos ser, "nosotros" no somos quienes pensamos nuestros pensamientos, sino que nuestra mente está repitiendo sencillamente pautas que son el fruto del condicionamiento familiar, cultural y kármico. Nuestros pensamientos incluyen cosas que hemos leído, escuchado, nos han contado o incluso piensan y creen las personas que nos rodean.

Aprendemos a observar nuestra mente a través de un largo proceso de aprendizaje –que, en ocasiones, dura décadas– hasta acabar convenciéndonos de que nosotros no somos nuestros pensamientos y de que éstos funcionan de manera automática. Sólo entonces podemos romper las cadenas de nuestro condicionamiento. Cuando nos identificamos con nuestros pensamientos, acabamos convirtiéndonos en ellos. Nuestra mente es tan poderosa que la mayoría los seres humanos son esclavos de sus pautas de pensamiento condicionado e inconscientes de que los pensamientos que emergen no son sino una faceta muy limitada de nuestro verdadero ser.

«Todos sabemos lo poderosos que pueden llegar a ser los pensamientos –escribe Robert Svoboda en *The Greatness of Saturn*–. Aunque los pensamientos tengan, en el mundo físico, una "realidad" mínima, son los causantes de gran parte de nuestra actividad física. Nuestros pensamientos y emociones suelen acabar convirtiéndose en nuestra realidad física y las condiciones físicas en que nos hallamos generan nuestros estados emocionales y psicológicos.»[1]

El ego *es* la identificación con el bucle mecánico de pensamiento-emoción-manifestación. Muy pocos individuos saben de la existencia de este circuito y menos todavía de la posibilidad de vivir más allá de sus confines.

## La idea del yo

«El ego es la mente identificada consigo misma», –dice Patañjali–. El término sánscrito *ahamkāra* se define como «afirmación del "yo"». Creamos una identidad y acabamos creyendo que eso es todo lo que somos. Pero, en el mismo momento en que nos convencemos de que "yo soy eso", de que "sé quién soy", acabamos confinados en una identidad falsa y limitada. Pero el problema no es la identificación, porque así es como funciona el ser humano, el problema es la convicción de que *somos* aquello con lo que nos identificamos porque, en tal caso, nos quedamos atrapados dentro de sus confines. «Mientras sigas creyendo en tu propio yo, no podrás creer en Dios», dice el jeque Abu Sheikh Abil-Khair.

El autor John Welwood describe al ego como la "idea del yo" o el "pensamiento del yo". El ego funcional, desde su perspectiva, es una instancia creada por la mente que cumple con la función de moverse por el mundo. El problema aparece, en su opinión, cuando empezamos a creer que somos esa instancia gestora, de manera semejante al gerente de una empresa que se considera su propietario. El ego o "yo director" está tratando de hacer las cosas bien, sin que realmente ocurra nada. En este sentido, escribe:

> El ego, desde la perspectiva budista, consiste en la actividad continua que aspira a convertirnos en algo sólido y definido y en identificarnos exclusivamente con este fragmento

escindido del campo experiencial. Es este proyecto de identidad que perpetúa la división entre uno y los demás el que nos impide reconocer la relación inconsútil que nos mantiene unidos al gran campo de la realidad. Y cuanto más separados nos mantengamos del mundo, de nuestra propia experiencia y del poder desnudo de la vida, considerándolos como algo ajeno, más atrapados estaremos en la lucha, la insatisfacción, la ansiedad y la alienación.[2]

El difunto U.G. Krishnamurti, uno de los mayores revolucionarios espirituales de nuestro tiempo, solía culpar provocativamente a las madres de las crisis de identidad de experimentan todos los seres humanos. «¡En el mismo instante en que el niño sale del útero de su madre y ésta le dice: "Tú eres mi hijo y yo soy tu madre" le ha estropeado! A partir de ese momento, el niño tiene el cerebro lavado y cree ser una entidad separada.» En este sentido, sugiere que la afirmación de ser un yo separado inaugura la sensación vital de separación de lo Divino.

Éste es el mismo U.G. Krishnamurti que, cuando entré en la habitación en el que estaba en Bangalore (India) con la intención de entrevistarle, golpeaba repetidamente la muñeca con tanta fuerza sobre una mesa de madera que no podía entender cómo no se rompían sus frágiles huesos de ochenta y dos años. «¡La única razón por la que me duele –gritó por encima del ruido de los golpes– es porque alguien me ha dicho que soy una persona, que esto es una mesa y que existe el concepto de dolor!» Es cierto que decía y hacía cosas bastante inusuales, pero su mismo cuerpo evidenciaba que la suya era una comprensión muy profunda.

## *Por qué el ego no puede morir*

Uno de los errores fundamentales de la vida espiritual en el mundo occidental es que nos hemos empeñado en la imposible tarea de acabar con el ego. Se habla mucho de emprender una guerra contra el ego hasta desembarazamos de él. Muchos carismáticos maestros modernos afirman: «¡El ego es el enemigo! ¡Debemos conquistarlo!», y sus fervorosos discípulos se aprestan a aplastar y matar esos egos que ni siquiera pueden ver. De algún modo suponemos que, si meditamos lo suficiente y seguimos a nuestro guru con la adecuada devoción, en algún momento tendrá lugar una gran explosión y el ego saltará en miles de pedazos y que, a partir de entonces, viviremos por siempre jamás sumidos en un estado de paz y de gracia. Pero ése no es más que otro malentendido, porque la sensación subyacente de maldad psicológica y de odio por uno mismo que muchas personas experimentan se transfiere, en tal caso, a la vida espiritual y se dirige contra el "ego". De algún modo, nos empeñamos en destruir al ego, esperando que nuestra sensación de maldad – o, al menos, de no bondad– se desvanezca con él.

Pero lo cierto es que el ego no puede morir. Si tal cosa fuese posible, pereceríamos arrollados apenas saliésemos a la calle, nos olvidaríamos de cómo se responde al teléfono, perderíamos nuestro trabajo y simplemente dejaríamos de funcionar al nivel más básico. El ego cumple con la función de facilitar nuestro desplazamiento por la vida con el fin de garantizar eficazmente nuestra supervivencia. Paradójicamente, resulta muy útil para el cultivo de discernimiento y, en este sentido, puede ser una herramienta muy valiosa en el camino espiritual.

Si trabajamos adecuadamente, el tiempo y la práctica acaban relajando nuestra *identificación* con el mecanismo egoico. Y, si somos lo suficientemente afortunados, podremos finalmente trascenderlo. La meditación y la investigación disciplinada nos proporcionan una comprensión experiencial sobre el funcionamiento del mecanismo egoico y nos ayudan a sustraernos gradualmente de su influjo. La experiencia y la autoobservación nos enseñan que, cada vez que aparezca la tendencia a seguir una determinada pauta egoica, podemos decidir actuar de manera diferente. Y esa posibilidad es mayor cuanto más claramente percibamos el condicionamiento al que nos hallamos sometidos. La capacidad de trabajar con el ego se desarrolla, como la musculatura o el aprendizaje de una nueva habilidad, con el ejercicio. Dada, no obstante, la tendencia del ego a asumir el control y la facilidad con la que nos identificamos con él, nuestra atención debe ser continua.

Es importante entender que, independientemente de las prácticas y de la tradición a la que estemos adscritos, es muy improbable que nos iluminemos y nos desidentifiquemos del ego de una vez por todas y vivamos, a partir de entonces, felices para siempre. Es cierto que muchas tradiciones occidentales modernas venden la promesa de la "iluminación", pero no lo es menos que tal producto no es más que una burda imitación. La comprensión del ego no es difícil de lograr y son muchos los maestros que, al respecto, pueden proporcionar una experiencia directa. Y es simultáneamente bello y poderoso descubrir que no somos lo que habíamos imaginado y que la ansiada liberación de esa identificación es tan simple como cambiar de perspectiva. Lo que ya no resulta tan sencillo, sin embargo, es mantener esa experiencia. Además, esa comprensión no es más que uno de los muchos hitos que jalonan el interminable camino que conduce a la integración y la madurez espiritual.

Es frecuente, en los círculos espirituales, escuchar la afirmación de que, antes de perder el ego, debemos poseer uno. Pero yo creo que sería más exacto afirmar la simultaneidad de los procesos de fortalecimiento y desidentificación del ego. El ego debe ser fortalecido –porque ese fortalecimiento no sólo alienta nuestra práctica, sino que también es el mecanismo a través del que se expresan muchos de sus frutos– pero, al mismo tiempo, va revelándose cada vez más como lo que es. La liberación del control egoico es un proceso no lineal en el que gradualmente nos sustraemos de su influjo. Pero, para que tal cosa ocurra, el ego debe, en ocasiones, expandirse y, en otras, contraerse. Quedarnos atrapados en la construcción perpetua del ego con la idea de que, a partir de un momento lejano, empezaremos el trabajo de desidentificación, no deja de ser una trampa. Y también lo es tratar de desidentificarnos y trascender el ego antes de estar preparados para ello porque, de ese modo, soslayaríamos el necesario desarrollo humano e incurriríamos en un *bypass* prematuro, un tema que discutiremos con detenimiento en el próximo capítulo.

## *La batalla entre el "sí" y el "no"*

Cuando un ser humano decide emprender deliberadamente un viaje de transformación espiritual, se inicia, en su interior, una gran batalla inconsciente que Gurdjieff bautizó como "la batalla entre el 'sí' y el 'no'". Entonces advertimos la posibilidad de profundizar nuestra vida y nos damos cuenta de que, si no nos servimos del derecho a convertirnos en lo que realmente somos y no vivimos de acuerdo a esa verdad, nuestra vida es esencialmente absurda. Pero, como ya hemos visto, el compromiso con la transformación amenaza de muerte al mecanismo egoico destinado a garantizar nuestra supervi-

vencia. Nuestro compromiso con el camino implica la erra-
dicación final y definitiva del mecanismo egoico que no cesa
de repetir internamente: «Estoy separado. Soy lo que creo
ser».

«Son muchas las personas que afirman querer fundirse
con todo –dice Lee Lozowick– cuando lo único que, en realidad, quieren, es fundirse con lo placentero y hermoso, con la
beatitud y el amor. Pero esas personas no parecen darse cuenta de que la anhelada iluminación no sólo implica la fusión
con los aspectos luminosos, sino también con los aspectos
sufrientes, con todos los seres y a todos los niveles.»

Cuanto más avanzamos en un camino verdadero de transformación, más evidente resulta que el viaje no tiene mucho que ver con lo que uno –o el ego, al menos–, esperaba.
El camino espiritual extrae material inconsciente de nuestras
profundidades –junto a confusiones e ilusiones relativas a la
condición humana y la naturaleza de la mente– y lo trae a la
superficie de nuestra conciencia, para que podamos verlo tal
cual es y aprendamos a relacionarnos adecuadamente con él.
Ése es un proceso largo y laborioso que nos obliga, con cierta frecuencia, a ponernos de rodillas y preguntarnos si existe alguna diferencia entre la ignorancia y la beatitud… pero
siendo ahora claramente conscientes, no obstante, de la imposibilidad, por más que queramos, de recuperar el estado de
ignorancia.

Fue mucho el tiempo, antes de emprender mi viaje espiritual, que pasé quejándome. Y es que, antes de asumir el compromiso sincero con el viaje espiritual, sentía un deseo profundo de verdad y de Dios. Una vez que emprendí el camino,
sin embargo, ya no pude sentirlo con la misma intensidad.
Ésta es una experiencia muy frecuente. Es como si, antes de
emprender el proceso de transformación, estuviésemos na-
dando a solas por la superficie de la vida y pidiendo ayuda.

Pero, cuando llega la ayuda, en forma de un maestro o de un camino verdadero, sin embargo, nos vemos sacudidos por las olas de las emociones y arrastrados por las corrientes y remolinos de los recuerdos, los miedos, los traumas y la reactividad mecánica que acaban zambulléndonos en las aguas turbulentas del inconsciente. Entonces nos hallamos a merced de incontrolables corrientes de transformación, una fase habitualmente descrita como "purificación egoica", en la que el pequeño "yo" o mecanismo egoico clama por llegar a orillas más seguras.

El maestro espiritual francés Arnaud Desjardins cuenta, al respecto, una historia muy divertida que revela la profundidad de sus resistencias inconscientes. En cierta ocasión, siendo ya un practicante avanzado, estaba tomándose un café en el bar del aeropuerto mientras esperaba el momento de subir al avión que debía llevarle a la India, para visitar a su guru, Swami Prajnanpad, cuando escuchó el altavoz anunciando "Llamada para Monsieur Desjardins. Diríjase a la puerta de embarque número tal". Cinco minutos después, se escuchó la misma voz diciendo "Último aviso para Monsieur Desjardins...". Mientras escuchaba estas llamadas, según dice, se preguntaba: «¿Quién será este Monsieur Desjardins que está a punto de perder el avión?», ¡hasta que, en el último instante, se dio cuenta de que él era el Monsieur Desjardins que, sumido en la resistencia a visitar a su guru por la transformación que implicaba el viaje, estaba a punto de perder el vuelo!

La ambivalencia o coexistencia de emociones, actitudes, ideas y deseos contradictorios es una respuesta inevitable del ego a la evolución espiritual. Son muchos los ejemplos que, a lo largo de los años de trabajo con mi maestro, he ido acumulando sobre el modo en que el ego sabotea nuestra transformación: una súbita obligación laboral, una enfermedad, un accidente de automóvil o el reventón de un neumático que aparecen súbitamente en el momento más inesperado. Hay veces en las que el discípulo olvida simplemente la cita que tenía con su maestro. Es ingenuo suponer que el ego, que ve amenazada su supervivencia por la práctica espiritual, accederá sin más a su propia muerte. Convendrá, pues, aprender a cobrar conciencia y finalmente enfrentarnos a la profunda resistencia con la que nos oponemos al mayor de los deseos de nuestro corazón

## El desarrollo de un ego sano

Al no poder verlo ni ubicarlo tenemos, con respecto al ego, ideas tan peregrinas, que aprender a trabajar con él acaba convirtiéndose en uno de los retos más importantes a los que debemos enfrentarnos a lo largo del camino espiritual. Como el ego no quiere ni puede morir, el ejercicio y el desarrollo espiritual eficaces pasan por establecer con él una relación constructiva.

Michael Washburn, uno de los principales teóricos del campo de la psicología transpersonal, ha elaborado una teoría del desarrollo del ego sano en el camino espiritual, a la que llama modelo dinámico-espiral. El desarrollo, según este modelo, discurre a lo largo de una espiral y en medio de la interrelación continua entre la psicología y el espíritu. Y, para mejorar el desarrollo espiritual es necesario, en opinión de Washburn, cultivar el discernimiento.

Durante el primer estadio de este modelo trifásico (el estadio pre-egoico), el yo egoico separado emerge, en el momento del nacimiento, de su misma naturaleza, a la que Washburn denomina fundamento dinámico y empieza a descubrirse como entidad separada. A pesar de ello, sin embar-

go, todavía se halla estrechamente unido al fundamento dinámico, simbolizado por la madre o el cuidador primordial.

Durante el segundo estadio (conocido como estadio egoico), un estadio natural y sano del desarrollo humano, el ego
se ve obligado, en un intento de afirmar su independencia y
descubrir su identidad, a separarse tanto del fundamento dinámico como del cuidador primordial. Pero el "gran precio",
como Washburn lo llama, que el ser humano debe pagar por
este paso es el de reprimir hasta olvidar, con cierta frecuencia, su propia naturaleza o identidad profunda con el fundamento dinámico, al que él denomina "vida del alma" y al que
otras tradiciones se refieren con los nombres de Yo, Esencia,
lo Divino o Dios. La mayoría de los seres humanos permanecen durante toda su vida adulta, según Washburn, atados
a este nivel del desarrollo, alejados y olvidados de su verdadera naturaleza. Este estadio del desarrollo, que la corriente principal de la cultura occidental considera "normal", es
lo que Abraham Maslow describió como "la psicopatología
promedio".

Pero el desarrollo humano no concluye ahí, porque todavía queda por dar un gran paso, al que Washburn se refiere
como estadio trans-egoico. Durante este estadio (que discutiremos con más detenimiento en el Capitulo 6), tiene lugar
una ruptura, habitualmente catalizada por la crisis, de la cáscara de la dinámica egoica, que pone de manifiesto el fundamento dinámico subyacente. Restablecido el contacto con la
fuente, el ego vuelve a fundirse con el fundamento dinámico y se ve transformado por él hasta convertirse, en ocasiones, en un vehículo extraordinario de su expresión. Éstos son
los pasos por los que, según Washburn, discurre el desarrollo egoico y la integración humana sana y óptima. Y esa integración se descubre aplicando el discernimiento claro a nuestra vida interna.

Uno de los discípulos del sabio indio del siglo xix Swami Ramakrishna se aproximó, en cierta ocasión, a él y le dijo: «¿Qué quedará, si renuncio a mi yo?».

–Yo no te pido que renuncies a todo el yo –respondió entonces Swami Ramakrishna–, sino tan sólo al "yo inmaduro".

El "yo inmaduro" es el que nos hace sentir que "yo soy el actor. Estos son mi esposa y mis hijos. Yo soy un maestro". Renuncia al "yo inmaduro" y quédate con el "yo maduro" que te hará sentir que el verdadero actor es Dios y que tú no eres más que un servidor suyo, un instrumento suyo, un devoto suyo.

No conviene olvidar que hasta el ego sano tiene sus propias trampas. Es fácil confundir el ego sano con la realización espiritual profunda. Pero, como el logro de un ego sano no implica la trascendencia de las limitaciones egoicas, debemos ser muy cuidadosos en no confundir ambos procesos.

Es importante insistir, ahora que estamos ocupándonos de la relación existente entre el ego, el psiquismo y la psicología humana, que el problema no reside en el ego. El ego forma parte de la condición humana. Lo que genera sufrimiento es la *relación* que mantenemos con el ego. Si estamos interesados en la verdad y tenemos un profundo deseo de desarrollar la espiritualidad, estamos obligados a asumir una relación más comprometida y prolongada con el mecanismo egoico, que incluye tanto su salud y fortaleza como sus engaños y trampas inconscientes.

## LA PSICOLOGÍA Y EL EGO

El término *psique* se deriva de la raíz latina y griega *psukhe*, que significa respiración, vida y alma. Cualquier psicología plenamente desarrollada debe dirigirse al alma y a las cuestiones esenciales a las que debemos enfrentarnos para desplegar todas nuestras posibilidades. Y esto es algo que suele quedar fuera del alcance de la psicología occidental.

La conciencia de la complejidad del mecanismo egoico no es nueva para la humanidad y la necesidad de encontrar formas inteligentes de trabajar con él ha sido asumida, desde hace miles de años, por las tradiciones espirituales esotéricas budista, sufí e hindú que han elaborado, al respecto, sistemas psicológicos muy sofisticados. Lo que el mundo occidental denomina psicología no es, desde esta perspectiva, más que un aspecto del estudio de la conciencia humana inseparable, en última instancia, de la dimensión espiritual de la existencia. La psicología occidental moderna ha sido la única en haber separado el psiquismo del espíritu, debido fundamentalmente al paradigma científico dominante que escinde el espíritu de la materia y sólo admite las dimensiones cuantificables. Aunque la mayor parte de la psicología occidental es empírica y se basa en la ciencia, los grandes pioneros del campo, desde William James hasta Sigmund Freud y Carl Jung, conocían –y, en algunos casos, se hallaban comprometidos con ellas– las prácticas de la espiritualidad esotérica oriental u occidental.

La espiritualidad y la psicología no deberían, en circunstancias ideales, ser consideradas aisladamente porque ambas, de hecho, son necesarias (como veremos más detenidamente en el capítulo 10, titulado "La unión entre la psicología y la espiritualidad") para esbozar un modelo integrado del desarrollo humano. Quienes están comprometidos con un camino de desarrollo espiritual no deberían permitirse –como lamentablemente hacen tantos occidentales– el lujo de negar su desarrollo psicológico y quienes están, por su parte, interesados en explorar y trabajar con su psiquismo, tampoco deberían desdeñar la dimensión espiritual de su existencia.

Jacques Castermanne, que se convirtió en un destacado maestro del budismo Zen en Francia, cuenta con las siguientes palabras su descubrimiento de la importancia de la psicología:

> Cuando era joven y empezaba a estudiar zen con el maestro alemán Karlfried Graf Dürckheim, me sugirió que emprendiese un análisis con un tal doctor Tolber, discípulo y amigo de Carl Jung. Pasé más de un año rechazando esa invitación porque creía que, dada mi práctica espiritual, yo no necesitaba ningún psicoanálisis. Finalmente accedí a visitar al doctor Tolber, cuya personalidad me atrajo de inmediato. Parecía una persona muy equilibrada, tranquila y confiada. Así que le pregunté: «¿Qué es ese inconsciente del que tanto habla la psicología?». Entonces estalló a reír y replicó: «El inconsciente es lo que no es consciente». Yo me reí con él y, poco tiempo después, emprendimos mi primer análisis, que acabó transformando muy profundamente mi visión del camino espiritual.[3]

La filosofía yóguica subraya la existencia de cinco capas o niveles corporales, llamados también *koshas*, que van desde el nivel ordinario del cuerpo físico hasta el nivel sutil del cuerpo espiritual. *Annamayakosha* es el cuerpo físico o cuerpo del alimento, que incluye las funciones fisiológicas; *prānamāyakosha* es el nivel de la energía, de la fuerza vital y de la respiración; *manomayakosha* es el nivel de la mente, que incluye el procesamiento de pensamientos y emociones; *vijñāmayakosha* es el cuerpo de sabiduría, que yace bajo el pensamiento y el procesamiento mental y *ānandamayakosha*, por último, es la capa de la beatitud, del ser puro, que rodea al *Atman*, la conciencia pura individual.[4]

La moderna psicología occidental puede ubicarse, desde

la perspectiva proporcionada por este modelo, en el nivel del *manomayakosha*, es decir, en la capa de la mente. Sin embargo, la psicología sana también incluye los niveles fisiológico y energético, puesto que las obstrucciones en el nivel fisiológico, en el sistema nervioso y en el equilibrio energético del individuo se verán afectados y afectarán directamente a la enfermedad. Aunque el trabajo en el nivel psicológico del *manomayakosha* no es el más elevado al que podemos acceder, se trata del nivel en que, se hallen o no comprometidos con la vida espiritual, permanecen atrapados la mayoría de los seres humanos, de modo que merecerá la pena prestarle atención.

El conocimiento integrado de cada uno de estos niveles depende de la salud de los anteriores de modo que, cuando alguien accede a un nivel superior de conciencia espiritual sin haber solucionado los problemas del nivel psicológico, su desarrollo se ve inevitablemente lastrado. Y esto es algo que afecta, con mucha frecuencia, tanto a maestros como a discípulos. El desequilibrio o el desdeño de la importancia del desarrollo psicológico es la causa de la mayoría de los problemas y escándalos con que tropiezan practicantes y maestros a lo largo del camino, un punto que discutiremos con más detenimiento en el siguiente capítulo, titulado "El materialismo espiritual y el *bypass* espiritual".

## MAMÁ, PAPÁ Y EL LABERINTO DE LA EMOCIÓN

Aunque muchas personas se consideren adultos maduros que, cuando atraviesan un momento de gran estrés –como un accidente de automóvil, una enfermedad grave o una crisis inminente– responden respirando, rezando o descansando en una presencia mayor–, son muchos los casos en que sencillamente nos descubrimos deseando la presencia de nuestra madre. Y también son muchos los casos de hombres y mujeres normales y corrientes –y hasta de individuos profundamente realizados– que, en el momento de la muerte, han gritado: «¡Mamá!».

El tipo de relación que mantuvimos con nuestra madre, con nuestro padre y, en menor medida, con nuestros hermanos durante los primeros años de vida, establece los cimientos de la realidad emocional que llevaremos con nosotros durante toda nuestra vida adulta. Y, por más que nos agrade creer que basta con diez o veinte años de meditación o de estudios espirituales para modificar irrevocablemente nuestras pautas emocionales, lo cierto es que el ejemplo y el testimonio de miles de practicantes espirituales occidentales demuestran fehacientemente la insensatez de tal expectativa. Uno de los frutos más provechosos de la práctica sostenida es el reconocimiento de la profundidad de las heridas psicológicas que nos mantienen esclavizados, un reconocimiento que nos proporciona una poderosa motivación para entender la naturaleza de la emoción y aprender formas eficaces de trabajar con ella.

Aunque una de las funciones primordiales de los psicólogos es la de ayudarnos a gestionar más adecuadamente las emociones, y son muchas las herramientas que, con ese objeto, pueden emplearse, muy pocos terapeutas entienden realmente la naturaleza de la emoción, su relación con el pensamiento y el modo en que funciona la mente… precisamente porque la relación entre estas cosas se logra especialmente a través de la meditación, la concentración y el ejercicio espiritual. La dinámica del psiquismo en el desarrollo espiritual se halla en la vanguardia de la psicología occidental y sólo la tienen en cuenta los campos más novedosos de la psicología como, por ejemplo, la psicología transpersonal y la psicología integral.

Swami Prajnanpad fue un maestro indio profundamente realizado del siglo XX que vivió en los Himalayas y enseñó Vedanta Advaita a sus discípulos indios. Cuando se le acercó un pequeño grupo de discípulos franceses, se vio obligado a encontrar el modo de ayudar a individuos educados en la cultura occidental a sanar el denso estrato de heridas emocionales provocadas por el condicionamiento cultural y familiar que les impedía el acceso a una visión espiritual más profunda. Muchos de los retos a los que se enfrentaban esos discípulos occidentales eran diferentes a los que se veían obligados a superar los discípulos indios y debían, en consecuencia, ser abordados de un modo también distinto. Aunque el campo de la psicología occidental todavía era muy nuevo, Prajnanpad devoró los escritos de Sigmund Freud y, morando en el contexto de la iluminación, entendió la psicoterapia desde la perspectiva de la unidad.

A través de un proceso terapéutico intensivo conocido como "yacer", ayudó a sus discípulos a rastrear las raíces de sus poderosas emociones hasta llegar a la fuente de su trauma original y acabar abriéndose a aquello de lo que se habían alejado. Así fue como aprendieron a "fundirse" no sólo con su naturaleza esencial, sino con la fuente también de su sufrimiento y con diferentes aspectos de su configuración psicológica, es decir, a tornarse unos con todo su ser. Gracias a esta terapia, fue disminuyendo el lastre que las improntas inconscientes de su experiencia pasada dejaban en sus respuestas presentes a la vida.

Swami Prajnanpad estableció una distinción muy interesante entre emoción y sentimiento. Son muchas las personas que, independientemente de su educación al respecto, tienen experiencias tan intensas que su joven psiquismo tiene muchas dificultades para digerir e integrar. Cuando éramos niños no se nos permitía experimentar, dentro de un contexto seguro, natural e inmediato que nos permitiera entenderlos, nuestros sentimientos y no pudimos, en consecuencia, dejar que emergiesen, se mantuvieran el tiempo necesario y acabasen desapareciendo. Incapaces de digerir la experiencia, nos contrajimos ante los sentimientos apelando, para ello, a una amplia variedad de mecanismos de defensa, desde la represión hasta el escape a la fantasía, culparnos a nosotros mismos o a Dios o, simplemente, anestesiarnos y erigir barreras invisibles en nuestro psiquismo.

La emergencia de esos viejos sentimientos suele provocar, cuando somos adultos, una contracción automática, como si dijéramos "lo que estoy experimentando debería ser de otra manera o, lo que es lo mismo, lo que es debería ser de otra manera". Negamos la experiencia de lo que *es* en el momento, pero no podemos conseguir que sea de otro modo. Así es como nuestros sentimientos acaban convirtiéndose en una emoción que es, en esencia, la sombra rechazada de la experiencia cruda del sentimiento –saturada de historias, proyecciones, justificaciones y dramatizaciones–, resultado de nuestra incapacidad de permanecer en contacto con nuestros sentimientos. Es por ello que gran parte de lo que, en términos coloquiales –y aun, en ocasiones, en términos estrictamente psicológicos– denominamos "sentimientos" no son, en realidad, sino emociones.

Gilles Farcet, psicólogo y autor francés que sigue el camino de Swami Prajnanpad, explica este punto con las siguientes palabras:

> La emoción es un sentimiento que ha acabado asilvestrándose. Independientemente de que estemos tan locamente enamorados que no podamos prestar atención al resto del mundo o de que nos veamos desbordados por el odio, el orgullo, la ira o el deseo, acabamos identificándonos completamente con cualquier evento que, en lugar de acercarnos a

nuestra integridad básica, nos aleja de ella. El sentimiento, por su parte, es algo más sutil. Es la cualidad intrínseca de una experiencia, que no nos aleja de nosotros mismos sino que nos ayuda, por el contrario, a permanecer más en contacto con nosotros mismos. El amor, por ejemplo, puede ser experimentado como una emoción o como un sentimiento, una diferencia, por cierto, muy sutil.

La emoción siempre está asociada al pensamiento, a los procesos mentales y al énfasis y la exageración, y está inconscientemente vinculada al condicionamiento pasado. La desproporción de nuestra respuesta presente es el resultado de una negación inconsciente de los vínculos que la mantienen atada al pasado. A menudo pasamos muy rápidamente, hablando en términos prácticos, del sentimiento a la emoción. Cuando, por ejemplo, vemos a nuestros hijos jugando en la playa, sentimos algo muy real, la inocencia de ese niño. Pero rápidamente se convierte en una emoción: "Es mi hijo y estoy orgulloso de él. Espero que todo le salga bien". Cuando caemos en la emoción nos quedamos atrapados en el bucle del condicionamiento y sólo podemos reaccionar a las circunstancias de un modo mecánico y predecible. Cuando, por el contrario, nos permitimos sentir, podemos actuar y responder al momento basándonos en las condiciones presentes.[5]

## LA NATURALEZA DE LA PROYECCIÓN

«La madurez humana se caracteriza –según la psicóloga junguiana Marion Woodman– por la capacidad de reapropiarnos de nuestras proyecciones.» El condicionamiento egoico, cultural y psicológico es tan poderoso que nos lleva a distorsionar de continuo nuestra realidad, recomponiéndola a través de nuestras proyecciones.

Somos tan inconscientes de la naturaleza omniabarcadora, perseverante, omnipresente e insidiosa de la proyección que difícilmente vemos más allá de nuestras proyecciones. Proyectamos sobre nuestros seres queridos hasta el punto de no verles a *ellos*, sino a la versión y percepción que, de ellos, tenemos, y son muchas las relaciones que se rompen debido a nuestra imposibilidad de asumir la responsabilidad de las proyecciones que vertemos sobre nuestras parejas y las circunstancias que nos rodean. Y también, a pesar de nuestras mejores intenciones, proyectamos sobre nuestros hijos la imagen que tenemos de quiénes y cómo deberían ser, y nos frustramos cuando no se adaptan a nuestras expectativas, como si nos debiesen algo. Y también proyectamos nuestra imagen del camino espiritual y de los maestros, subrayando la idea que tenemos de dónde debe ir el camino, quién es el maestro y cuál es su función.

La mayoría de las religiones modernas se apoyan en proyecciones colectivas de Dios que se han distorsionado hasta el punto de no significar absolutamente nada. Rezamos a nuestras proyecciones, luchamos con nuestras creencias al respecto y nos sentimos culpables, malos y equivocados. Y esas proyecciones están, en la mayoría de los casos, tan interiorizadas que ni siquiera las advertimos. Nuestra realidad emocional y las dificultades a las que debemos enfrentarnos en nuestra relación con los demás son básicamente el efecto de un laberinto de proyecciones profundamente inconscientes derivadas de situaciones a menudo olvidadas de nuestro pasado que han acabado configurando el sistema de creencias que nos acompaña durante toda nuestra vida y opera hasta el momento de nuestra muerte. Si no podemos asumir la responsabilidad de nuestras proyecciones, se expresan en nuestra vida en forma de relaciones distorsionadas. «Cuando no podemos controlarnos a nosotros, acabamos empeñándo-

nos en controlar a los demás», reza una camiseta impresa por
E.J. Gold.

A través del ejercicio del "yacer", Swami Prajnanpad
ayudó a sus discípulos a valorar el grado de impregnación
de determinados momentos y decisiones críticas tomadas en
la infancia que siguen distorsionando, durante toda nuestra
vida adulta, nuestras relaciones, llegando incluso a determinar nuestra relación con el camino espiritual. A lo largo de
este proceso terapéutico, que se desarrolla en sesiones inten-
sivas de dos o tres semanas y que, a menudo, dura varios
años, el individuo empieza con lo que se denomina "la causa
provocadora", es decir cualquier emoción que aparezca en su
vida. El ejercicio desarrolla la capacidad del sujeto de permanecer atento y presente ante la emoción y rebobinar, como si
de un vídeo se tratara, hasta identificar la fuente primordial
de la emoción. El evento original que, independientemente
de las circunstancias y de las buenas intenciones de su padre,
el niño experimenta como un trauma, puede ser un recuerdo,
una emoción, una sensación corporal o cualquier combinación posible de todos ellos. El individuo trata de permanecer
lo más atento posible a esos eventos desencadenantes para
llegar a conocerlos, degustarlos y entenderlos mejor como lo
que, en el pasado, *fueron* y experimentar el modo en que siguen vivos en su psiquismo actual.

Lograda la suficiente intimidad *experiencial* con las situaciones básicas de la infancia que han acabado convirtiéndose en la constelación de estructuras de nuestro psiquismo
y que se han ido repitiendo durante toda nuestra vida –habitualmente a través de una psicoterapia eficaz o de una práctica espiritual destinada a corregir la dimensión emocional de
nuestra experiencia– nos tornamos conscientes de las fuerzas
que nos poseen. Cada vez que nos reapropiamos de una falsa proyección, liberamos la energía invertida en ella y abri-

mos las puertas a una percepción más clara. Así es como vamos purificando nuestra capacidad de discernir y de vivir y funcionar más auténticamente y con una mayor madurez espiritual. Pero para ello debemos, en primer lugar, aprender a ver las proyecciones.

«Lo que nos molesta de los demás puede aumentar la comprensión que tenemos de nosotros», dijo Carl Jung. Y, en la medida en que aumenta la valoración de la naturaleza omnipresente de la proyección, aumenta también nuestra capacidad para considerar la intensidad de nuestras reacciones emocionales como un importante indicio que puede ayudarnos a desentrañar los nudos psicológicos que, alejándonos de la realidad, nos mantienen atrapados en "nuestra realidad". Quizá las manifestaciones inconscientes de los demás sigan, cuando estamos en su presencia, incomodándonos, pero la intensidad de nuestra reacción es sólo nuestra. Es por ello que la desproporción de nuestra reacción a los demás, especialmente cuando estamos psicológicamente obsesionados, constituye un claro indicador de que no estamos moviéndonos en los dominios del sentimiento, sino de la emoción. Y la intensidad de nuestras reacciones desproporcionadas sugiere también que eso está conectado con una proyección.

Aunque jamás podremos librarnos completamente de las proyecciones, las reacciones emocionales intensas a una persona o un evento pueden ayudarnos a cobrar conciencia de las distorsiones de nuestro pensamiento. En Sudáfrica solía vivir con un amigo que, a los setenta y cinco años y después más de cuarenta de práctica espiritual, todavía tenía muy en cuenta este principio. A veces cuando, al llegar a casa, le preguntaba cómo le había ido el día, respondía: «Ha sido un buen día. He tenido varias reacciones desproporcionadas, una forma de lo Divino de decirme "¡Cuántas cosas te quedan todavía por hacer, Gillian!"».

A veces resulta más sencillo admitir ciertos aspectos de nuestra conducta cuando empezamos observándolos en los demás y lentamente nos permitimos verlos dentro de nosotros. El autor y chamán Carlos Castaneda llamaba *pinches tiranos* a quienes mostraban conductas desagradables, considerándolas sumamente útiles en el camino espiritual porque, gracias a nuestra reacción a esas personas, podemos descubrir los aspectos en los que todavía nos hallamos emocionalmente entrampados. Según se dice, el místico ruso G.I. Gurdjieff invitaba deliberadamente a vivir en su comunidad a individuos con personalidades desagradables y provocadoras para que, de ese modo, sus discípulos pudiesen entender mejor las profundas proyecciones que alentaban su reactividad, lo que les permitía asumir la responsabilidad de sus proyecciones y hacerse cargo de ellas.

## Una visión kármica de la psicología

¡Por qué, si alguien tiene que vivir mi vida, no puedo ser yo!

Anónimo

Recuperar las proyecciones es una tarea amorosa que dura toda la vida. Cada vez que reconocemos y asumimos una proyección estamos interrumpiendo una pauta de condicionamiento cuyas raíces se remontan a un pasado que se extiende mucho más allá de nuestra historia personal. Es útil, para entender este proceso y ampliar nuestra visión de las poderosas fuerzas implicadas en el condicionamiento egoico, tener en cuenta el concepto de karma. Aunque el karma sea un principio amplio y complejo que quede más allá del alcance de este libro, valorar el vínculo existente entre el karma y la psicología puede proporcionarnos una visión más amplia de la tarea psicológica a la que nos enfrentamos cuando nos adentramos en la vida espiritual.

El psiquismo personal es el modo en que nuestras pautas kármicas se expresan en esta vida. Las visiones budista e hindú del karma sugieren que nuestra alma pasa de vida en vida a través de la conciencia, encarnándose una y otra vez para ir completando, en la escuela de la vida, las tareas y lecciones que le quedan por aprender. Las condiciones y circunstancias de cada encarnación se basan en fuerzas que trascienden con mucho lo que la mayoría de nosotros puede concebir. Esas fuerzas determinan la cualidad de nuestra conciencia, la cultura y la familia en las que nacemos, el cuerpo que tenemos y las experiencias y relaciones significativas con las que nos encontramos. «Las improntas acumuladas en vidas pasadas, arraigadas en las aflicciones, serán experimentadas en la vida presente y en vidas futuras», escribe Patañjali en los *Yoga Sūtras*.[6] Basta, si queremos entender la naturaleza del karma acumulado en vidas pasadas, con echar un vistazo a las circunstancias que actualmente nos rodean.

Las pautas del condicionamiento se repiten una y otra vez a lo largo de grandes períodos de tiempo. El psicólogo John Welwood se refiere al karma como la transmisión de las tendencias de un momento mental al siguiente. Cada momento mental, según dice, hereda un momento anterior y lo transmite al siguiente. El karma es el resultado de la contracción egoica, como medida de seguridad y control, ante la apertura sin fronteras del ser que establece el "yo" como algo limitado, definido, substancial y separado. El punto de vista kármico garantiza la encarnación hasta el momento en que podamos encontrar el modo de desatar los "nudos de la conciencia" y liberarnos de las limitaciones y sufrimientos derivados de una idea limitada y errónea de quienes somos. Las situaciones concretas de nuestra vida nos proporcionan la ocasión de aprender las lecciones que necesitamos para desatar los vínculos del karma.

Robina Courtin, una monja budista tibetana australiana que enseña budismo en las prisiones de máxima seguridad, explica que, sea lo que fuere lo que estemos experimentando en el momento presente, es tanto el resultado del karma anterior como la siembra de las semillas del karma futuro. Las circunstancias con las que nos encontramos *son* nuestro karma, la expresión de nuestra conciencia y las semillas de nuestro futuro. Nosotros formamos parte de un gran holograma kármico en el que nuestra vida refleja la intersección entre nuestra familia o karma genealógico, el karma colectivo de nuestra cultura y, en muchos casos, un conjunto de karmas concretos que se expresan a través de los maestros y comunidades por los que discurre nuestro viaje espiritual.

Hay momentos muy especiales en los que advertimos claramente, a través del accidente, la enfermedad o la desgracia, que estamos cosechando semillas sembradas en momentos anteriores. Un ejemplo que ilustra este punto es el caso del padre de un amigo que traficó con drogas durante muchos años. Cuando finalmente trató de abandonar esa vida, se vio brutalmente torturado por un grupo de sicarios que, en busca de un supuesto alijo, irrumpieron violentamente en su casa. Y es que, aunque pudo cambiar su karma, no pudo eludir, sin embargo, el fruto de las semillas kármicas que había sembrado.

Son muchas las personas que, de forma bastante más común, han pasado por situaciones en la que acaban viéndose perseguidos por una mentira aparentemente piadosa o por un acto de ignorancia o indulgencia. En otros casos, la maduración no lineal de ciertos karmas pasados determina la emergencia de épocas o de circunstancias que trascienden nuestra capacidad de percepción consciente. Considerar que las circunstancias psicológicas y prácticas a las que nos enfrentamos se han visto fundamentalmente determinadas por fuerzas kármicas nos obliga a ampliar significativamente nuestro punto de vista y nos brinda también la oportunidad de aceptar un grado de responsabilidad que puede ser tan aterrador como liberador.

Bert Hellinger, Alejandro Jodorowski y Marianne Costa son personas que han desarrollado complejos procesos psicológicos que pueden ser utilizados para rastrear literalmente problemas a los que actualmente nos enfrentamos y que no sólo atañen a nuestros padres, sino también a nuestros abuelos, bisabuelos, tatarabuelos, etcétera. Muchos de los profundos retos a los que nos enfrentamos en diferentes niveles y que, en ocasiones, experimentamos de forma devastadoramente personal –no sólo retos emocionales, sino también retos relacionales, físicos y hasta circunstanciales– son el fruto de un condicionamiento impersonal e inconsciente que se ha transmitido de generación en generación.

Quizá nos sorprenda descubrir que muchas de nuestras experiencias más poderosas han sido determinadas de manera directa por nuestros tatarabuelos o incluso por predecesores todavía más antiguos. Entre estas experiencias cabe destacar la depresión, las pautas de relación, las enfermedades, los divorcios y hasta la edad a la que morimos, como muchas otras "decisiones" cuya autoría nos arrogamos de un modo quizá prematuro, como el número de hijos, el hecho de tener o no un aborto o la persona con la que decidimos entablar una relación. Lo único que ocurre es que ahora se viven en una circunstancia y un momento histórico diferente. Ésta es una visión tangible y práctica del karma que resulta mucho más fácil de entender y aceptar que la vaga noción de un alma que transmigra de una vida a la siguiente.

Muchos pueblos nativos americanos eran claramente conscientes de las implicaciones kármicas de sus acciones. Cuando tomaban decisiones importantes, consideraban su posible impacto sobre las siguientes siete generaciones, tanto de su familia, como de su comunidad y hasta de su país. El *Guru-Gita*, una importante oración hindú del *Skanda Purana*, sugiere que cuando, en nuestro desarrollo espiritual, damos un paso positivo hacia delante, nuestra curación afecta a siete generaciones futuras y libera la conciencia de siete generaciones pasadas, abriendo incluso la posibilidad de que la energía asociada a la conciencia humana pueda curar más allá de los límites del tiempo lineal.

Robert Svoboda afirma, en *Aghora III. The Law of the Karma*, la existencia de tres tipos diferentes de karma, el karma evitable, el karma inevitable y el karma que puede o no ser evitado. Puede ser muy difícil, pero en ocasiones extraordinariamente práctico, considerar que, cuando nos ocurren cosas aparentemente "malas" o difíciles estamos, de hecho, "pagando" un precio kármico que no sólo es necesario, sino también inevitable.

Hace ya varios años que atracaron mi casa de Berkeley, llevándose muchas de las joyas que había dejado mi madre al morir. El hecho me resultó tan traumatizante que llamé a una conocida curandera para que me ayudase a contemplar el evento desde una perspectiva más amplia y que me invitó a considerar la posibilidad de que los ladrones estuviesen cobrándose el pago kármico de algo que yo no podía recordar y que, en ese sentido, el robo me liberaba, en realidad, de un peso. Entonces me contó la historia de la primera ocasión en que se encontró con su maestro, portando un collar muy antiguo que había pertenecido a su bisabuela. Apenas vio el collar, el maestro se lo quitó y, arrojándolo al fuego, le dijo: «¡Ese collar estaba robándote la energía!».

No es fácil abrirnos a una visión más amplia de la realidad que nos permita contemplar, desde una perspectiva más amplia, las difíciles cuestiones de la justicia, la victimización y la imparcialidad. Pero, aun esa perspectiva, como siempre, puede ser mal empleada. Veamos ahora, para ilustrar este punto, el caso de una amiga mía que se vio secuestrada, violada y casi asesinada. Su novio, un adepto a la Nueva Era, acabó persuadiéndola de que retirase las acusaciones porque, de algún modo, ella había sido, en su opinión, la causante de la situación. Luego se lamentó, no obstante, por haber soslayado prematuramente el trauma sufrido. Aunque el karma sea un tema tan difícil de entender que nadie puede, en consecuencia, presumir de ello, la visión kármica posee, al mismo tiempo, la capacidad de sacudir nuestra limitada visión psicológica tradicional.

Hay terapias que se ocupan de los traumas de vidas pasadas y practicantes espirituales que están fascinados por quiénes puedan haber sido o lo que pueden haber hecho en vidas pasadas. Pero basta, desde una perspectiva práctica, para ver nuestro karma, con echar un vistazo, a nuestras circunstancias presentes, porque ya se halla frente a nosotros. Es totalmente irrelevante, en este sentido, que hayamos sido granjeros en Mesopotamia, traficantes de esclavos en Sudamérica o princesas de Egipto (recuerdo que mi novio de la universidad solía decir, al respecto, que todas las mujeres que conocía que recordaban su vida pasada habían sido princesas). Lo que importa es la capacidad que tenemos de enfrentarnos a nuestras circunstancias presentes con una visión y un discernimiento claros y dejar de llevar a cabo acciones que movilicen la incesante repetición de los aspectos desfavorables y limitados de nuestro condicionamiento kármico. La psicología, desde esta perspectiva, es una herramienta que podemos utilizar para desentrañar, trabajar y desarrollar nuestro karma.

## *¿Karma o* dharma*?*

Cuando cobramos conciencia de las poderosas fuerzas kármicas a las que estamos sometidos, fuerzas que nos llevan a
repetir determinadas pautas condicionadas, podemos decidir,
en cualquier momento, actuar de otro modo, una decisión a
la que el astrólogo védico Chris Parrot se refiere preguntan-
do: «¿karma o *dharma*?». El *dharma* es, en este sentido, el
"camino virtuoso", el deber y el servicio válido al que puede
acceder todo ser humano que decide vivir una vida orientada
hacia sus posibilidades más elevadas. Actuar de acuerdo al
*dharma* es asumir acciones que resuenan con la estructura o
ley superior de un orden divino o de una verdad objetiva, en
lugar de verse movido por las fuerzas poderosas y habitualmente inconscientes de nuestro karma. A nosotros nos corresponde asumir un papel activo o pasivo en la desarticulación de los condicionamientos a los que estamos sometidos.

   «Bendito seas tú que, a cada instante, abres una puerta,
para entrar en la verdad o quedarte en el infierno», –dice el
poeta Leonard Cohen– en su *Book of Mercy*. La gran libertad o verdad a la que muchos aspiramos, sólo se experimenta en el presente, y las personas a las que consideramos libe-
radas no son más que individuos capaces de interrumpir su
condicionamiento a través de la decisión de practicar y actuar conscientemente, instante tras instante, de acuerdo a su
*dharma*.

   «El dolor futuro puede y debe ser evitado», –dice Patañjali–
en los *Yoga Sūtras*.[7] Por su parte, B.K.S. Iyengar explica con
detalle este punto afirmando que, con el sufrimiento pasado,
no podemos hacer nada, porque ya ha pasado. Tampoco podemos eludir el sufrimiento que estamos experimentando en
el presente, aunque sí podemos reducirlo a través de la atención consciente, la práctica espiritual y la aplicación de dis-

cernimiento. Por último, dice que el sufrimiento que todavía está por venir puede y debe ser evitado.[8] Y ello es posible a través del autoconocimiento y de una práctica intensiva que nos permita cobrar conciencia de nuestros procesos inconscientes e interrumpirlos.

¡Pero esto es ciertamente más fácil de decir que de hacer! Las pautas que estamos tratando de interrumpir son tan antiguas y su impulso tan poderoso que, cuando tratamos de romperlas, podemos sentirnos como un adicto que trata de abandonar la heroína o como un nadador que se empeña en ir corriente arriba. Aunque también podemos sentir simplemente que algo no está "bien", porque no estamos acostumbrados a sentir y actuar de manera diferente a la habitual.

Si prestamos atención nos daremos cuenta de que, en cualquier momento, se abren ante nosotros un par de alternativas. Cuando emergen pautas oscuras del pensamiento tan familiares como la mantita de nuestra infancia, cuando descubrimos que se han pulsado ciertos botones y estamos a punto de reaccionar del mismo modo en que lo hacemos a nuestra pareja, amigos, jefe o hijos, o cuando nos descubrimos a punto de caer en el precipicio del odio hacia uno mismo y de las conductas a través de las que nos boicoteamos a nosotros mismos, podemos elegir *dharma* en lugar del karma, lo que nos proporcionará un atisbo de libertad. Y, si lo experimentamos una vez, podemos experimentarlo de nuevo y llegar finalmente a conocer de primera mano el modo en que el ser humano puede liberarse del ciclo del karma. Como dice E.J. Gold, «En algún momento tendrás que decidir vivir de un modo que no dejes tras de ti un rastro de accidentes, uno de las cuales eres tú mismo».

\*\*\*

Si queremos que nuestra vida sea espiritualmente íntegra y no dejar, en nuestro velatorio, una simple sucesión de accidentes, debemos valorar la naturaleza de nuestro condicionamiento. Es necesario entender los principios básicos del ego, ver el modo en que informa nuestra psicología y aprender a trabajar con nosotros mismos de manera que no sólo desate nuestros nudos psicológicos, sino los que se derivan también de nuestro condicionamiento kármico más profundo.

Si queremos ser serios en nuestro camino espiritual, debemos dejar de dar vueltas en torno al ego. Es necesario que nos familiaricemos con la dinámica de nuestro ego. Y, para ello, debemos aumentar nuestra destreza e ir entendiendo poco a poco el complejo entramado de nuestro psiquismo, los engaños a los que nos somete y las historias que crea para eludir la tan anhelada transformación espiritual.

Son muchas las personas que se adentran en el trabajo espiritual con la expectativa de que la práctica y la comprensión espiritual les permitan trascender su laberinto psicológico. En el moderno Occidente vivimos una época de confusión y de problemas psicológicos sin precedentes de la que nadie se salva, ni comunidades ni maestros espirituales. Y poco importa, en tal caso, la sinceridad de nuestra intención de desarrollo espiritual, porque la ceguera psicológica colectiva que nos aqueja acaba distorsionando nuestra visión espiritual. Tenemos que descubrir el modo en que esta dinámica opera dentro de nosotros, de nuestros maestros y de nuestras comunidades, para poder atravesar así el camino con claridad y discernimiento y también tenemos que ayudar a otros a hacer lo mismo. Éste será precisamente el tema que veremos en el siguiente capítulo a lo largo de una discusión en torno al materialismo espiritual y el *bypass* espiritual, dos principios muy importantes para entender el desarrollo del discernimiento espiritual.

# 5. EL MATERIALISMO ESPIRITUAL Y EL *BYPASS* ESPIRITUAL

Nos hemos reunido aquí con la intención de aprender algo sobre la espiritualidad. Yo creo en la sinceridad de esta búsqueda pero, al mismo tiempo, me cuestiono su legitimidad. El problema es que el ego puede apropiarse ilícitamente de todo, incluida la espiritualidad, para sus propios fines. El ego trata continuamente de servirse de las enseñanzas de la espiritualidad en su propio beneficio. Las enseñanzas se consideran entonces una cosa externa, algo externo a "mí", una especie de filosofía que tratamos de imitar. En realidad, no queremos identificarnos ni convertirnos en las enseñanzas. De manera que, si nuestro maestro habla de renunciar al yo, tratamos únicamente de remedar la renuncia al yo. Y es que, por más que obremos de acuerdo a todas las reglas y hagamos los gestos apropiados no estamos dispuestos, en realidad, a sacrificar absolutamente nada. Nos convertimos en actores hábiles negándonos, al mismo tiempo, a entender el significado verdadero de las enseñanzas y nos consolamos con la pretensión de que estamos siguiendo el camino.

CHÖGYAM TRUNGPA RINPOCHE,
*Más allá del materialismo espiritual*[1]

Después de haber acabado *A mitad del camino* y de centrarme en el estudio y la enseñanza de las mil formas de autoengaño que afectan a la vida espiritual que abordo en ese libro pensaba que, en el futuro, dejaría de ocuparme de los obstáculos que pueden presentarse en el camino y que podría dedicarme a las verdades esotéricas importantes.

Pero fueron tantos, sin embargo, los clientes que se habían visto profundamente decepcionados por sus maestros, comunidades y prácticas espirituales, que finalmente me vi obligada a renunciar a esa expectativa. Y es que, independientemente de la tradición considerada, los retos a los que, con el tiempo, debían enfrentarse maestros y comunidades espirituales eran los mismos. Enseñando en una universidad alternativa y vanguardista, veía con absoluta claridad la confusión existente sobre el camino espiritual –fruto de la comprensión y aplicación egocéntricas de las prácticas espirituales– y la ignorancia generalizada al respecto.

Pero mi visión también cambió cuando, muchos años después de la publicación de *A mitad del camino* descubrí que, a un nivel más sutil y, en consecuencia, menos detectable, yo también había caído en la mayoría de las trampas sobre las que había escrito. Así fue como me vi obligada a admitir que mi práctica espiritual y las enseñanzas de las que podía hablar jamás pueden ir más allá de lo que nos permita la excavación meticulosa y experiencial de los innumerables estratos subterráneos de confusión y error que yacen dentro de cada ser humano. Cada nivel de falsedad desenterrado aumenta, en este sentido, nuestra integración y nos acerca un paso a la verdad de nuestra experiencia. Así es cómo el discernimiento va revelando gradualmente una claridad cada vez más profunda.

En 1973, el maestro budista tibetano Chögyam Trungpa Rinpoche, fundador de la Naropa University, publicó su revolucionario *Más allá del materialismo espiritual*. Llegado a Occidente durante la década de los sesenta, en pleno renacimiento espiritual de la cultura occidental, con la intención de enseñar budismo, se descubrió hablando a buscadores espirituales que, pese a estar sedientos de verdad y ansiosos por emprender el estudio y la práctica espiritual, también estaban muy confundidos. La aplicación de prácticas meditativas poderosas y del conocimiento y la tecnología esotérica budista a una cultura que carecía de matriz cultural para soportarlas y que no tenía la menor comprensión acerca de la dinámica del ego, acabó generando una serie de confusiones y complejidades que Trungpa Rinpoche se aprestó a corregir. En ese sentido, escribe:

> Recorrer adecuadamente el camino espiritual es un proceso muy sutil. Y, no se puede emprender el camino saltando a la ingenuidad. Son muchas las encrucijadas del camino que conducen a una visión distorsionada y egocéntrica de la espiritualidad. Y por más convencidos que, en tal caso, estemos de crecer espiritualmente, no hacemos más que utilizar las técnicas espirituales para consolidar nuestro egocentrismo. A esta distorsión fundamental la llamamos materialismo espiritual.[2]

John Welwood, psicoterapeuta y discípulo durante mucho tiempo de Chögyam Trungpa Rinpoche, acuñó la expresión "bypass espiritual" para referirse concretamente a la dimensión psicológica del materialismo espiritual. «El *bypass* espiritual –escribió, en este sentido– consiste en el empleo de ideas y prácticas espirituales para eludir las cuestiones personales y emocionales inconclusas, no consolidar nuestra frágil sensación de identidad y soslayar, en nombre de la iluminación, nuestras necesidades, sentimientos y obligaciones evolutivas.[3] El *bypass* espiritual, por tanto, puede ser considerado como una faceta del materialismo espiritual centrado en el uso inconsciente de los conceptos y de las prácticas espirituales para soslayar, en lugar de sanar, nuestras heridas y eludir, de ese modo, los retos psicológicos a los que deberíamos enfrentarnos.

Estoy convencida de que cualquier estudioso serio del camino espiritual acabará beneficiándose, independientemente de su religión o tradición, de la comprensión de los principios del materialismo espiritual y del *bypass* espiritual. Y no me refiero tan sólo, con ello, a una comprensión estrictamente teórica, sino a su dinámica y a su funcionamiento cada vez más sutil. Porque lo cierto es que sólo podremos sortear los obstáculos que necesariamente emerjan en el camino cuando aprendamos a identificar esas tendencias en nuestro interior.

Una de mis alumnas de psicología transpersonal se quejaba de que ese semestre le parecía repetitivo y aburrido debido a mi reiterado énfasis en el *bypass* espiritual. Insistía en que hacía mucho tiempo que entendía ese tema y de que, estando más allá de la psicología, se sentía frustrada por tener que darle una nueva vuelta de tuerca. Después de haber soportado, durante todo un semestre, su frustración, resistencia, ira, proyección e insistencia en que ésa era una dinámica psicológica que no la afectaba, acabó revelándome que ella era, de hecho, una maestra espiritual… ¡una tarea para la que, desde mi perspectiva, estaba pésimamente preparada!

Todos nos resistimos a reconocer los mil modos en que nos engañamos en el camino espiritual. Resulta embarazoso para el ego, aunque no para quienes realmente somos, ver nuestro reflejo en el espejo disfrazado con algún que otro ropaje espiritual. Pero también conviene, en aras de la libertad, descubrir y reconocer las muchas formas en que, en nombre de la espiritualidad, acabamos limitándonos.

## EL MATERIALISMO ESPIRITUAL

Cuando estábamos estudiando el tema del materialismo espiritual, Janice, otra alumna de mi clase de psicología transpersonal, levantó la mano y dijo: «Estoy realmente interesada en la vida espiritual y sé que esa hermosa chaqueta de piel negra que compré en Italia me mantiene atrapada. Y también sé, por más ridículo que pueda parecer que, si renunciase a esa chaqueta, mi vida espiritual daría un gran paso hacia delante».

La chaqueta de Janice era una posesión material, pero todos poseemos algo –una razón, una propiedad o algo que, según nosotros, nos impide vernos con más profundidad– que nos aleja del camino espiritual. Son muchos los casos en los que, pese a nuestras mejores intenciones, la espiritualidad acaba convirtiéndose en un estrato profundo y sutil de nuestra coraza detrás del cual nos ocultamos de las verdades más profundas.

Judith Lief, una estudiante próxima a Chögyam Trungpa Rinpoche que lleva muchos años enseñando, describe con las siguientes palabras el materialismo espiritual:

> El materialismo espiritual es el apego a una visión del camino espiritual como si se tratase de un logro o de una posesión sólidos. Según se dice, el materialismo espiritual es lo más difícil de superar. La imagen que se utiliza para representarlo son las cadenas de oro, que no son simples cadenas, sino cadenas de oro. Son tan hermosas y brillantes que las amamos. Pero lo cierto es que coartan nuestra libertad. La práctica espiritual no consiste en permanecer atrapados en una jaula mayor y mejor, en una trampa que, pese a parecer una mansión, siga siendo, no obstante, una prisión. La práctica espiritual aspira, muy al contrario, al logro de la libertad.[4]

Son muchos los modos en los que el materialismo espiritual puede expresarse. En el nivel más evidente, la espiritualidad puede utilizarse –y, de hecho, como hemos visto en el capítulo 1, se utiliza– para hacer dinero. Resulta inevitable, dada la inclinación, sin precedentes en la historia, de la cultura global hacia los valores materialistas, que acabe tiñendo nuestra aproximación a la espiritualidad. Vivimos en una cultura que valora tanto la acumulación y el consumo que resulta ingenuo suponer que, por el hecho de estar interesados en el desarrollo espiritual, hemos renunciado al materialismo y no nos veremos afectados por él. No hay nada malo en llevar una camiseta con el símbolo de "Om" o practicar meditación y disfrutar ganando dinero y haciendo grandes negocios, siempre y cuando consideremos, entendamos y corroboremos la honradez de nuestras decisiones. Y es que el materialismo espiritual no tiene tanto que ver, a fin de cuentas, con las cosas que poseemos, como con la relación que mantenemos con ellas.

Utilizamos la espiritualidad para conseguir poder, prestigio, reconocimiento y respeto y hasta para eludir nuestros problemas. Y también usamos incorrectamente las mismas enseñanzas y prácticas espirituales para evitar una intimidad más profunda con la verdad que tanto anhelamos. De este modo, no empleamos las prácticas, los conceptos y toda la parafernalia espiritual para descubrir la verdad, sino para apuntalar el ego. Hasta el monje recluido en la cima de una montaña puede identificarse con su ropa o el cuenco de mendicante y crear, con él, una falsa sensación de seguridad espiritual.

Al ego le gusta considerar la espiritualidad como algo que puede "poseer" de una vez por todas, sin tener que llevar a cabo el trabajo continuo de practicar instante tras instante durante el resto de su vida. En este sentido, el ego crea una identidad que gira en torno al yo espiritual. Esto es algo que todos hacemos en el camino espiritual y resulta muy útil aprender a verlo en nosotros mismos.

Son muchas las formas en que el materialismo espiritual puede expresarse:

- El currículo espiritual, que consiste en el listado de las personas espirituales importantes que hemos conocido, con las que hemos estudiado o a cuyos cursos hemos asistido. Hay ocasiones en las que nos descubrimos recitando nuestro currículo espiritual como un modo de impresionarnos a nosotros mismos o a los demás.

- Los cuentos espirituales, que son narraciones sobre nuestras experiencias espirituales. Y aunque, en ocasiones, puedan ser muy interesantes, no es de extrañar que, para eludir la vulnerabilidad de la conexión humana profunda, acabemos ocultándonos detrás de ellos.

- La altitud espiritual, un caso especial de *bypass* espiritual que suele manifestarse yendo de taller en taller, de maestro en maestro o de lugar hermoso en lugar hermoso en un intento de estar siempre arriba y evitar, de ese modo, nuestra sombra.

- La "dharmatización", que consiste en el empleo de la jerga espiritual para relatar nuestra confusión y puntos ciegos y evitar las relaciones. Si alguien, por ejemplo, le comenta a un "dharmatizador" que se siente tenso con él, éste puede responder con un tópico tal como que "Ése no es más que un fenómeno pasajero. ¿Acaso hay alguien ahí que pueda sentirse tenso?".

- Ir de compras espirituales, que se caracteriza por la misma avidez por coleccionar iniciaciones y bendiciones de santos con la que otros acumulan coches, yates o segunda residencias. Quienes incurren en esta forma de materialismo espiritual necesitan saber que están yendo a algún lugar, que cada vez son más ricos o mejores. Y hay quienes parecen creer inconscientemente que, si coleccionan suficiente oro espiritual para iluminarse, podrán eludir la muerte.

- El ego espiritualizado imita, a menudo muy bien, el aspecto que, en su opinión, debe tener la persona espiritual. Puede crear, a su alrededor, una aureola, utilizar con elocuencia la cháchara espiritual y actuar de manera atenta y desidentificada, por más que todo ello trasunte una impresión de irrealidad. Recuerdo haber asistido, en cierta ocasión, a una charla pronunciada por un conocido maestro espiritual. Pero, por más que se esforzara en hablar y actuar espiritualmente –diciendo cosas profundas y esbozando una cierta sonrisa de "sabiduría"– su mensaje era chato y estaba despojado de sentimiento. Era como si su ego hubiese integrado las enseñanzas espirituales, pero él no.

- El ego a prueba de balas asimila el *feedback* constructivo y lo integra en su sistema de defensa. Si alguien, por ejemplo, nos cuenta algo supuestamente negativo sobre nosotros, podemos decir "ya sé que pareceré perezoso y egoísta, pero la verdad es que estoy centrándome en 'ser' y 'cuidar de mí mismo'". Un maestro espiritual con un ego a prueba de balas puede justificar el abuso verbal o la extorsión económica de sus discípulos alegando que está tratando de trascender el mecanismo egoi-

co o de enseñarles a entregar todas sus posesiones a lo
Divino. El problema con las personas que tienen egos
espiritualizados y a prueba de balas es que son muy es-
curridizos y difíciles de atrapar, razón por la cual se trata de un mecanismo de defensa que resulta muy difícil
de ver en uno mismo.

Es importante entender que el materialismo espiritual no tiene que ver con el "qué", sino con el "cómo", es decir, con el
modo en que nos relacionamos con algo, independientemente de que se trate de un maestro, de un nuevo atuendo de yoga
o de un concepto. No es cuestión de riqueza ni dinero, sino de
actitud. He conocido numerosos *sadhus* (hombres santos de
la India, que viven como mendicantes) que no tuvieron empacho alguno en mostrarme amenazadoramente, cuando con-
sideraron que mi limosna era muy exigua, el puño. El apego
de algunos a su bastón de peregrino es mayor que el de muchos moteros a sus Harley-Davidson. Cuanto más profundamente nos adentramos en los estratos de nuestra propia percepción, más claro resulta que los orígenes del materialismo
espiritual descansan en la mente. Podemos relacionarnos con
la información, con los hechos e incluso con la comprensión
profunda de un modo que impida la emergencia de la sabiduría más profunda. En este nivel sutil, en el que el conocimiento puede acabar convirtiéndose en una barrera para la
sabiduría, la espada de la discriminación –es decir, el deseo
profundo de vernos con más claridad y la predisposición a
escuchar el *feedback* que, al respecto, pueden proporcionarnos los demás– nos ayuda a trascender la confusión.

## El *BYPASS* ESPIRITUAL

El psicólogo John Welwood llamó la atención del público occidental sobre el concepto de *bypass* espiritual para ayudar a las personas a entender los mil modos en que el ego puede servirse de ideas y prácticas espirituales para eludir, en lugar de atravesar, las facetas confundidas, maltrechas e incluso heridas de su psiquismo. El *bypass* espiritual afecta a todos los niveles del desarrollo espiritual, desde el principiante hasta el yogui avanzado y el maestro espiritual. El acceso a la verdad espiritual puede, cuando no se halla adecuadamente integrada, convertirse en un arma muy peligrosa que nos lleva a soslayar nuestras potencialidades más profundas y a creer que estamos más realizados de lo que, en realidad, estamos. Y es muy probable que, cuando ocupamos una posición de poder, acabemos transmitiendo esta confusión a los demás.

La mente egoica es un mecanismo muy inteligente y no debemos subestimar la extraordinaria inteligencia y absoluta eficacia que muestra en el desempeño de su tarea, para proteger su identidad y oscurecer el reconocimiento de nuestra naturaleza más profunda. En su función gestora, el ego nos mantiene a salvo, organiza nuestra vida, nuestro trabajo y nuestra familia y hasta es capaz de erigir y destruir civilizaciones. Aunque uno de los objetivos de toda tradición espiritual esotérica consista en liberarnos de las garras de la identificación y del dominio egoico, debemos entender que se trata del mismo mecanismo que pone en marcha y nos orienta a lo largo del camino espiritual.

Esto significa que, quienes han emprendido seriamente una práctica espiritual, se encuentran metidos en un auténtico problema, porque deben examinar y trabajar con el mismo ego que moviliza y sostiene su práctica. Mientras que el alma vive la gloria de la conciencia de su naturaleza más profunda, el ego experimenta simultáneamente la posibilidad de la transformación como una auténtica amenaza de muerte. Es entonces cuando, en un movimiento muy inteligente, asume el lenguaje y los conceptos de la verdad y de la transformación para impedir –*en nombre de la verdad*, según dice– esa transformación. Su misma estructura de defensa, que hemos calificado como espiritualización del ego, está compuesta de conceptos, ideas y hasta de imitaciones improvisadas e inconscientes de auras, energías e intuiciones espirituales. Éste es el dominio al que se dirige el *bypass* espiritual. Y, como se trata de un concepto muy sutil, trataré de ilustrarlo, en lo que resta de capítulo, con varios ejemplos.

## ¿POR QUÉ, SI TODO ES UNA ILUSIÓN, TENGO QUE ENFRENTARME A PROBLEMAS RELACIONADOS CON PAPÁ Y MAMÁ?

Resulta ingenuo suponer que, por el hecho de haber tenido varias experiencias profundas de iluminación espiritual o varias comprensiones duraderas, la conciencia ha llegado a todos los rincones de nuestro psiquismo. Ése, por más tentador que resulte, casi nunca es el caso. La expansión de la conciencia puede afectar ciertamente a nuestra dinámica psicológica, proporcionándonos una visión más amplia de nuestro condicionamiento o transmitiéndonos el valor necesario para adentrarnos en regiones todavía oscuras de nuestro interior. Pero no es frecuente que la conciencia asuma la tarea, tan necesaria como humilde, de aprender a sentir y digerir el sufrimiento psicológico o los complejos retos que implica enfrentarnos a las relaciones humanas, el odio hacia lo mismo, la vergüenza, la sexualidad y la intimidad con los demás. Es cierto que la comprensión espiritual puede modificar nuestro condicionamiento psicológico, pero tal cosa no siempre ocurre. Y es que, cuando todavía ignoramos el modo de manejar adecuadamente nuestro psiquismo, es nuestro psiquismo el que nos maneja a nosotros.

Muchas personas han llegado inconscientemente a la vida espiritual en un intento de trascender el doloroso sufrimiento provocado por el condicionamiento infantil. Y lo cierto es que, en muchos casos, el trabajo de transformación puede contribuir a aliviar ese sufrimiento. Cuando aprendemos el modo en que funciona el condicionamiento mental desarrollamos la capacidad creciente de observar y desidentificarnos de las incesantes repeticiones de pautas de pensamiento y de advertir que no somos nuestra identidad percibida ni nuestra historia familiar. Pero existe una línea muy fina entre el ejercicio del necesario proceso de desapego y caer en una desidentificación neurótica de la vida, que no es tanto una manifestación de la claridad espiritual como un mecanismo protector basado en el miedo.

Recuerdo una ocasión en que fui a escuchar una conferencia pronunciada por un *roshi* zen americano. Era un maestro muy respetado en su comunidad y, aunque esperábamos escuchar una "charla *dharma*" típica sobre las enseñanzas zen, era otra la historia que había decidido contarnos. Llevaba unos treinta años practicando meditación zen intensiva, haciendo frecuentes *sesshins* de varias semanas y hasta meses de duración, que le permitieron convertirse en una persona muy diestra en tranquilizar la mente, desidentificarse de sus pensamientos y observar la multitud de precisos rituales que acompañan a la práctica zen. Pero, cuando su esposa le abandonó, acabó sumiéndose en un estado duradero de profunda tristeza y depresión que resultaba inaccesible a sus prácticas y le obligó a explorar su pasado personal.

Cuando era niño, sus padres trabajaban y pasaba mucho tiempo a solas. Tenía dificultades para hacer amigos y recordaba que podía pasarse horas sentado en la mecedora de su madre, mirando la pared y perdido en su mundo interno. Así fue como aprendió, durante la infancia, a emplear su respiración para calmar su extrema ansiedad y la soledad que sentía al caer la noche. Durante esa conferencia confesó a las trescientas personas que se habían congregado a escucharle que su éxito como maestro zen se debía fundamentalmente a una reorientación inconsciente de las estructuras de defensa aprendidas durante la infancia. Afortunadamente para él, sus heridas habían encontrado una válvula de escape constructiva que le llevaron hasta el zZen, pero su práctica también había sorteado grandes regiones de su psiquismo que necesitaban atención y habían acabado desembocando en la ruptura de su matrimonio. Entonces fue cuando reconoció que la ayuda que necesitaba para enfrentarse y resolver este aspecto de su proceso de transformación no podría encontrarla en la meditación, sino en la psicoterapia.

El calificativo *egosintónico* se refiere a las conductas y actitudes compatibles con la estructura y las tendencias de nuestro ego. Resulta útil constatar si las prácticas que elegimos son egosintónicas con nuestra personalidad y el modo en que nuestra visión de la espiritualidad puede apoyarnos a soslayar áreas importantes de nuestro ser que necesitan atención. ¿Utilizamos, por ejemplo, la práctica de la meditación para escapar de la vida o nos sirve, por el contrario, para zambullirnos más profundamente en ella? ¿Utilizamos los conceptos espirituales para eludir el sentimiento o para profundizar nuestra capacidad de sentir?

En el 2002, publiqué un artículo llamado "Zen Boyfriends",[5] un término con el que me refiero a los hombres que «utilizan diestramente las prácticas e ideas espirituales para sortear los desafíos y exigencias que implica la conexión humana con una pareja». Un diálogo típico con un novio zen podría incluir algo semejante a lo siguiente, que ocurrió cuando mi novio, al que llamaré Jivan, regresó de la India creyendo haberse iluminado.

–Realmente creo en la no dualidad –dijo Jivan–. Todos somos uno. Ahora puedo sentirlo.

–¿Pero qué significa exactamente eso? –pregunté.

–Significa que tú y yo no existimos separadamente de ningún objeto animado ni inanimado. No existe la menor separación.

–Pero tú no me escuchas –le dije–. Necesito que estés ahí y que no te desidentifiques tanto.

–¿Pero quién es el "tú" que quiere colgarse de este "yo"?

–Diablos, Jivan. Yo soy el *yo* y tú eres el *tú*.

–No existe ninguna diferencia, así que nunca estaremos solos ni separados. Todo es lo mismo –replicó.

–¡Estás lleno de mierda!

–¿Quién es el "yo" que está lleno de mierda?

–¡Tú!

–¿Y quién está enfadada? –insistió.

–¡Yo estoy enfadada!

–Mírame a los ojos. ¿Qué es lo que ves? –continuó.

–¡A ti!

–Mira más profundamente. ¿Qué ves ahora? ¿No puedes verte acaso a ti misma? ¿No puedes verlo todo?

–Yo sólo veo a un hombre que cree estar iluminado –le espeté finalmente–. Quiero tener una relación *íntima* y, sinceramente hablando, no quiero colgarme de alguien que cree que no es nadie.

Jivan emprendió finalmente una terapia para trabajar cuestiones relacionadas con su madre, mientras yo seguía trabajando cuestiones relacionadas con mi padre que me llevaban a sentirme atraídas por hombres que no estaban emocionalmente disponibles. Pero la interacción que provocó nuestra ruptura se caracterizó por los clásicos mecanismos psicológicos de defensa establecidos originalmente por Sigmund Freud (la represión, la negación, la racionalización, el aislamiento y la división). Simplemente nos habíamos vestido con el ropaje de la verdad espiritual para protegernos de la vulnerabilidad que necesariamente acompaña a toda relación humana.

En el peor de los casos, el *bypass* espiritual puede acabar destruyendo el efecto de los esfuerzos realizados durante la práctica espiritual. Ése fue el caso de Mercedes, una mujer española que había sido educada en una pequeña aldea agrícola del sur de España. Su padre había abusado verbal y sexualmente de ella y de su hermana cuando eran pequeñas, y su madre era una mujer insegura y pasiva que jamás salió en defensa de sus hijas. Cuando tenía diecinueve años, Mercedes leyó un libro sobre meditación. Poco después emprendió la práctica y no tardó en experimentar poderosos estados alterados de conciencia. Y como no había, en su entorno familiar, nadie que pudiera entenderla, no tardó en irse a vivir a un *ashram* del norte de la India.

Una vez en la India, Mercedes emprendió un curso intensivo de práctica espiritual que duró más de dos décadas bajo la estricta supervisión de un pequeño número de grandes maestros. Quizá ninguno de los miles de aspirantes que he conocido y entrevistado haya practicado de manera más perseverante, fervorosa e intensa que Mercedes, que se sometía a disciplinas, austeridades, cánticos, prácticas de servicio y regímenes de contemplación con una diligencia que sólo evidencian los grandes realizados. No es de extrañar que experimentase grandes estados de iluminación y que fuese reverenciada por su gran sabiduría.

Quizás el único reto que Mercedes no pudo superar fue el de enfrentarse a los fantasmas de un pasado que había dejado detrás y al que, después de centrar toda su energía en la práctica espiritual, jamás regresó. Después de muchos años de práctica, Mercedes experimentó, durante un corto período de tiempo, varias situaciones problemáticas, incluida la muerte de su madre y de su principal maestro. Y, cuando otro maestro, que había asumido la tarea de protegerla durante ese período tan vulnerable, murió súbitamente, Mercedes acabó desarrollando una crisis esquizofrénica. Entonces se replegó por completo, dejó de hablar y de bañarse y permanecía, a veces semanas enteras, en un estado de inconsciencia y desaliento, peligrosamente agotada y enferma. Y, cuando alguien se le acercaba con la intención de ayudarla, se mostraba agresiva y decía que se hallaba en un estado de unión espiritual profunda y no quería ser molestada. Finalmente tuvo que ser hospitalizada y tratada de psicosis y depresión, pero siguió sin tener el menor interés en emprender un trabajo terapéutico.

Es interesante señalar que el abuso infantil suele despertar una sensibilidad y una conciencia espiritual extraordinarias. La imperiosa necesidad de escapar del entorno inmediato moviliza a los niños a explorar su mundo interno en busca de dominios de conciencia más tranquilos y seguros. Son muchos los buscadores espirituales a los que sus heridas psicológicas y la disfuncionalidad de sus hogares rotos han despertado del letargo espiritual que afecta a la cultura contemporánea. La imposibilidad de seguir negando el dolor que impregna su psiquismo y sus familias –el dolor que subyace, en suma, a toda la cultura contemporánea– les lleva a formularse las preguntas más profundas.

Resulta paradójico que el trauma infantil y hasta la ansiedad y el peligro creciente que afecta a la cultura moderna puedan ser un gran don que despierte individual y colectivamente nuestras potencialidades más profundas. Pero si, comprometidos con el camino, no corregimos finalmente estas cuestiones, nuestra realización espiritual será incompleta y quizá distorsionada y las cuestiones que hayamos soslayado regresen, para reclamar nuestra atención, en los momentos habitualmente más inadecuados.

## EL *BYPASS* ESPIRITUAL
## Y LOS NUEVOS MOVIMIENTOS RELIGIOSOS

El *bypass* espiritual no es un fenómeno que se limite exclusivamente al individuo, sino que afecta también a comunidades y tradiciones espirituales. Durante la última década, ha habido un crecimiento epidémico del *bypass* espiritual en el seno de los movimientos espirituales occidentales. En este sentido puede advertirse, en todo el mundo, un aumento palpable de la tensión, de la depresión, del miedo, de la superficialidad y del materialismo, junto a un ligero pánico colectivo y el deseo de encontrar soluciones rápidas y sencillas que pongan fin a nuestra confusión y nuestro sufrimiento. Esta urgente necesidad de liberación no sólo se manifiesta en la popularidad de ciertos movimientos espirituales, sino en el modo también en que pensamos y hablamos de la espiritualidad. Existe la sensación de que la vida va demasiado deprisa y de que tenemos que descubrir técnicas que no requieran tanta inversión de tiempo, práctica, disciplina y compromiso a largo plazo. Como uno de mis alumnos de psicología que se resistía la práctica de la meditación me decía al comienzo de cada clase: "Yo quiero una solución rápida y es evidente que la meditación no me la proporcionará".

El movimiento de la Nueva Era está saturado de rasgos

de este tipo y está fundamentalmente centrado en la trascendencia, en la ascensión y en lo que mi amigo, el escritor Jorge Ferrer, denomina "espiritualidad del chakra superior y más elevados". Mientras que la mayoría de las tradiciones y prácticas de la Nueva Era se basan en verdades objetivas, las realidades que representan se han visto frecuentemente seleccionadas para que sólo tengan en cuenta las verdades placenteras. Existe un amplio abanico de talleres, enfoques y maestros empeñados en enseñar a la gente a tocar el cielo a costa de perder su arraigo en la tierra y en la mayoría de los aspectos fundamentales de la experiencia humana. Las personas se orientan hacia la luz y no parecen estar dispuestas a hacer frente a los aspectos oscuros y sucios de sus emociones y a los retos que implica el mundo de las relaciones. Y el resultado de todo ello es una versión desarraigada, unilateral y parcial de la conciencia espiritual.

Es mucho más sano, ciertamente, contemplar el arco iris y utilizar cristales que tomar metanfetamina, y la verdad es que, desde un punto de vista estrictamente práctico, la mayoría de las personas no están dispuestas a mantener la disciplina, el compromiso y la autenticidad que requiere la auténtica transformación. Por otra parte, la popularidad de esos movimientos genera, tanto en los buscadores sinceros como en los espectadores curiosos de la cultura contemporánea, una gran confusión sobre lo que la espiritualidad puede realmente ofrecer.

Otro ejemplo del impacto que provoca el *bypass* espiritual en la comunidad espiritual nos lo proporciona el Neoadvaita o Satsang, un movimiento cada vez más popular en todo el mundo. Con contadas excepciones, la mayoría de los maestros de este enfoque –que a menudo afirman no ser maestros porque, en su opinión, no hay "nadie" que enseñe ni nada que enseñar– ofrecen a sus seguidores una experiencia provisional muy poderosa de la conciencia pura y de la no separación. Muchos maestros de este movimiento no abogan por la práctica y la disciplina espiritual y llegan, en muchas ocasiones, a rehuirla, con la excusa de que la naturaleza violenta de la creencia de que no basta con *ser*, sino que tenemos que *hacer* algo, nos saca del momento presente.

No puedo decir, por más filosóficamente irrefutable que sea, que me haya impresionado la madurez y el discernimiento espiritual que he visto, desde hace más de veinte años, tanto en los maestros como en los discípulos de esta escuela. Uno de los resultados de este nuevo movimiento espiritual es que permite que miles o, mejor dicho, decenas de miles, de personas, crean estar iluminadas y las lleva, en muchos casos, a enseñar a otros las mismas técnicas antes de estar adecuadamente preparados para ello. Y, puesto que la mayoría de ellos no se consideran maestros –y, mucho menos gurus–, tampoco suelen asumir la responsabilidad de la dinámica y de las proyecciones que emergen en sus comunidades, insistiendo en la única explicación de que todo es un mero juego mental.

He escuchado centenares de historias semejantes a la que me contó mi novio zen Jivan, historias de parejas rotas porque uno de sus miembros apelaba de continuo a los conceptos y la jerga de la iluminación para eludir, de ese modo, la intimidad y los retos que implica la auténtica relación humana. El Neoadvaita y muchas modalidades de espiritualidad de la Nueva Era están saturadas por una tendencia al *bypass* espiritual que se ha popularizado tanto que ha acabado distorsionando la visión colectiva de Occidente sobre la iluminación y socavando la posibilidad de una auténtica maduración espiritual.

A finales de los noventa asistí a una conferencia pronunciada por Ram Dass, el antiguo profesor de Harvard y autor de *Ser aquí ahora*, uno de los libros de espiritualidad más influyentes jamás publicados en Occidente. El libro describe las revelaciones que, en él, provocó el encuentro con su guru Neem Karoli Baba y sus poderosas enseñanzas sobre la importancia de estar en el momento presente. Durante los más de treinta años transcurridos desde la publicación de su libro, Ram Dass ha sufrido un largo viaje, que incluye una reciente hemorragia cerebral, y cada vez está más familiarizado con su tendencia al *bypass* espiritual, al que se refiere con la expresión "esquizofrenia vertical".

Esa noche, un buscador espiritual muy sincero levantó la mano y le preguntó si todavía creía que la práctica de "ser aquí ahora" era el ideal más elevado al que aspirar. Ram Dass respondió entonces con mucha amabilidad diciendo que todavía estaba de acuerdo, a nivel esencial, en la filosofía de "ser aquí ahora", pero que su comprensión de ese "ahora" se había expandido hasta incluir la necesidad de hallarse presente desde todos los niveles de la experiencia, incluidas las emociones dolorosas, los desafíos interpersonales y el sufrimiento de la tierra, de sus habitantes y de sus líderes. Ahora creía, según dijo, que hay que aprender a estar presente con todo lo que existe en el aquí y el ahora, sin excluir absolutamente nada. El auténtico desarrollo espiritual nos obliga a admitir que hasta el compromiso a permanecer presente puede ser utilizado como una forma de evitación.

## ¿Qué es lo que ocurre cuando el maestro espiritual no se ha enfrentado adecuadamente a sus problemas?

Quizás el ámbito de los maestros espirituales sea la dimensión en la que más claramente se haga sentir el impacto del *bypass* espiritual. Las formas sutiles en las que soslayamos el impacto de la dinámica psicológica sólo afectan, en la mayoría de los casos, a nuestro proceso de integración y quizás, en algunos casos, a quienes más cerca de nosotros se hallen. Cuando desempeñamos, no obstante, una función docente, las facetas más oscuras de nuestra conciencia psicológica se entremezclan con las enseñanzas transmitidas hasta el punto de acabar confundiendo –e incluso dañando– a las personas sobre cuya vida influimos.

La inmensa mayoría de los escándalos espirituales son debidos a maestros espirituales que, pese a haber alcanzado cierto grado de realización en algún que otro dominio, permanecen desequilibrados en su desarrollo psicológico o sexual. Durante la investigación que, a lo largo de los años, he llevado a cabo, he tenido la oportunidad de hablar, aconsejar y recibir informes detallados de buscadores espirituales de todo el mundo que, de un modo u otro, se han visto afectados por el *bypass* espiritual de sus maestros. También he conocido a unos cuantos individuos que, creyendo estar iluminados, se dedicaron a la enseñanza para acabar viéndose obligados a admitir que no se hallaban en condiciones adecuadas de asumir el magisterio espiritual.

Las conductas de los maestros que más perjudiciales resultan para sus discípulos se remontan directamente, hablando en términos generales, a las heridas psicológicas y los puntos ciegos que dejaron en ellos el trauma infantil, el abuso infantil o el parentaje inadecuado. El efecto de todas estas heridas sin cicatrizar se manifiesta fundamentalmente a través de relaciones distorsionadas con la sexualidad, el poder o el dinero y una visión desproporcionada de la propia realización. Hay ejemplos en los que el efecto del *bypass* de un maestro que soslayó su trabajo psicológico se acabó expresándose en escándalos masivos que escindieron la comunidad, multiplicaron las demandas judiciales y desembocaron,

172 Con los ojos bien abiertos

en los casos más extremos, en el suicidio individual o colectivo. Pero las manifestaciones suelen ser bastante más sutiles y graduales, invadiendo el psiquismo como un cáncer que sólo se revela después de haber provocado un daño, en ocasiones, irreparable.

La conceptualización llevada a cabo por el filósofo Ken Wilber sobre las líneas del desarrollo puede ayudarnos a entender cómo alguien puede haber alcanzado un grado muy elevado de realización en una o más dimensiones, pero permanecer simultáneamente poco desarrollado en otras. En este sentido, Wilber explica que el desarrollo discurre a lo largo de varias líneas o corrientes, que incluyen, aunque no están limitadas, a las líneas del desarrollo moral, de las necesidades, del afecto, de la capacidad interpersonal, de la cognición, de la sexualidad, de la motivación y de la identidad del yo. Como el desarrollo humano es un proceso desigual, algunas de estas líneas pueden hallarse, en un determinado individuo, más desarrolladas que otras. «Estas líneas –según Wilber– son "relativamente independientes" lo que significa que, en su gran mayoría, pueden desarrollarse independientemente de las demás, en una proporción diferente, siguiendo una dinámica diferente y ateniéndose a una temporización también diferente. Es por ello que una persona puede hallarse muy avanzada en algunas líneas, medianamente en otras y muy poca en otras, todo al mismo tiempo.»[6]

La mayoría de los escándalos espirituales aparecen cuando el maestro presenta un desarrollo irregular en cuestiones sexuales, algo que suele verse complicado por factores interculturales en el momento en que los maestros orientales tratan de trasplantar sus tradiciones a suelo occidental. Son muchos los relatos, tanto pasados como presentes, de escándalos espirituales que implicaban a monjes budistas tibetanos o yoguis varones indios que se vieron educados en un entor-

no monástico o en culturas cuya impronta cultural para la relación masculino-femenina no les preparó para relacionarse
adecuadamente con las hermosas y seductoras discípulas occidentales que se les acercaban. No es de extrañar que, en tal
caso, se descubran engañando a sus discípulos y argumen-
tando que, en realidad, lo suyo no son exactamente relaciones amorosas. A ello se debe la frecuencia con la que, en lugar de ser sinceros consigo y con sus discípulos y admitir que
no pueden controlar sus impulsos sexuales y reconocer que
están explorando su sexualidad, se empeñan en justificar su
promiscuidad con la excusa de "iniciar" a sus discípulos en
la práctica del "tantra".

El problema no es que los individuos que desempeñen
funciones docentes no se hallen integrados a todos los niveles, una expectativa irreal, tanto con respecto a los demás
como con respecto a uno mismo. El problema se presenta
cuando el maestro carece de la capacidad y de la disposición
de examinarse sinceramente a sí mismos a todos los niveles
de su experiencia y es incapaz de determinar si su debilidad
puede resultar dañina para sus discípulos y en qué medida.
Al pretender estar más desarrollados de lo que en realidad están, incurren en un gran error tanto con respecto a sí mismos
como con respecto a sus discípulos.

Otro fenómeno que aparece cuando el maestro no ha tra-
bajado adecuadamente sus problemas psicológicos es la tendencia a generar en sus discípulos un conjunto semejante de
problemas. Como sucede, hablando en términos generales,
en las relaciones íntimas, las cualidades semejantes parecen atraerse. Es por ello muy habitual que aquellas áreas de
la psicología del maestro que no se hayan solucionado adecuadamente conecten con tendencias similares del discípulo. Entonces es cuando aparece una forma de codependencia
espiritual a la que, como hemos dicho en el capítulo 1, de-

nomino complicidad mutua. En tal caso, las debilidades del psiquismo del discípulo se equiparan a las del psiquismo del maestro y viceversa.

Veamos un ejemplo de este tipo procedente de mi propia vida. Cuando, poco antes de cumplir los veinte años, emprendí mi búsqueda espiritual, me descubrí repetidamente arrastrada hacia maestros varones mayores que eran individuos poderosos, pero que no habían resuelto sus problemas psicológicos con el poder, la autoridad y la manipulación. Así fue como me descubrí reproduciendo, una y otra vez, aspectos de la relación con mi padre que todavía no había resuelto, lo que generaba situaciones muy incómodas y, en ocasiones, escandalosas, que yo misma había contribuido a crear. No era, pues, de extrañar que mi vida espiritual reprodujese traumas de mi pasado y acabase desilusionándome de mis maestros. Y esa dinámica se repitió tantas veces que, finalmente, no me quedó más remedio que concluir que "la única explicación posible de esta situación es que refleje algo de mi interior". Entonces fue cuando me tomé muy en serio la necesidad de llevar a cabo un trabajo psicológico y empecé a estudiar psicología.

El fenómeno del *bypass* espiritual afecta a la dinámica de todas las comunidades espirituales. Es evidente que, en una u otra medida, todas las comunidades reflejan la predisposición psicológica colectiva de sus miembros aunque, en algunos casos, su dinámica disfuncional es muy burda y, en otras, mucho más sofisticada. Quizás exista el acuerdo tácito de que está bien dañar físicamente a otros en nombre de las enseñanzas, de que no hay que cuestionar nada de lo que diga o haga el maestro (en su papel proyectado de mamá o de papá) o de que no es posible desafiar la autoridad de la jerarquía de la comunidad. Son muchas las dinámicas familiares insanas que pueden afectar al maestro en el seno de una comunidad y resulta inevitable la presencia de algún tipo de disfunción. La cuestión es si podemos cobrar conciencia de la tendencia a la disfunción que afecta a toda comunidad espiritual y aplicar el discernimiento a las personas con las que nos encontramos o nos sentimos atraídos y tomar decisiones más inteligentes.

Es evidente que aquellos grupos espirituales que afirman no creer en la psicología –especialmente en el caso de que la desprecien sumariamente en nombre de la verdad, sugiriendo que es *maya*, ignorancia o ego– son más proclives a incurrir en los errores colectivos del *bypass* espiritual, entre los que cabes destacar la codependencia espiritual y la complicidad mutua. Cuando se niega o infravalora el papel de la psicología, los miembros de la comunidad se desentienden de su contribución a la disfunción psicológica del grupo. Pero ello, obviamente, no implica la inexistencia del problema, sino tan sólo que no nos damos cuenta de él.

Si consideramos, por último, el caso del *bypass* espiritual entre los maestros, resulta evidente que, a un nivel práctico, resulta irreal esperar que el maestro espiritual se halle, a nivel psicológico, completamente integrado. El mundo necesita mucha ayuda espiritual y no hay suficientes seres humanos lo suficientemente integrados como para llevar a cabo esta tarea. He escuchado muchas historias de los grandes trastornos que afectan a las comunidades espirituales cuando el maestro tiene problemas conyugales, está deprimido o enfermo o está atravesando una fase especialmente difícil de su desarrollo humano. Esas situaciones suelen despertar, en nuestro interior, miedos primordiales, miedos que no son tan distintos del que experimenta el niño al enterarse de que sus padres están a punto de divorciarse o se da cuenta de que su padre no lo sabe todo y que, como todo ser humano, tiene sus flaquezas y debilidades. Estos trastornos psicológicos del maestro llevan al discípulo a formularse preguntas como:

«¿Cómo podrá el maestro ayudarme a hacer frente a los retos más difíciles de la vida si él ha sido incapaz de hacerlo?» o «¿Encarna realmente mi maestro lo que enseña?».

Y nada impide, por más difíciles que sean de responder, que nos formulemos estas preguntas. Dada la época que estamos atravesando, en la que casi nadie, ni siquiera los maestros auténticos y poderosos, ha sido educado en un entorno sano y equilibrado, ya sea en un hogar o dentro de su propio entorno cultural, político y educativo, hasta los maestros más sinceros tienen sus propios puntos ciegos. Lo único que, en este sentido, debe preocuparnos es si un determinado maestro está cualificado para ayudarnos a movernos en el nivel en el que hemos decidido trabajar. Para ello, debemos valorar, lo más clara y sinceramente posible, si los problemas psicológicos personales del maestros obstaculizan su capacidad docente. Y parte de esta valoración que, obviamente, es muy difícil –debido a la naturaleza íntima y vulnerable de la relación maestro-discípulo– debe preguntarse si nuestras debilidades psicológicas chocan con las de nuestro maestro. Éste será, precisamente, el tema que abordaremos en el capítulo 11, titulado "La cuestión del maestro".

\*\*\*

Quienes estamos comprometidos con el camino espiritual hemos emprendido un viaje interminable en el que cada paso hacia delante en el proceso de expansión de la conciencia va necesariamente acompañado de nuevos niveles de complejidad. Y, en la medida en que avanzamos hacia una visión cada vez más integrada, aparecen también niveles de autoengaño cada vez más sutiles. La importancia del cultivo del discernimiento deja entonces de ser un lujo para pasar a convertirse en una auténtica necesidad.

Es importante recordar que el materialismo espiritual y el *bypass* espiritual forman necesariamente parte del camino espiritual. Entender su dinámica y aprender a identificarlos apenas aparecen es el mejor modo de no caer en sus trampas, lo que posibilita un avance coherente e íntegro. La vida espiritual es, entre muchas otras cosas, una revelación continua sobre lo que no es la vida espiritual.

En el siguiente capítulo, titulado "La crisis curativa", nos adentraremos más profundamente en un aspecto del camino espiritual que nos afecta a muchos de nosotros, a veces de manera reiterada, en diferentes momentos de nuestra vida. Son muchos los problemas y tribulaciones que acechan a quienes emprenden el camino de la práctica espiritual... momentos de crisis profunda y circunstancias que ponen en cuestión la comodidad de nuestra concha protectora, lo que nos convierte en personas más auténticas y más dispuestas a servir a la vida.

# 6. LA CRISIS CURATIVA

El amor cósmico es absolutamente implacable e indiferente.
Enseña sus lecciones te guste o te desagrade.

JOHN LILLY. *The Dyadic Cyclone*

Asume diez mil formas diferentes y casi siempre nos sorprende. Nuestro cuerpo enferma repentinamente a una edad muy temprana y nos diagnostican una enfermedad que jamás hubiésemos creído que pudiese afectarnos. Un accidente de automóvil nos lesiona físicamente y nos recuerda palpablemente nuestra fragilidad y la cercanía de la muerte. Nuestra pareja nos traiciona o nuestra esposa nos anuncia inesperadamente su deseo de divorciarse. Muere un ser querido y nos sentimos desbordados por el desconsuelo o caemos súbitamente en las garras de la adicción. Son muchas las formas que puede asumir la crisis. Hay veces en que esos eventos se encadenan y, apenas logramos ponernos en pie, nos vemos derribados por un nuevo envite del destino. Sea como fuere, sin embargo, las crisis *siempre* parecen llegar en mal momento. Son situaciones que cuestionan nuestra capacidad de ver y de actuar y nos hacen sentir que hemos fracasado miserablemente. Pero son precisamente también las grandes crisis las que ponen a prueba nuestro discernimiento espiritual y su utilidad.

Hay muchos casos en los que el primer atisbo de nuestras capacidades espirituales aflora paradójicamente en mi-

tad del sufrimiento, la pérdida, el trauma, la enfermedad o
las experiencias cercanas a la muerte, quizá porque esos retos nos estimulan a zambullirnos en nuestro interior en busca
de una sabiduría o una comprensión más profundas. Aunque
no quiero, con ello, decir que debamos desear esas crisis ni
que constituyan el único medio para crecer y cultivar el discernimiento, hay veces en las que esas sacudidas parecen ser
las únicas que pueden abrirnos a dimensiones que trascienden los estrechos confines de nuestra vida condicionada y rutinaria. Esas situaciones nos abren a un mundo nuevo desconocido y aterrador, aunque también convincentemente real e
inmediato, un mundo mucho más verdadero que el que anteriormente conocíamos y que pone en jaque –hasta llegar, en
ocasiones, a desarticular– nuestras creencias e ideas anteriores, ya sean "espirituales" o de cualquier otro tipo. Y lo más
curioso es que, si dejamos que ese desmantelamiento tenga
lugar, nuestro discernimiento y nuestra visión se ven paradójicamente profundizados y perfeccionados.

   Hay situaciones en las que, pese a no haber un desencade-
nante claro, la crisis resulta igualmente poderosa. Súbitamente,
por ejemplo, caemos en una depresión de la que resulta imposible salir. El miedo a la muerte acaba convirtiéndose en una
obsesión. De repente descubrimos que no sabemos amar ni
sentir o nos damos cuenta de que nuestra personalidad no refleja lo que realmente somos. Un buen día nos damos cuenta
de que no podemos encontrar el sentido de la vida y que nos
hemos perdido en la vanidad y el exceso. O quizá llegue la vejez y traiga consigo nuevos miedos, sufrimientos y el reconocimiento de, pese a estar entrando en los últimos estadios de
la vida, todavía no hemos logrado la intuición, la comprensión y la sabiduría espiritual que esperábamos. Estas crisis suelen estar ligadas a ritmos, edades y estadios evolutivos y, entre ellas, cabe destacar las cada vez más documentadas crisis

de los veinte años, lo que la astrología denomina el regreso de Saturno, la crisis de la mediana edad, la menopausia (que ya no se limita, como sugieren los casos de hombres que atraviesan un estadio paralelo, a las mujeres) y los profundos cambios que acompañan al envejecimiento.

Aunque, superficialmente hablando, podamos estar sanos y pensar que no podemos quejarnos de nada, internamente sentimos que estamos adentrándonos en una dimensión profunda y a menudo muy oscura de un proceso interior, sin mapa ni modo de dar sentido a lo que estamos experimentando. Es precisamente entonces cuando hasta los agnósticos más recalcitrantes o quienes anteriormente no tenían el menor interés en la espiritualidad se descubren explorando cuestiones y prácticas espirituales. En el caso de Siddhartha Gautama, que posteriormente se convirtió en el Buddha, el impacto provocado por su primera incursión más allá de los muros de su fortaleza, que se vio acompañada del descubrimiento de la vejez, la enfermedad y la muerte, le llevó a renunciar a su familia, su riqueza y su vida principesca para buscar una verdad que se encuentra más allá de los límites del espacio y del tiempo.

«Morimos igual que vivimos» me dijo, en cierta ocasión, un amigo mío de trabajaba en una residencia. Es sabio cultivar, mejor antes que después, el discernimiento espiritual. Este capítulo explora el tema universal de las crisis curativas y su función en el cultivo del discernimiento.

## LA GRIETA

Hay, en todo, una grieta
a través de la cual penetra la luz.

LEONARD COHEN, *Anthem*

Esa brecha hizo acto de presencia, en mi vida, el invierno de 2004. Llevaba más de un año luchando con una enfermedad sin diagnosticar y estaba recuperándome también de una separación. Una tarde, después de dar un seminario en la John F. Kennedy University, conducía un coche de alquiler en medio de una lluvia torrencial por la interestatal 580 en Oakland (California) camino de un taller mecánico llamado Karmakanix, propiedad de un amigo budista, cuando advertí que, cuando yo estaba en su ángulo muerto, el coche de mi izquierda cambiaba súbitamente, y sin previo aviso, de carril. Cuando, para evitar la colisión, di un volantazo hacia la derecha, mi coche empezó a patinar sobre la autopista y cuando, en un desesperado intento de controlar el vehículo, di un nuevo volantazo, esta vez hacia la izquierda, el coche dio media vuelta y me descubrí desplazándome súbitamente marcha atrás a toda velocidad, en dirección a la mediana.

En ese estado de suspensión del tiempo tan frecuente, por otra parte, en las experiencias cercanas a la muerte, desfiló por mi mente un inventario completo de la situación y recordé la conversación en la que el encargado de la agencia de alquiler de automóviles me había enumerado las coberturas del seguro extra que, por cierto, no había contratado. Entonces me di cuenta de que estaba a punto de colisionar con la mediana y que, en el caso de no morir en el acto, no sólo acabaría seriamente lesionada, sino metida también en graves problemas económicos. Indefensa y sin expectativa alguna de salvación grité entonces, desde lo más profundo de mi ser, el mantra que había recibido de mi maestro. No quería estar sola en el momento del impacto.

Apenas acabé de pronunciar el mantra, el coche se detuvo milagrosamente con el motor apagado y me quedé entonces sentada en silencio, iluminada por los focos de los vehículos detenidos que, en mitad de la lluvia, ocupaban los cuatro carriles. Nadie había resultado lesionado y todo parecía estar perfectamente. Ése fue, para mí, una especie de "fotograma" cósmico. Y, cuando estaba a punto de bajar del coche, arrodillarme y, en un gesto de agradecimiento, besar el suelo de la autopista, me di cuenta de que no era un gesto práctico. Así fue como, aproximadamente medio minuto después, puse de nuevo el motor en marcha, di media vuelta, conduje hasta el mecánico, cogí mi coche, volví a casa… y me desmoroné. Pero no sólo quiero decir, con ello, que me viniera abajo, sino que toda mi vida experimentó una profunda sacudida. La proximidad del accidente y, sobre todo, el hecho de haber salido del trance sin un rasguño, me sacaron de mi estado ordinario y me abrieron a la vida. Pasé las siguientes semanas profundamente conectada con la gracia y el sufrimiento ajeno, sumida en una profunda sensación de protección y gratitud. Luego mi psiquismo fue recomponiendo lentamente, hasta la próxima ocasión, la cáscara que habitualmente me servía de protección. Esa experiencia me enseñó una lección muy profunda sobre la posibilidad de que la crisis se convierta en una oportunidad para cultivar y profundizar el discernimiento.

Nadie "planifica" entrar en crisis. Nadie se despierta una buena mañana diciendo "Hoy es un buen día para tener una crisis. ¡Bienvenida!" o "Creo que hoy estoy lo suficientemente fuerte como para poder enfrentarme a un diagnóstico de cáncer". No, la vida no funciona así. La armadura que nos protege sólo se rompe en el momento adecuado… aunque obviamente, para el sujeto que la experimenta no exista momento apropiado para tener una crisis.

Todos tenemos, como el conductor del coche con el que casi colisioné, nuestros puntos ciegos, rincones ocultos del psiquismo que normalmente no podemos ver. Todos tenemos, independientemente de que seamos maestros zen, médicos, presidentes del gobierno o grandes yoguis, rincones de nuestro ser que resultan inaccesibles a la luz de la conciencia. Es precisamente por ello que acabamos dañándonos a nosotros mismos y a los demás. Y hay quienes se pasan la vida –aunque ciertas tradiciones dirían que muchas vidas– evitando enfrentarse a esas pautas profundas de condicionamiento que, en sánscrito, se conocen con el nombre de *samskaras* y que se expresan en nuestra vida en forma de heridas y debilidades psicológicas.

"¡Ellas son las que, para que podamos verlas con más facilidad, tiñen de rojo las alarmas!" –me dijo, en cierta ocasión, una amiga, lamentando haberse enamorado de nuevo del hombre equivocado. ¿Con qué frecuencia, sin embargo, nos damos realmente cuenta de esas señales de alarma? Solemos estar tan atrapados en nuestras rutinas y en nuestros asuntos –ganándonos la vida, conservando nuestras relaciones y protegiéndonos inconscientemente para que nuestras ilusiones no se desmoronen– que no solemos advertir el proceso de transformación que emerge de nuestro interior. A veces necesitamos, para despertar del letargo, una buena patada en el culo… una oportunidad, por cierto, que la vida no nos escatima.

Cuando era niña, mi hermano mayor tenía una tarántula. Aproximadamente cada seis meses, después de haberse cebado adecuadamente con su dieta de ratones y grillos, se ocultaba varios días en un espacio silencioso y protegido, finalizado el cual salía recubierta de un nuevo caparazón. Los seres humanos hacemos algo parecido desprendiéndonos, en ocasiones, de nuestra identidad anterior para que pueda emerger una identidad más grande, profunda y auténtica. «La crisis precede a la revolución», suele decir el maestro espiritual Lee Lozowick. Independientemente de que nos guste o nos desagrade, el hecho es que el dolor parece enseñarnos más que el placer, y que las lecciones más potentes y transfor-

madoras que aprendemos, como las crisis más importantes
de experimentamos, suelen ser el fruto de una crisis. En *The
World of Shamanism*, el psiquiatra Roger Walsh dice que:

> Las crisis evolutivas son períodos de estrés psicológico que
> acompañan a los momentos críticos de nuestra vida. Suelen
> ir acompañadas de grandes conmociones psicológicas que,
> en ocasiones, alcanzan dimensiones realmente amenazado-
> ras. Estas transiciones pueden presentarse de manera espon-
> tánea, como sucede durante la adolescencia o la crisis de
> la mediana edad, o verse inducidas por técnicas catalizado-
> ras del crecimiento, como la psicoterapia y la meditación.
> Tengamos en cuenta que el crecimiento psicológico rara vez
> discurre por cauces apacibles. Muy al contrario, suele verse
> jalonado por períodos de confusión y cuestionamiento o, en
> casos extremos, de desorganización y desesperación.[1]

La desilusión, aunque profundamente dolorosa, nos ofrece la
oportunidad de cultivar el discernimiento y sanar las pautas y
tendencias insanas de un modo que pocas otras cosas hacen.
Cuando se rompen las ilusiones bajo las que ocultamos la
realidad puede asomar algo más interesante, esencial y verdadero. Es entonces cuando puede aparecer, en nuestra vida,
una profunda necesidad interna que nos empuja a tratar de
discernir lo que anteriormente no habíamos podido o no habíamos querido ver. Y, cuando vemos, es posible asumir una
mayor responsabilidad por nuestra vida, abrirnos a una mayor comprensión, aflicción, reto y expansión y profundizar
también nuestro servicio a la humanidad. Y por más que, en
el pasado, hayamos creído estar buscando en nuestro interior
–cosa que, de un modo u otro, siempre hemos estado haciendo, en la medida de nuestras posibilidades– ahora podemos,
no obstante, profundizar más nuestra zambullida.

Cada uno de los pasos del proceso de desarrollo espiritual trae consigo su propio conjunto de desafíos. Así es como las cosas funcionan. Y ése es también el motivo por el cual, cuando emprendemos un proceso psicoterapéutico o cualquier tipo de curación seria, las cosas empiezan empeorando –o eso es, al menos, lo que parece– antes de mejorar. Debemos permitir que la enfermedad oculta salga a la superficie e invitar a lo que es inconsciente se torne consciente. De ese modo, entenderemos mejor las cosas y nos relacionaremos con ellas de un modo más significativo. Cuando la herida está abierta, es más fácil curarla. Y por más que, en ocasiones, éste sea un trabajo deliberado, lo más frecuente es que sea la vida misma la que sencillamente se ocupe de ello.

## CONSIDERAR LA CRISIS COMO UNA OPORTUNIDAD

Poco después de haber atravesado la serie de crisis más fuertes que jamás haya conocido, visité a Llewellyn Vaughan Lee, jeque sufí y mentor al que conocía desde hacía muchos años. «¿Así que has atravesado una experiencia muy liberadora?» me preguntó al saludarme.

–¡Ha sido muy doloroso! –le dije.

–¿Y conoces acaso alguna experiencia liberadora que no lo sea? –preguntó.

Aunque la comprensión intelectual de las posibilidades espirituales que acompañan a la decepción y la crisis no siempre faciliten nuestro enfrentamiento a la realidad, el hecho de saber que se trata de un paso necesario y de un camino muy transitado puede, en ocasiones, proporcionarnos cierto consuelo y resultar muy alentador. Como el mítico Humpty Dumpty después de su caída, nos sentimos rotos y desparramados por el suelo, sin la menor idea de lo que debemos hacer para recomponernos. Quizá sintamos entonces que el dolor y el daño son tan profundos que no hay recuperación posible y que nuestra vida ha concluido. Recuerdo que, en cierta ocasión en que mi vida estaba atravesando una encrucijada de este tipo, llamé a un psicólogo amigo. "¿Crees Tom –le pregunté– que algún día podré salir de este agujero?" Estaba convencida de que, a los treinta y seis años, mi vida había terminado y no tenía, en consecuencia, esperanza de que volviesen los buenos días. Tom me aseguró entonces tranquilamente que, durante su trabajo de más de tres décadas con miles de personas, había visto a muchas personas atravesando situaciones semejantes e incluso peores y que estaba convencido de que, pasados unos cuantos meses, mi vida se habría recompuesto.

La crisis, la depresión y la ruptura forman parte del camino espiritual y de cualquier viaje a lo largo de la vida. El libro de la monja budista Pema Chödrön *Cuando todo se derrumba* se convirtió, en nuestro país, en un éxito de ventas porque no hablaba de sueños y de fantasías, sino de la realidad, de nuestro pasaje a través de la vida y de la necesidad de aprender a convertir las dificultades en oportunidades para el aprendizaje y el desarrollo. Las estadísticas de depresión son sorprendentes. Según los datos publicados por el National Institute of Mental Health, los trastornos depresivos afectan, en nuestro país, a cerca de 14,8 millones de estadounidenses adultos o, lo que es lo mismo, el 6,7% de la población de más de dieciocho años[2] y se trata de una aflicción a la que las mujeres son doblemente proclives.[3] Y de poco sirve, en este sentido, que practiquemos meditación o dediquemos nuestra vida al trabajo espiritual. Hay ocasiones en que el hecho de sumergirnos en el poder purificador de la práctica espiritual alienta la emergencia, más rápida e intensa, de nuestras heridas que el hecho de mantenernos dentro de la coraza psicológica protectora y de los límites impuestos por los paradigmas convencionales de la cultura mayoritaria.

Es relativamente frecuente que los practicantes y meditadores espirituales se sientan avergonzados y nieguen estar atravesando estados de ansiedad, depresión u otro tipo de crisis psicológica. Es como si dieran por sentado que el hecho de haber recibido enseñanzas espirituales o de haber meditado durante cinco, diez o veinte años implicara necesariamente la superación de las heridas psicológicas. Tampoco es extraño que, en tales casos, tratemos de enfrentarnos al material psicológico inconsciente emergente con más meditación y prácticas espirituales, racionalizando nuestros problemas, recitando enseñanzas espirituales o incurriendo en otras formas típicas de *bypass* espiritual. En su artículo "Optimal Healing: ¿What Do We Know About Integrating Meditation, Medication and Psychotherapy?", el psiquiatra transpersonal Roger Walsh y sus colegas escriben:

> En algún momento del camino tropezaremos con un problema, la realidad. Poco a poco vamos cobrando conciencia del idealismo inherente a muchas de las visiones clásicas de la vida espiritual. Esas visiones son, con cierta frecuencia, tan poco realistas como esas películas de Hollywood del tipo chico encuentra chica, chico y chica se enamoran, van a ver una puesta de sol y viven felices para siempre. Cualquiera que haya vivido en una relación íntima sabe que a esa historia es incompleta.
>
> La práctica espiritual es, en suma, bastante más compleja y exigente de lo que, a primera vista, parece. Es cierto que, a lo largo del camino, son muchos los dones y gracias que se nos ofrecen y que las vislumbres de nuestras capacidades espirituales son profundamente inspiradoras. Más allá, no obstante, de esas potencialidades, yacen estratos profundos

de emociones difíciles, de motivaciones exigentes, de condicionamientos compulsivos y de incontables heridas, miedos y fobias. Y lo curioso es que práctica la espiritual pone más *claramente* de relieve esos retos y los hace más irrefutables.[4]

A veces es nuestra práctica espiritual la que nos permite advertir los aspectos de nuestro discernimiento que necesitamos cultivar y profundizar. El maestro y autor budista theravada Jack Kornfield suele contar que, después de pasar unos años de su juventud viviendo como un monje en el sudeste asiático, regresó a Estados Unidos sintiéndose muy santo y emprendió una relación amorosa para acabar descubriendo que su supuesta ecuanimidad dejaba bastante que desear y que sus años de meditación no parecían haberle servido mucho para corregir grandes regiones de su inconsciente. De hecho, la mayoría de los maestros espirituales, psiquiatras y psicólogos a los que he conocido y con los que me he entrevistado subrayan que la causa más frecuente de crisis psicológica, tanto entre los practicantes espirituales como entre los más conocidos maestros, monjes y monjas, tienen que ver con cuestiones ligadas al mundo de la relación, la sexualidad, la angustia de separación y la traición. Son precisamente esas circunstancias las que reabren las heridas infantiles sin cicatrizar ligadas al amor, la supervivencia y las necesidades básicas.

Habitualmente ni siquiera consideraríamos la posibilidad de que la emergencia de esas heridas sin cicatrizar sea el resultado de nuestra práctica y de la eliminación exitosa de las corazas psicológicas y lo tomaríamos sencillamente como indicador de que algo funciona mal en nuestro interior. La crisis nos ofrece la oportunidad de desarticular las falsas estructuras y de que pueda emerger un discernimiento y una claridad más profundos, especialmente dentro de un contexto de una enseñanza, una práctica y una comunidad espiritual que nos ayude a aprovechar las posibilidades espirituales de la crisis. Es precisamente en esos momentos cuando, en nuestra vida, se abre una puerta que tal vez no tarde en cerrarse. Si la consideramos como una patología que debe ser reprimida, oculta o rechazada se convierte en una crisis ordinaria mientras que, por el contrario, si la respetamos y contemplamos desde un contexto de transformación espiritual, acaba convirtiéndose en una crisis curativa que abre las puertas a la profundización del discernimiento.

La expresión *emergencia espiritual* fue acuñada por Stanislav y Christina Grof para describir «el paso del individuo a una forma más expandida de ser que implica una mejora emocional y psicosomática, un aumento de la libertad y de la capacidad de decisión personal y una sensación de conexión más profunda con los demás, con la naturaleza y con el cosmos».[5] A veces, sin embargo, las intuiciones, experiencias, energías y fenómenos asociados a la emergencia de poderosos materiales inconsciente desborda al individuo hasta el punto de provocar un estrés y una confusión difíciles de controlar, una crisis resultante a la que se conoce con el nombre de *emergencia espiritual*. El Spiritual Emergence Network (SEN) y el Institute of Spirituality and Psychology (ISP) son organizaciones que proporcionan referencias a los profesionales autorizados de la salud mental que quieran ayudar a individuos que tengan dificultades con su desarrollo psicoespiritual.

Uno de los factores que determina si una determinada crisis será experimentada como una crisis nerviosa o como lo que el maestro de yoga Bhavani Maki denomina una "revolución nerviosa" es el entorno en el que, en tales casos, se encuentra el sujeto. ¿Qué ayudas formales o informales tiene? ¿Con qué marco de comprensión psicológico y espiritual cuenta para entender lo que ocurre? ¿Qué personas pueden ayudarle? Las crisis se convierten en oportunidades cuando aprendemos a contemplar nuestros problemas desde un contexto mayor de crecimiento que nos permita entender lo que ocurre y aprender de ello. «Es importante entender –afirman Stanislav y Christina Grof– que hasta los episodios más difíciles y espectaculares de emergencia espiritual son estadios naturales del proceso de apertura espiritual que pueden, en circunstancias propicias, resultar muy beneficiosos.»[6] Hay ocasiones en que estos períodos de crisis van acompañados del reconocimiento de nuestra vulnerabilidad, de la profundización de la capacidad de conectar con las personas que sufren y, en la medida en que entendemos este aspecto de nuestra humanidad compartida, apoyarles adecuadamente.

Es ingenuo creer que la entrega incondicional a un camino de crecimiento espiritual implica necesariamente que cada vez experimentaremos una mayor paz, tranquilidad, armonía y suerte y que, si practicamos de manera diligente y sincera, acabaremos librándonos del sufrimiento que aqueja al resto de la especie. Y por más cierto que, en algunos casos, esto pueda resultar nos hallamos, una vez más, ante las inmensas fuerzas del condicionamiento kármico que, muy a menudo, se extienden mucho más atrás en el tiempo de lo que nuestro intelecto puede llegar a concebir. Y, si nuestro objetivo es el de descubrir la verdad, el camino debe traer a la superficie todo aquello que, en nuestro interior, sea falso. La práctica espiritual y la vida van sosegándonos y favoreciendo, de ese modo, la emergencia del discernimiento espiritual.

En cierta ocasión asistí a un concierto en una playa de Kauai en la que había una joven muy atractiva bailando desenfrenadamente en medio del aire caliente con un gran tatuaje en mayúsculas góticas en la parte inferior de la espalda en la que podía leerse "Invencible" y no pude dejar pensar en la conmoción y el sufrimiento de esta joven cuando inevitablemente acabase descubriendo que nadie, ni ella ni otra persona, es invencible. Werner Erhard, un líder en el campo del autodesarrollo, solía decir a sus discípulos que la recompensa que recibirían por aprender a resolver sus problemas serían problemas todavía mayores que resolver y que la recompensa por aprender a digerir su sufrimiento sería el de aprender a digerir el sufrimiento del mundo. No es infrecuente que, quienes tienen una intención más fuerte y han hecho –de manera habitualmente consciente, aunque, en ocasiones, también inconsciente– votos más profundos de transformación, se vean obligados a atravesar retos, iniciaciones y "pruebas de fuego" muy duras.

## La noche oscura del alma

«Para que las ramas de un árbol lleguen hasta el cielo, sus raíces deben arraigar en el infierno», dice un refrán alquímico medieval. Nadie sabe lo que le espera cuando emprende el camino espiritual o hace el voto de descubrir su verdad interior. El comienzo del camino se ve a menudo jalonado por un aluvión de comprensiones y revelaciones relativas a la magnitud de nuestro potencial espiritual y a la magia de la vida, que pueden o no ir acompañadas de poderosas experiencias místicas, fenómenos físicos y cambios corporales. Los meditadores novatos suelen vivir experiencias de gran beatitud, quietud y ecuanimidad cuando acceden súbitamente a universos que antes consideraban de orden exclusivamente mitológico o reservado a los grandes místicos. Es habitual, en este momento del camino, creer que tenemos una relación especial y hasta única con el dominio espiritual –que la Inteligencia Divina nos ha arrancado de su jardín y que ya no podremos gozar de los dones de la sabiduría y de la gracia. En su clásico *La noche oscura del alma*, el místico español san Juan de la Cruz escribe, con respecto a esta fase del camino, lo siguiente:

> Quedeme y olvideme,
> el rostro recliné sobre el Amado
> cesó todo y dejeme,
> dejando mi cuidado
> entre las azucenas olvidado.[7]

Aunque, en algunos casos, el despertar inicial a nuestro potencial espiritual no sea tan extremo ni extático, va acompañado, no obstante, de la emergencia de grandes posibilidades. Es como si hubiésemos esperado toda nuestra vida para escuchar hablar del camino, emprender la práctica y aprender las enseñanzas. Nos sentimos profundamente conmovidos por la posibilidad de que nuestra vida mundana se convierta en algo extraordinario, liberarnos del sufrimiento y encontrar respuestas a preguntas que, por miedo a que carezcan de respuesta, ni siquiera nos atrevemos a formular. Entonces se nos dice que gran parte del camino espiritual consiste en despojarnos tanto de ideas e ideales sobre el camino como de conceptos, ilusiones e identidades limitadoras. Todo suena novedoso, liberador y significativo y estamos ansiosos por llegar al corazón de las cosas. Así es como suele empezar, con gran pasión y celo, la práctica.

El primer recuerdo de nuestra naturaleza divina no es muy diferente a la pasión que acompaña al enamoramiento. En tales casos, el reflejo de la divinidad del otro resulta tan palpable que decimos, hacemos, sentimos y nos comprometemos espontáneamente con cosas que tienen repercusiones para

toda la vida. Nuestra "re-unión" inicial con lo Divino transmite la misma intensidad emocional y la misma promesa de
posibilidades infinitas, sólo que su naturaleza es mucho más
sutil y sublime y va acompañada de una movilización muy
poderosa. Pero esos estados de ánimo tan elevados no están
destinados a durar siempre.

«¡Corre tanto como puedas!», decía mi maestro espiritual
cuando conocí su escuela y me hallaba sumida en el éxtasis
de mi fusión con un aspecto olvidado de mi ser más profundo. Recuerdo haber llegado a pensar que estaba bromeando
conmigo y poniendo a prueba la intensidad de mi compromiso. Ni siquiera se me ocurrió echar un vistazo atrás.

El camino parece haber sido diseñado para que no sepamos anticipadamente las pruebas que nos aguardan: sería aterrador alejarnos de lo que realmente desea nuestro ser más
profundo. Lo Divino o la Verdad nos seduce con su sin par
belleza y podemos atisbar la verdadera naturaleza de la que
nuestro condicionamiento y nuestro karma nos habían ena-
jenado. Pero cuando hemos experimentado nuestro origen
más profundo y nos hemos comprometido con el camino, co-
mienza un proceso profundo y duradero en el que todo lo que
nos impedía percibir y asentarnos en nuestra naturaleza más
profunda queda expuesto a la luz de la conciencia de modo
que pueda ser comprendido, asimilado y corregido. Hay veces en los que esta fase, habitualmente calificada como "purificación", es gradual y relativamente tranquila mientras que,
en otras, es tan dura que hasta los guerreros espirituales más
fuertes creen que se está poniendo a prueba su cordura y, a
veces, hasta su misma vida. "La noche oscura del alma" es
la expresión con la que san Juan de la Cruz se refería al estadio en el que el místico siente que Dios está sometiéndo-
le, con el objeto de erradicar cualquier obstáculo que impida
la fusión con la inteligencia divina, a una serie de pruebas y

retos intensos, como la aridez del alma, el desencanto y hasta la desconexión total de Dios y lo Divino. El discernimiento emerge, con relativa frecuencia, de las cenizas de un fuego purificador que acaba consumiendo todo aquello que, en nuestro interior, no es verdadero.

Aunque la mayoría de las personas no experimenten noches oscuras de la intensidad descrita por san Juan y muchos otros grandes místicos, son muchas las personas que atraviesan diferentes niveles de crisis espiritual profunda. "La regresión al servicio de la trascendencia" es la expresión utilizada por el teórico de la psicología transpersonal Michael Washburn para referirse al estadio evolutivo del desarrollo del alma en el que el individuo se sumerge en la noche oscura en un proceso que, en su opinión, resulta imprescindible para el desarrollo. Según su modelo evolutivo, presentado en el libro *El ego y el Fundamento Dinámico*, la mayoría de las personas no va más allá del estadio de identificación completa con el ego. Para debilitar la intensidad de la identificación egoica y poder hacer frente a la llamada del Fundamento Dinámico –que se asocia a la inteligencia divina– el ego debe experimentar un proceso intenso y a menudo "oscuro" de purificación.[8]

Durante esta fase de "regresión al servicio de la trascendencia", que Washburn asimila a la crisis de la mediana edad, los objetivos mundanos pierden su significado y se experimenta un proceso intenso y a menudo difícil de purificación que rompe en mil pedazos la cáscara protectora del ego, con lo que el individuo acaba viéndose desbordado por la irrupción de enormes cantidades de material anteriormente inconsciente. Durante el primer estadio, el individuo se ve superado por la desilusión, la desesperación, la vacuidad y la falta de sentido, llegando a sentir como si hubiese perdido contacto con su desarrollo y cuestionándose incluso si no estará involucionando. El segundo estadio es una crisis en la que suelen aparecer estados profundamente místicos que, según Washburn, la gente suele confundir con la iluminación o considera más importantes de lo que en realidad son. Pero este estadio del desarrollo no es, sin embargo, un fin en sí mismo, sino la antesala, por así decirlo, de la integración final del ego con la naturaleza esencial o Fundamento Dinámico.

Algunos de los maestros espirituales y modelos más inspiradores en este sentido son personas que han atravesado las más difíciles crisis personales y espirituales como ilustra, por ejemplo, el caso de la madre Teresa de Calcuta. Aunque el mundo la conocía como un faro de luz y compasión, experimentaba internamente niveles muy profundos de oscuridad, soledad y alejamiento de cualquier tipo de conexión divina. Éste es un hecho que mantuvo oculto durante toda su vida y que sólo compartió en la correspondencia que mantuvo con unos cuantos mentores espirituales. Sólo después de su muerte sus confidentes decidieron compartir sus cartas con el mundo, para que su ejemplo demostrase lo que es posible, pese a una realidad interna dolorosa, ofrecer y lograr en la vida. El libro *Madre Teresa. Ven, sé mi luz*, una biografía de la Madre Teresa, incluye cartas escritas a sus mentores durante un período de oscuridad que duró varias décadas. En una de esas cartas escribe:

> Ahora Padre–desde el 49 ó 50, esta terrible sensación de pérdida–esta oscuridad inenarrable–esta soledad y este anhelo continuo de Dios–que me hiere en lo más profundo de mi corazón.–La oscuridad es tan intensa que ni siquiera puedo ver–ni con la mente ni con la razón–el lugar de Dios en mi alma está vacío.–No hay Dios en mí.–Y, cuando el dolor del anhelo es tan grande–no hay más que anhelo de Dios–

y entonces esto es lo que siento–Él no me quiere–Él no está aquí. Dios no me quiere–A veces–sólo escucho el llanto de mi propio corazón–"Dios mío", pero nada viene–Una tortura y un dolor que me resultan imposibles de explicar.[9]

Irina Tweedy, una maestra sufí de origen ruso que experimentó grandes experiencias de unión y una profunda capacidad para influir en la vida de los demás escribe, con respecto a las pruebas y tribulaciones del camino espiritual, que «el ego no muere entre risas y caricias; debe cazársele a disgustos y sofocársele en lágrimas». En su libro *Daughter of Fire*, comparte la historia de algunos de los intensos estados internos que se vio obligada a atravesar mientras estaba con su guru B'hai Sahib:

El cuerpo se estremecía... Yo mordía la almohada para no aullar como una bestia salvaje... Estaba fuera de mí: era la locura mayor que pueda imaginarse, tan repentina, tan violenta... la mente estaba completamente vacía, vacía de su contenido; no había ninguna imagen, sólo un miedo incontrolable, un miedo primordial, un miedo animal. Y eso perduró durante horas. Temblaba como una hoja... una especie de gelatina muda temblando y sacudiéndose a merced de fuerzas que trascendían todo posible control humano. El fuego quemaba mis intestinos... ignoro cuánto tiempo duró, si me desvanecí o sencillamente me dormí de puro agotamiento. Pero, a la mañana siguiente, mi cuerpo todavía temblaba y se estremecía.[10]

En *Dark Night of the Soul*, la editora Mirabai Starr comenta:

La llamada de lo divino asedia al alma para renovarla y divinizarla, despojándola de los afectos y apegos habituales al viejo yo con el que se había fundido. Lo divino desentraña y disuelve su substancia espiritual absorbiéndola en la profunda oscuridad. El alma, frente a esta miseria, se siente deshecha y fundida con una muerte espiritual cruel. Es como si hubiese sido devorada por una bestia y estuviera disolviéndose en la oscuridad de su interior, como Jonás en el vientre de la ballena. Y en esa tumba de muerte oscura debe aguardar hasta la llegada de la tan anhelada resurrección espiritual.[11]

Este ejemplo evidencia que, durante la noche oscura del alma, el ser humano experimenta, en los niveles más profundos de su experiencia, un profundo aprendizaje del discernimiento. Yo sospecho que llega a este mundo con cierto "contrato" con lo Divino. Aunque cada contrato sea único, dependiendo de nuestro karma individual y del destino de nuestra alma, parece como si, en algunas dimensiones y en algún tiempo muy anterior a éste, se hubieran tomado decisiones que sellaran cierto destino. La intensidad del proceso de purificación suele estar muy relacionada (aunque no siempre) con el grado de nuestro compromiso consciente y hasta inconsciente con el camino espiritual. Es inevitable que, quienes aspiran a las mayores alturas espirituales, experimenten cierto grado de sufrimiento. Cuando hemos despertado la luz de nuestro interior, esa misma luz se dirige hacia dentro para iluminar lo que internamente permanece "oscuro" o inconsciente. Cada nueva espiral del desarrollo supone atravesar y corregir otro nivel de oscurecimiento que nos permite familiarizarnos más con nuestra luz interior. Es como si, cuanto más profunda fuese nuestra exposición a la luz, más intensamente experimentásemos nuestra enajenación de ella.

A menudo me he sorprendido al enterarme de que muchos de los grandes maestros y mentores espirituales de mi vida,

personas a las que yo consideraba practicantes muy avanzados, habían atravesado, en su camino, crisis muy intensas,
meses o hasta años de depresión, desesperación existencial
y hasta períodos de profunda psicosis en los que habían perdido toda sensación de cordura y sentido. Y son también estas experiencias las que, con cierta frecuencia, nos permiten
descubrir las verdades más profundas de nuestra humanidad
compartida y nos enseñan a trabajar con los aspectos psicológicos y espirituales de la experiencia humana.

Palden Drolma, maestra estadounidense de budismo tibetano explica que, según la ley kármica, es posible que los
practicantes de aspiración espiritual muy intensa que desean
servir a los demás se vean obligados a atravesar, como forma
de prepararse para tal servicio, graves crisis espirituales personales y profundas "noches oscuras".

> Hay veces en que las personas muy desarrolladas se sumer-
> gen en situaciones diferentes para liberar ese karma para sí
> mismos, para todos los seres en general y para aprender tam-
> bién a trabajar ese tipo de karma y poder ayudar a quienes
> experimentan un karma parecido. Las personas que despier-
> tan muy rápidamente no suelen desarrollar, según el budis-
> mo tibetano, la misma capacidad de ayudar a otros a desper-
> tar. Y es que no resulta fácil entender lo que otras personas
> están atravesando a menos que nosotros lo hayamos atrave-
> sado anteriormente.[12]

¿Qué es lo que nos hace seguir adelante cuando, independientemente del término con el que lo describamos, la gran
inteligencia del universo responde al anhelo más profundo
de nuestra alma alejándose en lugar de entregándose? ¿Cómo
podemos, en tal caso, creer en lo Divino, en nosotros y en
la vida? ¿Podemos mantener un hilillo de fe que nos haga

seguir creyendo que lo que ocurre no es una traición, sino que forma parte del camino? ¿Y cómo podemos, en cualquier caso, perseverar el tiempo suficiente como para dejar que el proceso siga naturalmente su curso?

## LA INSUBSTANCIALIDAD

> Las malas noticias son que estamos cayendo, que no hay nada a lo que agarrarnos y que no tenemos paracaídas. Pero la buena noticia es que tampoco hay suelo.
>
> CHÖGYAM TRUNGPA RINPOCHE

Las crisis poderosas, las crisis curativas y las noches oscuras –momentos en los que nos sentimos carentes, vacíos, desilusionados, despojados de todo lo que creíamos que era sólido en nuestra vida y sin nada con que reemplazar lo que hemos perdido– nos proporcionan una experiencia directa de lo que la tradición budista denomina "insubstancialidad". Entonces descubrimos que el suelo, que tan sólido nos parecía, son arenas movedizas y nos damos cuenta de que las creencias e identidades sobre las que habíamos erigido nuestra vida son meros constructos vacíos despojados de todo significado objetivo.

Aunque las experiencias de insubstancialidad puedan ser muy incómodas, especialmente para personas acostumbradas a utilizar el conocimiento intelectual para mantener una apariencia de control, también son, según la tradición budista, muy valiosas, porque constituyen la evidencia inmediata de una realidad innegable. Resulta paradójico que la familiarización con la insubstancialidad nos ayude a establecer discriminaciones y tomar decisiones en el mundo de la dualidad o "fundamento". Y es muy posible que, cuando dejamos de temer a la falta de arraigo, podamos tomar decisiones más claras, lúcidas y atrevidas.

«La realidad es la insubstancialidad –dice Lee Lozowick– y el único lugar en el que podemos estar es en la insubstancialidad.» Los seres humanos necesitamos principios organizadores en torno a los cuales erigir nuestra vida. Construimos casas, creamos familias y contratamos planes de jubilación. Trabajamos, hacemos listas, elaboramos programas y establecemos rutinas, objetivos y proyectos. Construimos identidades, significados, experiencias de continuidad, obsesiones, adicciones y hasta problemas para crear, bajo nuestros pies, una sensación de seguridad, protección y fundamento, para sentir que existimos y que nuestra vida tiene sentido. Pero la mayor verdad es que, en última instancia, no existe seguridad final, que no hay nada completamente conocido, ningún fundamento sólido último, nada que no acabe desvaneciéndose.

El budismo se refiere al fenómeno de la insubstancialidad mediante el principio de la *impermanencia*, es decir, el reconocimiento de que no existe substancia ni concepto esencial fijo que perdure eternamente. Todo está en continuo movimiento y destinado a acabar desvaneciéndose. Dzongsar Jamyang Khyentse, maestro budista, escritor y director de cine butanés sugiere que, aunque la impermanencia sea una faceta de la realidad difícil de mantener y, mucho más todavía de aceptar, es, en el fondo, la antesala de la libertad humana. Según dice: «La valentía aparece cuando empiezas a valorar la incertidumbre, cuando tienes fe en la imposibilidad de que esos componentes interconectados sean estáticos y permanentes. Entonces te encuentras, en un sentido muy verdadero, preparado para lo peor y permitiendo, al mismo tiempo, lo mejor. Y eso te proporciona una magnífica dignidad.»[13]

En el año 2002, pasé varios días en compañía de U.G.

Krishnamurti, un revolucionario espiritual cuyo mismo ser es una expresión de la insubstancialidad. No hay, en su presencia, fundamento alguno teórico, emocional ni espiritual, en que apoyarse. De nada sirvieron todos los esfuerzos que hice para entrevistarle, porque minó todas las preguntas y conceptos que yo esbozaba, poniendo de relieve la vacuidad e insubstancialidad esencial que alentaba todas mis motivaciones, esfuerzos, conceptos y creencias. Veamos ahora un ejemplo típico de nuestro intercambio:

Yo: UG ¿Cómo…

UG (interrumpiendo al instante): En el momento en que dices "cómo" ya estás en un concepto y buscando otro con el que reemplazarlo.

Yo: ¿Pero cómo no hacer eso?

UG: ¡No trates de no hacer nada!

Yo: Pero…

UG: ¡La idea de que debes ser algo diferente de lo que eres, la idea de que puedes obtener algo, ya está instalada en ti!

Yo: ¿Puedo desembarazarme de eso?

UG: ¡No! No puedes desembarazarte de nada.

Yo: ¿Pero cómo puedo avanzar a lo largo del camino espiritual?

UG: ¡No existe ningún camino espiritual! ¡No hay nada fuera de ti!

La mayoría nos sentimos atraídos por el camino espiritual porque queremos ser felices y creemos que el descubrimiento de verdades profundas sobre nosotros mismos e incluso de verdades objetivas, nos aportará esa felicidad. Es por ello que puede ser simultáneamente muy sorprendente y liberador experimentar momentos de insubstancialidad, vacuidad e impermanencia. Un amigo mío escuchó, en cierta ocasión, al Dalai Lama hablar sobre la primera vez que atisbó el estado de vacuidad que, según los budistas, consiste en el reconocimiento de que nada posee una identidad esencial y duradera. Y mi amigo dijo que, cuando el Dalai Lama empezó a hablar del tema, lo hizo casi susurrando y con el cuerpo completamente contraído. La vacuidad es, hasta para el mismísimo Dalai Lama, un aspecto de la realidad difícil de soportar.

«El incienso y las velas son exóticas y atractivas –escribe Dzongsar Jamyang Khyentse–, pero la impermanencia y la ausencia de identidad del yo no lo son.»[14] Es precisamente en estas encrucijadas cuando muchas personas deciden consolarse con las ilusiones, incluso con las ilusiones espirituales, en lugar de permitirse realidades más profundas que sólo pueden ser descubiertas a través de la insubstancialidad.

«La seguridad no es la cura de la inseguridad», anunció E.J. Gold a un grupo de personas que, una buena mañana, se había congregado en torno a la mesa del comedor. La naturaleza del ser humano *es* la inseguridad. Dependiendo del entorno y del modo en el que hayamos sido educados, la inseguridad existencial puede asociarse y magnificarse debido a la inseguridad psicológica, dejándonos con una sensación de carencia que nos moviliza de continuo a buscar todo tipo de asideros que nos proporcionen una sensación de seguridad, ya sea material, conceptual o psicológica.

Pero no existe seguridad que pueda llenar el hueco de la inseguridad psicológica o existencial que yace en nuestro interior. Eso es lo que nos enseña el ejemplo de tantos individuos materialmente ricos –aunque espiritualmente pobres– a los que ni la seguridad ni la riqueza material pueden proporcionar felicidad ni evitar la muerte. Son muchos los casos en los que los muros que erigimos a nuestro alrededor para protegernos de la inseguridad acaban convirtiéndose en prisiones que nos impiden explorar una libertad interior más profunda. El erudito tántrico Robert Svoboda sugiere que una de las principales motivaciones para la acumulación de riqueza es la creencia inconsciente de que, de algún modo, podrá servirnos para comprar la inmortalidad.

–¿Cuál es si, para ello, no sirve la seguridad, la cura de la inseguridad? –preguntó uno de los nosotros a Gold durante ese encuentro matutino de invierno.

«Renuncia a toda seguridad», replicó. El gran reto espiritual consiste en renunciar a nuestra identificación con la experiencia del yo separado que cree existir e insiste en protegerse. La única cura para la inseguridad consiste en reconocer la insubstancialidad, dar la espalda a lo que, en nuestro interior, se empeña en buscar la seguridad, pese a la futilidad de tal búsqueda y avanzar hacia lo desconocido sin mirar atrás.

Enfrentarse a la realidad de la insubstancialidad es como el discípulo espiritual que permanece de pie en el trampolín de una piscina sin agua mientras el maestro grita "¡Salta!"

–¡No puedo saltar! –dice el discípulo–. ¡La piscina está vacía!

–¡Salta y verás como aparece el agua! –dice entonces el maestro.

Obviamente, la mayoría de nosotros no estamos dispuestos a saltar a lo desconocido aunque, en algunos textos espirituales, hayamos leído que, de algún modo, el universo extenderá, antes de que nos estrellemos, una red protectora o que el suelo retrocederá hasta el infinito. Pero son muchas las circunstancias vitales –como accidentes, crisis psicológicas y enfermedades graves, sin olvidar los peligros del terrorismo y el calentamiento global– que nos enfrentan a la realidad de la insubstancialidad y de la impermanencia. Y una de las funciones de la práctica espiritual consiste en enseñarnos a permanecer presentes y abiertos ante la realidad de la mayor de las incertidumbres. Ciertamente, el momento de la muerte será la gran prueba que evidencie nuestra capacidad para enfrentarnos a la insubstancialidad. Y es irreal y poco práctico creer que, si nos pasamos la vida aferrados a la seguridad de conceptos consoladores, identidades limitadoras y un universo que podemos manipular y controlar nos hallaremos, en las puertas de la muerte, en condiciones de entregarnos a lo desconocido.

Pero la insubstancialidad es paradójicamente el terreno más fértil para el cultivo de la creatividad. La trinidad hindú o *trimurti*, compuesta por Brahma, Vishnú y Shiva, representa los principios de la creación, el mantenimiento y la destrucción que operan de continuo tanto en nuestra vida como en la naturaleza y el cosmos. Cuanto más aumenta nuestra capacidad de experimentar la insubstancialidad abriendo, en nuestro interior, un espacio que permite la creación y disolución continua, más fluidos y espaciosos nos tornamos. Entonces reconocemos que vivimos en un universo sin muros del que brota un manantial ilimitado de potencial creativo. En la medida en que se amplía el ámbito de nuestro discernimiento, nuestra conciencia no sólo se limita a discernir entre variables y decisiones conocidas, sino que se abre también a la presencia continua de lo desconocido.

## EL SUFRIMIENTO DEL EGO

«Nadie habla del sufrimiento del ego, nadie habla de desembarazarnos de aquello a lo que nos hemos aferrado durante toda nuestra vida», dijo mi amigo Gillian, reflexionando sobre sus cincuenta años de camino espiritual mientras estaba sentado en el porche de su casa de Sudáfrica.

Las verdades espirituales no son difíciles de entender, pero la purificación y desmantelamiento de las ilusiones que debe soportar quien entrega su vida a la integración de esa verdad es un tarea muy importante. Resulta muy sencillo hablar de las grandes empresas que la vida espiritual, como el heroico salto interno que se le pide a todo guerrero espiritual, pero es mucho más difícil llevar a cabo esas tareas. «Simple, pero no fácil», dicen los maestros de todas las tradiciones. Se trata de procesos que –independientemente de que hablemos de la necesidad de abandonar la sensación de inseguridad, de desidentificarnos del ego, de renunciar a la esperanza de salvación o de permitir que nuestros conceptos y constructos sobre la espiritualidad se desvanezcan–, pese a tener, desde el comienzo, muy claros sus principios, duran muchos años.

Hay momentos en que el proceso de desidentificación del ego es tan intenso que acabamos convencidos de estar muriendo y llegamos incluso en ocasiones a presentar algunos síntomas propios de la muerte. Creemos inconscientemente que, si no somos quienes siempre hemos creído ser, no existimos y que nuestra muerte es inminente. Pero, por más que algo esté muriendo en nuestro interior, no somos *nosotros* quienes estamos muriendo. Éste es, hoy en día, un punto crítico que debemos entender muy claramente.

Yo estoy muy familiarizada con este proceso. Debido a una crisis emocional provocada por la traición de un ser querido, mi sensación de identidad acabó rompiéndose en mil pedazos que se diseminaron por todo el universo. Esa conmoción emocional precipitó una serie de poderosas reacciones corporales y llegué a creer que estaba muriendo. Afortunadamente me hallaba, por aquel entonces, en el *ashram* de mi maestro, donde mi crisis podría ser entendida desde una perspectiva espiritual. Recuerdo estar sentada en el suelo con una amiga contándole que creía estar muriendo. «No eres *tú* la que muere –me dijo ella–. Algo está muriendo en tu interior.» Y fueron muchas las veces que, a lo largo de días y meses, repitió esta frase hasta que finalmente pude discernir la diferencia existente entre la muerte de mis sueños, de mis creencias y de mis distintas identidades y la muerte de mi cuerpo.

Aunque mucha gente que emprende el camino afirma querer liberarse de sus ilusiones, lo cierto es que las ilusiones configuran gran parte de nuestra realidad. Pero no es exactamente la vida la que es una ilusión o maya, sino nuestra relación con la vida, que se ve distorsionada por imágenes proyectadas, percepciones erróneas, creencias y niveles muy diversos de subjetividad que tomamos erróneamente por la realidad. La relación ilusoria que mantenemos con nosotros y con la vida es, al margen de lo brillantemente que hablemos del falso yo, de la profundidad del silencio de nuestra meditación o de los *satoris* que hayamos experimentado, lo que creemos. Y es que aunque, como ya hemos dicho en el capítulo 4, este proceso se conozca, en ocasiones, como "muerte del ego", el ego no muere ni puede morir. Es la identificación con quienes creemos ser la que se acaba revelándose como engañosa y falsa, mientras el ego sigue testimoniando el desmantelamiento del falso yo, un proceso que va acompañado de mucho sufrimiento y mucho miedo.

«Tu *dharma* implica matarte, en algún que otro momento», afirma el erudito y autor yóguico Robert Svoboda. No es ninguna broma decir que el "yo" que emprende este camino no es el mismo que lo concluye. El camino implica, para el "yo", una auténtica sentencia de muerte, la única duda consiste en saber cuánto tiempo permanecerá en el corredor de la muerte. Y lo que interesa, en consecuencia, es conocer la dignidad con la que asistiremos al desmantelamiento de quien creíamos ser.

En los círculos del *dharma* se habla muy poco del sufrimiento del ego que testimonia la muerte de nuestra identificación con él. Los libros espirituales que leemos han sido habitualmente escritos por maestros desde la perspectiva de quienes han cambiado ya su identificación a un contexto no egoico, es decir, de maestros que, pese a haber tenido experiencias de iluminación, no han experimentado el desmantelamiento del ego y la posterior integración psicoespiritual o por meros diletantes que esbozan una imagen del camino espiritual como una aventura glamurosa sin tener, no obstante, la menor idea de lo que realmente están diciendo.

Hay muy pocos relatos de practicantes espirituales avanzados que documenten la desesperación, depresión, paciencia, fortaleza y duración que implica el mantenimiento, pasada la gran reunión con la verdad olvidada de nuestra experiencia más profunda, de un compromiso vital con el camino espiritual. A menudo hay largos períodos del camino –meses o incluso años– durante los cuales nuestras esperanzas y creencias ingenuas sobre nuestra grandeza espiritual se revelan como lo que son y nos sentimos estancados e incluso involucionando. Hay momentos en los que nuestra ilusión sobre quiénes somos y cuál es el camino se ha visto desmantelada, pero todavía no ha sido reemplazada por otra cosa. T.S.V. Desikachar describe el término sánscrito *alabdhūmikatva* como la experiencia de «advertir, en el mismo momento en que creíamos estar avanzando, el largo camino que todavía nos queda por delante. En esos momentos, podemos decepcionarnos y cuestionarlo todo. Súbitamente perdemos el interés en seguir adelante, en empezar de nuevo o en dar el siguiente paso».[15]

«De ahí pende el 90% de la vida espiritual», dice E.J. Gold. Y, mientras seguimos ahí, soportando el proceso habitualmente demasiado lento de transformación, también sufrimos inevitables y, en ocasiones, largos períodos de sufrimiento y de tristeza. Aunque nos gusta creer que el camino espiritual tiene que ver con el aumento de la alegría, la beatitud y la claridad, creo que eso aumenta nuestra capacidad

de percibir más clara y vívidamente esos aspectos de la vida.
Pero el camino que conduce a la verdad acaba revelando necesariamente la falsedad de esa creencia, una comprensión
que acaba destronando al yo, llenando de sufrimiento al ego
y haciéndonos morar finalmente en lo real.

\*\*\*

Las crisis curativas que atravesamos a lo largo de la vida
nos proporcionan una lección poderosa del auténtico discernimiento espiritual. Cuando estos pasajes se ven integrados,
se convierten en una fuente que puede servirnos para ayudar
a los demás, porque entonces entendemos realmente lo que
están atravesando. Hemos abierto las puertas y hemos descubierto los rincones en que se alojan la tristeza, el sufrimiento y la desesperación. Y, como hemos aprendido a vivir con
ellas, nos hallamos emocional, energética y empáticamente
en condiciones de ayudar a los demás a navegar por el laberinto de sus mundos ocultos. La crisis constituye, en este
sentido, una iniciación al discernimiento y la sabiduría y, si
abrazamos el arquetipo del curador herido, cada reto enfrentado aumenta y profundiza nuestra claridad. Esta transmuta-
ción interna de las energías, que nos enseña a transformar las
crisis y confusiones en discernimiento y claridad, constituye
la esencia del principio tántrico que veremos con más detenimiento en el siguiente capítulo.

# 7. EL PRINCIPIO TÁNTRICO

Aquello que tenéis os salvará; pero si no lo tenéis dentro,
aquello que no tenéis en vosotros mismos os matará.

JESUCRISTO, *Evangelio de Tomás*

«Uno alcanza el cielo por las mismas cosas que pueden con-
ducirle al infierno», afirma el *Kularnava tantra*. El término "tantra", que suele traducirse como "continuidad", "tejido", "trama", "técnica" o "método", nos enseña a entrelazar
toda nuestra experiencia –tanto lo que consideramos positivo
como lo que consideramos negativo– en el entramado continuo de nuestra conciencia despierta. Debemos, para relacionarnos y utilizar adecuadamente el principio tántrico, llevar
a cabo distinciones muy sutiles que nos permitan transformar la realidad ordinaria en una realidad extraordinaria. Y la
claridad de nuestra percepción es la que nos ayuda a caminar
por el agudo filo de la transformación.

El principio del tantra forma parte, con nombres muy diversos, de muchas religiones y caminos espirituales. Es por
ello que este capítulo no se centra en el tantra budista ni en el
tantra hindú, sino en un principio de transformación espiritual especialmente valioso para nuestra comprensión del discernimiento espiritual, que nos muestra distinciones muy importantes que no están contempladas por otros caminos. En
su esencia, la visión tántrica nos proporciona una filosofía y
un método que puede convertirnos en personas más integra-

das y unificadas. Y lo hace enseñándonos a considerar toda experiencia como el fértil fundamento de una transformación espiritual incondicional. Esta visión nos enseña a registrar y asumir conscientemente las potentes energías que entretejen todas las dimensiones de nuestra vida, desde sus niveles más densos, mundanos y desafiantes hasta las poderosas fuerzas emocionales que se hallan en el núcleo de nuestro psiquismo y de las relaciones que mantenemos con los demás, y hasta las energías –tan sutiles que a menudo resultan imperceptibles– de las percepciones y experiencias místicas.

Proporcionar una información concreta sobre las tradiciones tántricas hindúes y budistas es una tarea que trasciende el alcance de este libro y para la que tampoco, por otra parte, me considero adecuadamente cualificada. Es por ello que este capítulo se centrará en la exploración de varias visiones relativas al principio subyacente de la transformación tántrica, que forma parte de las dimensiones esotéricas concretas de muchas religiones y tradiciones espirituales. Y es que, aunque el término tantra se asocie más habitualmente al budismo y el hinduismo, sus principios fundamentales impregnan también el judaísmo, el cristianismo, el sufismo, la alquimia, el hatha-yoga, las artes marciales y una amplia variedad de métodos psicológicos y de tradiciones espirituales. La esencia del principio tántrico, en el sentido en que lo abordamos en el presente capítulo, es una visión no confesional de la transformación que, aunque trasciende las religiones convencionales, se basa y alinea con muchos rituales y prácticas religiosas.

Convendría pues, antes de empezar a explorar los principios de la transformación tántrica, aclarar lo que no es el tantra.

El tantra no es esa visión espiritualizada del sexo tan habitual en las publicaciones y talleres de la Nueva Era que cada vez se comercializa más en los círculos espirituales de todo el mundo. «No me molesta que las personas tengan buen sexo o incluso gran sexo –dice Robert Svoboda, erudito y practicante de medicina ayurvédica y yoga tántrico–. ¡Me parece perfecto pero, por favor, no lo llamen tantra!» Y, el erudito budista Steven Goodman afirma, en este mismo sentido, que: «Hay menos sexo en el tantra que en la mayoría de los buenos matrimonios». Las últimas décadas han dado origen, en el mundo occidental, a una rama de "neotantras" que, sin tener en cuenta el amplio contexto de la tradición y de la práctica tántrica, extraen y aíslan temas y prácticas sexuales concretas de los tantras hindú y budista. Y también hay que subrayar que, antes de estar cualificado para iniciarse en las prácticas sexuales esotéricas, uno debe cumplir, según la tradición, con ciertos requisitos como, por ejemplo, el compromiso con un linaje, la guía de un guru, atenerse a un código de conducta ética y moral y tener un sólido fundamento en la meditación y otras prácticas.

Resulta lamentable que la popularidad del neotantra confunda a tanta gente, haciéndole creer que se limita a una serie de prácticas sexuales exóticas. Son muchos los practicantes espirituales sinceros que, debido a esa confusión, pierden una oportunidad preciosa para servirse de un cuerpo de conocimiento muy amplio y refinado de prácticas que, independientemente de su religión o práctica espiritual, pueden resultarles muy útiles.

Cuando uno entiende experiencialmente el principio tántrico, la capacidad de aplicarlo a la experiencia sexual tiene lugar de manera natural y orgánica como fruto de la integración. Es muy poco probable que, en ausencia de comprensión de los principios más amplios de la transformación y de la práctica tántrica, el aprendizaje de técnicas sexuales tántricas acabe integrándose en todos los aspectos de nuestra vida.

Cuando el foco está puesto en la técnica sexual –sin que esa técnica se halle inmersa en el contexto mayor del estudio, el ejercicio cotidiano y la adecuada guía– las experiencias místicas acaban circunscribiéndose al estrecho campo de la experiencia sexual. Pero dimensión sexual, por más extraño que parezca, no es más que una pequeña fracción de lo que la sabiduría tántrica puede enseñarnos. El buen uso de la filosofía y de las prácticas tántricas requiere del adecuado discernimiento del practicante.

## La inseparabilidad entre la dualidad y la no dualidad

Convendrá, para comenzar nuestra exploración del principio tántrico, considerar la relación existente entre dualidad y no dualidad. La mayoría de las tradiciones esotéricas reconocen, en el núcleo de toda experiencia, una fuente no dual y sin forma a la que se refieren con nombres muy diversos, como vacuidad, *purusha*, alma, esencia, *advaita*, inteligencia divina o un Dios que trasciende todo nombre y toda forma. Muchas tradiciones y religiones diferencian luego entre esa esencia sin forma y el mundo manifiesto de la dualidad. Estas tradiciones consideran que el ser humano y el mundo que habitamos están separados de esa gran inteligencia, a la que a menudo se refieren con el nombre de Dios. Hay tradiciones que afirman que hemos caído y vivimos sumidos en un estado de pecado, otras sugieren que nuestra vida es una ilusión y otras, por último, insisten en que Dios o lo Divino es incognoscible. Habitualmente hay un texto primordial y un conjunto de guías morales y éticas a las que deben atenerse quienes adhieren a las religiones y filosofías concretas que representan. El mundo está lleno de afiliados a tradiciones religiosas que se sienten frustrados de que la versión de verdad que se les brida socave, de algún modo, su sensación interna de presencia y conexión divina.

La visión tántrica nos proporciona, en este sentido, una imagen completamente diferente, que no sólo sugiere que la realidad última es cognoscible y accesible a través de nuestra experiencia directa, sino que las mismas facetas de nuestra experiencia que muchas tradiciones religiosas etiquetan como mundanas, ilusorias, "oscuras" o separadas, de algún otro modo, de lo Divino –aspectos a menudo despreciados y rechazados– son, de hecho, la puerta que puede conducirnos a fundirnos con nosotros y con lo Divino y, en consecuencia, con los demás y con la vida.

Ngakpa Chögyam, un maestro budista tibetano de Gales, nos proporciona una visión de la no dualidad que incluye la totalidad de la vida como expresión directa de la esencia no dual de la verdad. La no dualidad o vacuidad tiene, en su opinión, dos facetas, una es la vacía (o no dual) y la otra es la formal (o dual). Así pues, la dualidad no es ilusoria, sino un *aspecto*, en realidad, de la no dualidad. Como las dos caras de la misma moneda, la realidad sin forma tiene dos dimensiones, la formal y la carente de forma.[1] Cuando percibimos la dualidad separada de la no dualidad (o, lo que es lo mismo, la no dualidad separada de la dualidad), no nos comprometemos con el mundo de lo manifiesto como una unidad y establecemos con él, en consecuencia, una relación errónea. No es pues, desde esta perspectiva, la "vida" ni la dualidad lo que es maya o ilusión, lo ilusorio es la relación que mantenemos con el mundo.

Son muchas las tradiciones cuya filosofía, arte o simbología, insisten en a la inseparabilidad entre la no dualidad y la dualidad. El *Sūtra del corazón*, el mejor conocido de todos los Sūtras del budismo Mahayana, afirma que «la materia no es diferente de la vacuidad y que la vacuidad no es diferente de la materia». El hinduismo también está lleno de representaciones de la relación entre la multiplicidad y la unidad, claramente representada a lo largo de todo el panteón hindú, que cartografían el psiquismo humano y su relación con la Divinidad. El *Pratyabhijnahridayam Upanishad*, una de las doctrinas del shivaísmo de Cachemira, afirma que: «El Señor tiene el universo como cuerpo». El *lingam*, un símbolo fálico que representa a Shiva, principio masculino de la verdad sin forma, siempre se sienta sobre un *yoni*, que tiene una forma aproximada de vagina y representa a Shakti, el principio femenino de la manifestación. Juntos representan la iluminación.

Las enseñanzas esotéricas de muchas tradiciones muestran una profunda comprensión no dual de la unidad que impregna toda dualidad. En *Wearing the Body of Visions*, Ngakpa Chögyam escribe que: «La multiplicidad ilimitada del mundo de la forma proporciona infinitas oportunidades para la realización de la no dualidad: la vacuidad se presenta *a través de* la forma».[2] En *The Sacred Mirror*, John Welwood afirma que:

> Dejando que lo relativo sea tal cual es, se revela lo absoluto. Entonces ya no hay necesidad de dar al ser absoluto un estatus especial separado del proceso relativo de la forma que evoluciona en el tiempo, porque ambos resultan inseparables. Esta comprensión nos libera para desplazarnos con más soltura entre el compromiso con nuestra experiencia y el descubrimiento de su naturaleza espaciosa e indefinible, sin considerar que un lado es más real que el otro. No hay necesidad, de ese modo, de establecer distinción alguna entre la dualidad y la no dualidad.[3]

Muchas personas consideran natural y orgánica, una vez la comprenden, la visión intelectual tántrica de la relación existente entre la no dualidad y la dualidad. Pero, una cosa es entenderlo y otra, muy distinta, contar con la sutileza necesaria para acceder a esta experiencia e integrarla en nuestra vida cotidiana. Éste sigue siendo el aspecto más difícil de la vida espiritual, aun para aquellos que coinciden en la necesidad de reconocer la gran importancia de lo absoluto y de lo relativo, de la realidad no dual y de la realidad dual.

Muchas tradiciones espirituales contemporáneas tienden a decantarse por uno u otro de ambos aspectos de la realidad. Las primeras décadas del budismo Theravada y del Zen en Occidente, por ejemplo, no se han inclinado tanto por el compromiso con el dominio confuso, impredecible y relativo de la psicología humana, como por la postura no dual que insiste en la importancia de morar en la vacuidad, el silencio y la observación desidentificada de la mente.[4] Pero también son muchas las tradiciones psicológicas contemporáneas de orientación chamánica y espiritual que, ubicadas en el otro lado del espectro, prefieren inclinarse, en su aproximación a la espiritualidad, por la dualidad y el mundo de la forma infravalorando, en ocasiones, la realidad de la vacuidad, la impermanencia y la insubstancialidad.

Y también es muy probable, en consecuencia, que nuestro enfoque individual a la práctica espiritual se decante por un aspecto de la realidad en desmedro del otro. En uno de los extremos se halla la tendencia al *bypass* espiritual, espiritualizando la responsabilidad que nos compete por nosotros mismos y por los demás, lo que resulta en un proceso de desarrollo incompleto. «Difícilmente alcanzarás el cielo que hay en tu interior si traicionas a la tierra que hay en ti», escribe Arnaud Desjardins en *The Jump into Life*.[5] En el otro extremo del espectro se halla la preocupación narcisista por nosotros mismos y nuestra historia y proceso personal, y los correspondientes intentos obsesivos de mejorar sin que ello, no obstante, corrija la esencia no dual de la vida.

«La moneda siempre cae de un lado u otro» concluyó, en este sentido, mi amigo Jeff, después de haber estado discutiendo meses sobre este tema. La verdad sobre la percepción y la práctica de la verdad espiritual jamás podrá ser expresada verbalmente. Explorar la relación existente entre la dualidad y la no dualidad, tanto en nuestra conciencia como en nuestra propia experiencia, es una danza dialéctica continua e incesante sobre el filo de la navaja. Es necesaria estar continuamente atentos para ser conscientes de los momentos de despertar que emergen en nuestra vida y de la visión que nos proporcionan sin dejar, por ello, de atender simultáneamente a las necesidades profundas del psiquismo y de la vida que nos rodea.

## CONVERTIR EL VENENO EN MEDICINA

*Lo que, para un hombre, es alimento, es veneno para otro.*

SWAMI PRAJNANPAD[6]

La práctica tántrica nos enseña a convertir el veneno en medicina. Todo, desde esta perspectiva, incluidas las cosas que más nos desagradan y más tememos, pueden ser bien o mal utilizadas. Bien empleadas, podemos servirnos de su energía para crecer mientras que mal utilizadas, por el contrario, consumen nuestra energía y nos sumen en la confusión. La clave del discernimiento se centra en el modo en que nos relacionamos con las circunstancias. Si queremos convertir el veneno en medicina es necesario un aprendizaje atencional cada vez más sutil que requiere muchos años de práctica.

Este adiestramiento nos enseña a trabajar con la energía de nuestro interior y emplear luego, como extensión natural de práctica, las potentes e intensas energías que encontramos en nuestra vida externa, tanto las energías sutiles de la sexualidad, la imaginación y los estados profundos de despertar espiritual como las tensiones de la vida cotidiana y la negatividad ajena.

El primer lugar en el que debemos aprender a trabajar tántricamente es nuestro cuerpo emocional. Muchas personas implicadas en el trabajo espiritual han degustado las extraordinarias posibilidades de la conciencia espiritual y anhelan fundir su conciencia individual con su conciencia universal. Y, en este sentido, nos quedamos atrapados, una y otra vez, en nuestro cuerpo emocional, que está informado por las estructuras básicas del ego y nuestro condicionamiento psicológico personal. Los grandes pensadores y escritores espirituales del pasado y del presente que tanto nos han inspirado han sufrido y generado sufrimiento a quienes les rodeaban porque no aprendieron a utilizar su comprensión espiritual para corregir las estructuras más básicas de su psiquismo y de su cuerpo emocional.

Muchas tradiciones espirituales afirman que nuestra neurosis es, en esencia, irreal. Hay poderosas y eficaces técnicas de meditación que nos enseñan a observar esas energías en el momento en que aparecen y a cultivar, con respecto a ellas, una actitud de desapego para que no acaben dominando nuestra experiencia. Mi opinión personal es que esas técnicas sólo funcionan para algunas personas y en algunos momentos de la vida. Rara vez superan la prueba de las relaciones y la sexualidad, y no suelen provocar tanto una transformación espiritual integrada como una relación excesivamente desapegada de la vida. El tantra se diferencia de estos enfoques en el sentido de que cree que la cura de la herida reside dentro de la misma herida. Aprendiendo a orientar nuestra atención hacia aquello de lo que habitualmente nos ocultamos, establecemos una relación con ello, conectamos conscientemente con el mismo núcleo de su entramado energético, liberamos la energía bloqueada y permitimos que la experiencia directa de aspectos anteriormente desconocidos acabe integrándose en niveles cada vez más profundos. En su libro *Tantra: The Path of Ecstasy*, Georg Feuerstein escribe: «En su esfuerzo por alcanzar el Uno, los practicantes tántricos se ven necesariamente obligados a atravesar esos reinos intermedios que, pese a resultar invisibles para la visión ordinaria son, no obstante, tan reales (o irreales) como el mundo material».[7]

«Nuestra neurosis es nuestra iluminación», decía el maestro budista Chögyam Trungpa Rinpoche. ¿Pero cómo puede ser? Porque, en el núcleo de nuestra neurosis, yace un depósito de energía enterrada que posee una capacidad ilimitada de provocar una transformación muy profunda. El tantra nos enseña a dirigir nuestra atención hacia la mina de oro de la experiencia confusa y extraer la energía pura de la fuerza de la vida contenida en su interior. Desde la perspectiva tántrica, pues, nuestra neurosis no es una limitación. Lo que nos limita es nuestra contracción y alejamiento de aquellos aspectos de nuestra experiencia interna tan potentes que les tenemos miedo, heridas tan dolorosas que hemos acabado reprimiendo de la conciencia vigílica, miedos tan inconscientes y convincentes que, antes que abrirnos a ellos, preferimos vivir a medias, sentimientos reprimidos de terror y de ira tan violentos que tememos que, si nos permitiéramos expresarlas, podríamos acabar realmente matando a alguien.

«Si las pautas defensivas encierran una inteligencia y unos recursos ocultos –escribe John Welwood–, no deberíamos rechazar nuestra personalidad defensiva. Lo único que necesitamos es romperla y abrirla hasta descubrir y acceder a la inteligencia y a los recursos que yacen en su interior.»[8] El estudio y la práctica de la visión tántrica nos enseña a orientarnos gradualmente hacia los aspectos más oscuros y aterradores que hay en nuestro interior y en la vida. Aprendemos a utilizar todas esas cosas para abrirnos y expandirnos, un tema que exploraremos con más detenimiento en el siguiente capítulo, que se ocupa concretamente del trabajo con la sombra. Nuestra personalidad, desde una perspectiva tántrica, no es una limitación. El problema, por el contrario, reside en nuestro rechazo a seguir creciendo más allá de los límites impuestos por nuestra personalidad.

Trabajar tántricamente implica utilizar nuestra conciencia y nuestra atención de un modo nuevo. Quizá, de ese modo, la neurosis no cambie, al menos inmediatamente, pero nuestra atención y nuestra intención van colocándola al servicio de la transformación. En tal caso, una parte de nosotros sigue, en su vida cotidiana, con la misma conducta mecánica condicionada –comer, pensar, emocionarse, trabajar, estar confuso, tratar de amar a las personas cercanas– mientras el fundamento de nuestra experiencia y de nuestra atención va reorientándose lentamente hacia la experiencia de la transformación. Así es cómo, a lo largo del camino, vamos liberándonos gradualmente de la garra neurótica de nuestras debilidades que, purificándose y encauzándose hacia la creatividad y el desarrollo, se ponen poco a poco al servicio de una realidad mayor.

Robina Courtin, maestra budista tibetana de la que ya hemos hablado, pronunció, en cierta ocasión, una conferencia sobre tantra ante un grupo de universitarios de la universidad de San Francisco en la que yo enseño. Describiendo su vida dijo que, antes de encontrar a su maestro y emprender la práctica que habría de convertirla en monja, era "una motera lesbiana, airada, marxista y radical". Pero no, por ello, su ira desapareció, sólo que ahora la emplea para luchar contra su propia ignorancia y enseñar budismo a reclusos en las prisiones de máxima seguridad. También se apoya en su sensación de desarraigo para viajar por todo el mundo y enseñar a miles de personas sedientas de enseñanza espiritual. De este modo, ha empleado su ansiedad e inquietud para movilizar la fundación de centros espirituales y proyectos de servicio a gran escala y editar muchos libros de su maestro. Así es como el compromiso de Courtin con la práctica tántrica ha acabado convirtiendo sus debilidades en una fortaleza, que no sólo le sirve a ella, sino que también ha beneficiando a las miles de personas que se han visto movilizadas por su presencia.

La práctica tántrica pone de manifiesto las ventajas ocultas en nuestras supuestas debilidades. Si, por ejemplo, somos codiciosos, no dejaremos de desear cosas, sólo que ahora se tratará de conocimiento, sabiduría y oportunidades para servir. Y, del mismo modo, la ira puede convertirse en una motivación para corregir la ignorancia y ver con claridad el modo en que dañamos inconscientemente a los demás; la tristeza puede convertirse en empatía y compasión por quienes sufren tanto o más que nosotros; el miedo puede convertirse en respeto ante la inmensidad del proceso divino; la soledad puede convertirse en anhelo y la alegría y gratitud pueden dar paso a la necesidad de compartir nuestra suerte con los demás. Como nuestra atención siempre se centra en algo, la cuestión es: «¿Con qué decidimos comprometernos?». El principio tántrico nos enseña a dejar de estar absortos en nosotros mismos para sumirnos en niveles cada vez más amplios de la realidad, la transformación y el servicio. Es el discernimiento, en suma, el que acaba determinando si algo es un veneno o una medicina.

## La práctica del no-rechazo

*¡Si quieres conocer el silencio, interésate por el ruido!*
Arnaud Desjardins

El no-rechazo, según Lee Lozowick, es uno de los principios fundamentales de toda práctica tántrica. El tantra ha sido considerado, con cierta frecuencia, un camino "peligroso" o una pendiente resbaladiza, debido precisamente a que tolera el uso de sustancias, energías y actividades a los que otros caminos renuncian, por impuros, peligrosos o no espirituales. La visión tántrica pone en cuestión las dicotomías espiritual/ no espiritual, sagrado/mundano y piadoso/profano y nos invita a responder de manera apropiada, eficaz y con una integridad más profunda a todas las circunstancias que la vida nos depare.

Es muy importante no confundir el no-rechazo con la conciencia no discriminativa, una trampa en la que lamentablemente suelen caer quienes se comprometen superficialmente con principios y prácticas tántricas y utilizan al tantra como justificación filosófica de la autocomplacencia. "No-rechazar" no significa aceptar indiscriminadamente todo lo que se nos ofrezca. Uno de los objetivos principales del tantra consiste en aprender a desarrollar el discernimiento necesario para utilizar de manera útil y productiva todo lo que la vida nos brinde, desde lo más ordinario hasta lo más difícil e incluso lo extraordinario. De este modo, la capacidad de digerir la experiencia va aumentando hasta el punto de no tener que cerrarnos a ningún aspecto de la vida. Confiamos en manejar las circunstancias de un modo que siempre nos hace crecer aunque, en ocasiones, se experimente como algo muy incómodo. En *El libro de los secretos*, Bhagwan Shree Rajneesh, conocido también con el nombre de Osho, se refiere, con las siguientes palabras, al principio del no-rechazo:

No trates de ir contra nada porque, en tal caso, acabarás, de un modo u otro, sumido en ello. Parece lo opuesto, pero no lo es. No trates de ir desde el sexo hasta *brahmacharya*. Si te empeñas en pasar del sexo a *brahmacharya*, tu *brahmacharya* no será sino sexualidad. Y tampoco trates, del mismo modo, de pasar de la avaricia a la no avaricia porque, en tal caso, tu no-avaricia acabará convirtiéndose en una forma de avaricia. Ésta es la razón por la cual, si alguna tradición te enseña a no ser codicioso busca, en ella, alguna motivación que trate de sacar provecho.[9]

Decir "sí" a la vida es la práctica primordial que enseña a sus discípulos el maestro de Vedanta Advaita Arnaud Desjardins. Cuanto más aprendemos a abrirnos a cosas que rechazamos, las emociones y condiciones adversas pierden su poder sobre nosotros. En *Jump into Life*, Desjardins explica que: «Cuando el ego no encuentra adversario, se desvanece. Lo que, desde el momento del nacimiento, caracteriza al ego es el hecho de *estar contra*... por ello la palabra "sí" es un arma absoluta contra el ego. Y esto no sólo es válido para los discípulos de un maestro hindú o tibetano porque, en ello, coincidirá cualquier psicólogo que haya estudiado la génesis infantil del ego».[10] Donde hay dos hay dualidad y aspectos contrapuestos, en consecuencia, de nuestra conciencia. Pero, cuando decimos "sí" a toda nuestra experiencia, la dualidad intrínseca en nuestra resistencia a nosotros y a la vida se disipa en una fusión que emerge de la completa aceptación de nuestra vida y de nuestra experiencia tal cual es.

Kenny Johnson, antiguo preso que fundó This Sacred Space,[11] una organización que apoya a presos que están aprendiendo a acceder a su sabiduría espiritual, se refiere en términos parecidos al hecho de estar en prisión después de haber conocido a un maestro espiritual que catalizó en él un profundo despertar espiritual. Aunque todavía encarcelado durante los dos años siguientes al encuentro con su maestro, atravesó una época de profunda alegría, y su conciencia, contando con la seguridad de tener alimento y un lugar para dormir, acabó asentándose en la no dualidad. Llegó un momento, sin embargo, en el que se vio obligado a pasar un par de días en la parte posterior de un autobús de máxima seguridad mientras era transportado, con otros presos, a otra prisión federal. El resto de los reclusos, inquietos, temerosos y enfadados ante su aparente sensación de bienestar, no dejaron de provocarle. Independientemente, sin embargo, de lo que le dijeran y de cuáles fuesen las circunstancias, nada pudo acabar con su experiencia de fusión con la vida.

La práctica tántrica del no-rechazo nos enseña a dejar de resistirnos a nuestra experiencia y a no seguir insistiendo en que las cosas sean de otro modo. Esto permite que nuestra conciencia descanse en un estado de no separación, al tiempo que nos proporciona una comunión profunda y una sensación de unidad con nuestra experiencia. Cuando aprendemos, gracias a la atención, la práctica, el estudio, el coraje y la perseverancia, a decir "sí" a lo que es real, por más desagradable que pueda resultarnos, toda nuestra vida se convierte en un campo abierto a la posibilidad de la transformación.

## CONTENCIÓN Y SUBLIMACIÓN:
### EL *BRAHMACHARYA* TÁNTRICO

Por la pasión, el mundo está encadenado pero, por la pasión también, está liberado.

*Hevajra Tantra*

El principio tántrico insiste en la posibilidad de utilizar la energía para propósitos transformadores y, en este sentido, la práctica tántrica nos enseña a movilizar las poderosas energías que yacen en nuestro interior y utilizarlas para acceder a los estratos más profundos de la experiencia. El término sánscrito *tapas* anteriormente mencionado significa literalmente "calor" y se refiere al fuego de la transformación catalizado por prácticas rituales voluntarias. El intenso calor generado así en nuestro interior puede quemar estratos densos y, de otro modo, inaccesibles, de nuestra inconsciencia.

En la psicología yóguica, el término *brahmacharya* se refiere a la persona que ha entregado su vida a la realización de Brahma o Dios. El *brahmacharya*, en un sentido yóguico tradicional, es la persona que practica el celibato con el objetivo de sublimar y orientar su energía hacia la realización espiritual. Son muchas las tradiciones místicas y monásticas que, a lo largo del tiempo, han ejercitado, con mejor o peor fortuna, el celibato espiritual con el objetivo explícito de orientar su energía hacia Dios, despertar la intuición espiritual o comprometerse en la transformación esotérica de la energía sexual.

He conocido y me he entrevistado con centenares de practicantes del celibato espiritual procedentes de una amplia diversidad de tradiciones espirituales, desde el *brahmacharya* que se mueve dentro el contexto de un *ashram* hindú al que lo hace dentro de un monasterio católico. Pero, en la mayoría de los casos, la energía sexual, en lugar de verse sublimada y transmutada, acaba viéndose reprimida, bloqueada o distorsionada. El psiquismo occidental mantiene, debido a una amplia diversidad de factores, una actitud muy confusa y distorsionada con respecto a la energía sexual, una actitud que es la responsable de muchos de los escándalos espirituales que se ocultan bajo el disfraz del "tantra" o "iniciaciones especiales".

La combinación entre el celibato y potentes prácticas espirituales –especialmente en el caso de que el practicante no
haya explorado su propia sexualidad ni se haya librado del
lastre psicológico asociado– provoca todo tipo de bloqueos
físicos, psicológicos y psíquicos que se expresan de formas
muy diversas, desde la depresión hasta la enfermedad y la
agresividad. Y a esos mismos bloqueos hay que atribuir también la responsabilidad de las conductas problemáticas y escandalosas en que se ven envueltos muchos maestros espirituales. (Hay que diferenciar esta circunstancia del celibato
provisional, que puede resultar apropiado en determinados
casos como, por ejemplo, para el estudio de la relación que
uno mantiene con la energía sexual, su uso para propósitos
curativos o porque las circunstancias vitales imponen un período de celibato provisional.)

El principio de la "contención" puede ser más adecuadamente considerado, en el caso de la mayoría de los practicantes contemporáneos occidentales, como la práctica que nos
enseña a asumir la responsabilidad del poder y de la creatividad de nuestra propia sexualidad. Eso podría ayudarnos a tomar decisiones más conscientes, en lugar de sucumbir a las
fuerzas inconscientes de la represión, la seducción y la manipulación tan frecuentes en la cultura occidental contemporánea. Cuando aprendemos a conectar, entender y dirigir nuestra
energía sexual, podemos emplearla para objetivos muy distintos, desde acceder a un conocimiento superior hasta movilizar actividades creativas, disfrutar sencillamente del precioso
don del placer... y para manipular y controlar a los demás. Los
maestros y discípulos del "tantra" sexual deben ser especialmente discriminativos con respecto al modo en que utilizan su
energía y su carisma sexual. Independientemente de nuestro
interés en la espiritualidad, la relación consciente con la energía sexual es, en la cultura occidental, algo que habitualmente

se aprende y cultiva, a menudo a través de un largo proceso de indagación, exploración, curación y discernimiento.

Una forma muy sencilla e interesante de empezar a explorar nuestra relación con la energía consiste en indagar, en el contexto de nuestra vida cotidiana, el modo en que opera, dentro de nuestro cuerpo, la energía de la fuerza vital, a la que suele conocerse con los nombres de *prana* o *chi*. Y, para ello, empezamos a explorar las circunstancias, individuos, relaciones e interacciones que nos despojan de energía y aquéllas que, por el contrario, nos la dan. Y, para ello, nos repetimos, a lo largo de un día: «¿Esta persona, situación o actividad me da energía o me la quita?». El inventario del modo en que empleamos nuestra energía física, emocional y sexual –cobrando conciencia del tipo de interacciones y circunstancias que nos nutren y de las que nos despojan de energía– nos ayuda a darnos cuenta de la inconsciencia con la que habitualmente nos relacionamos con nuestra fuerza vital, empezando con la energía básica de la respiración y siguiendo con los ámbitos de las energías mental, física y sexual. Así es como aprendemos a ser más discriminativos con el funcionamiento de la energía de nuestro cuerpo, con el funcionamiento energético de los demás y con el tipo de relación que entablamos, especialmente en lo que respecta al poder, la sexualidad, el deseo y las necesidades. Pero no se trata tanto de alejarnos de aquellas actividades que nos despojen de energía, como de ir asumiendo gradualmente la responsabilidad que, al respecto, nos compete y aprender a emplear nuestra energía de un modo más adecuado y eficaz.

Mientras no aprendamos a percibir nuestra propia fuerza vital y a entender la relación energética que mantenemos con los aspectos más fundamentales de nuestra vida, resulta irreal y poco práctico creer que estamos en condiciones de emprender las prácticas espirituales prescritas por las técnicas tántricas sexuales que pretendemos utilizar. El compromiso prematuro con las técnicas tántricas sexuales sin la iniciación y guía adecuada de un maestro puede intensificar las relaciones sexuales, lo que puede resultar maravilloso, siempre y cuando el individuo en cuestión no acabe creyéndose, por ello, un maestro del tantra. No olvidemos que las técnicas sexuales tántricas pueden provocar una sensación desproporcionada de poder, y que algunos maestros y organizaciones implicadas en ese tipo de prácticas se han visto salpicados por las crisis emocionales, el divorcio entre "parejas tántricas" y un conocimiento espiritual confuso.

Basta con un pequeño ejercicio, cuando el practicante encarna, en su experiencia personal, los principios y prácticas tántricas, para provocar resultados muy poderosos. Como sucede con cualquier otro tipo de yoga o ejercicio corporal, cuando nos comprometemos, de manera deliberada y disciplinada durante muchos años, con prácticas muy simples, la práctica acaba informándonos, desplegándose y enseñándonos desde el interior. La cualidad de la intuición y de la experiencia lograda a través de una aproximación a la sexualidad que tiene lugar desde el contexto profundo de la práctica espiritual es muy superior, tanto en profundidad como en importancia, a las experiencias deslumbrantes y breves que tienen lugar durante los talleres centrados en la técnica.

Cuando reconocemos las muchas y profundas posibilidades a las que nos permite acceder la práctica tántrica, nos damos también cuenta del peligro de incurrir en el *bypass* espiritual, que nos lleva a emprender este tipo de prácticas sin contar con el adecuado fundamento. Las técnicas sexuales tántricas pueden permitirnos acceder a estados espirituales extraordinarios y tomarlos como el logro final, sin darnos cuenta de que la práctica tántrica consiste en aprender a trabajar y transformar todos los estados de conciencia.

El discernimiento, como insistimos en este libro, es la piedra angular de toda transformación espiritual eficaz e integrada. La práctica disciplinada no sólo fortalece nuestro cuerpo hasta que pueda convertirse en un adecuado contenedor de la energía de transformación, sino que prepara también nuestra mente para que pueda llevar a cabo observaciones y distinciones cada vez más sutiles. Contar con la ayuda de un maestro –que no sólo inicie al discípulo, en el momento adecuado, en las prácticas más adecuadas a su nivel de desarrollo, sino que le guíe también a través de la práctica– suele ser algo muy importante. El conjunto de "contrapesos y equilibrios" que implica la comunidad impide que el practicante se confunda y se vea arrastrado por las experiencias y estados de conciencia místicos y a menudo seductores que suelen acompañar a la evocación de potentes energías.

El *brahmacharya* tántrico recorre el camino intermedio que, en sánscrito, se conoce como *madhyamā-pratipa*. Pero no se trata de un camino intermedio aburrido y monótono, en el que todo está calculado y uno se mueve de puntillas y desidentificado de todo, sino de un enfoque apasionado con la vida y la práctica que utiliza, de manera consciente y no duda en apelar, dentro de ciertos límites, a todo tipo de condimentos, sin rechazar absolutamente nada. E, independientemente de que estemos experimentando con la sexualidad, el trabajo, la educación de los hijos o nuestras propias emociones, el uso de la energía es, en tal caso, deliberado, disciplinado y siempre relativo a un contexto mayor de transformación y servicio. En su libro *El cálido aliento de la dakini*, la maestra budista Judith Simmer-Brown escribe:

> Entender la verdadera naturaleza de la pasión… transforma la pasión ordinaria en el fundamento de la experiencia de la beatitud y elimina, en gran medida, los oscurecimientos

emocionales y conceptuales que obstaculizan nuestra práctica. El objetivo de la exploración de la naturaleza de la pasión es el de llevar la realización a los ámbitos a los que todavía no ha llegado. Desde este punto de vista, la experiencia de la beatitud es un gran paso hacia adelante en el camino del tantra... La beatitud funde la mente conceptual, intensifica la conciencia sensorial y abre al practicante a la experiencia pura de la naturaleza de la mente.[12]

✳✳✳

Son muchas, como hemos dicho, las tradiciones que cuentan con algún que otro tipo de abordaje tántrico a la transformación. Pero, para entender mejor este punto, resulta útil contemplarlo desde varias perspectivas diferentes. Independientemente pues de que digamos "sí" a todas las circunstancias conscientes e inconscientes que salpican nuestra vida (como, desde la perspectiva del Vedanta Advaita, sugiere Arnaud Desjardins), de que utilicemos (como hace el hatha-yoga), la respiración y la atención para establecer contacto con bloqueos y resistencias energéticas internas, de que transmutemos la agresividad en poder y paz (como pretende la práctica del aikido), de que descubramos el modo de conectar y aceptar los aspectos oscuros de nuestro psiquismo (como hace la psicología profunda), de que aprendamos a evocar y sublimar la energía sexual (como enseñan los enfoques sexuales del tantra) o de que simplemente nos ocupemos de cuestiones mundanas o nos enfrentemos al aburrimiento con plena conciencia, aceptación y falta de resistencia, estaremos asumiendo, en todos esos casos, una visión tántrica de la vida que nos enseña a utilizar nuestra conciencia y energía de un modo más eficaz y a convertirnos en agentes más poderosos al servicio de la transformación del mundo.

¡Serían necesarios muchos libros para hacer justicia a un tema tan sublime y complejo como el tantra. Pero merecerá la pena considerar, en nuestro proceso de aprendizaje y perfeccionamiento del discernimiento espiritual, algunos principios valiosos que nos brinda el tantra para profundizar el discernimiento en nuestra vida espiritual. En el siguiente capítulo, titulado "El secreto de Pandora", veremos un modo en que el tantra puede enseñarnos a ejercitar el discernimiento con una de las facetas más ocultas y oscuras de nuestra experiencia.

# 8. EL SECRETO DE PANDORA: DESMITIFICAR LA SOMBRA

Quizá los dragones que amenazan nuestra vida no sean sino princesas anhelantes que esperan algún indicio de nuestra valentía. Quizás, en lo más profundo, lo que más terrible nos parece, sólo ansíe nuestro amor.

RAINER MARIA RILKE, *Cartas a un joven poeta*

## UNA NUEVA VUELTA DE TUERCA AL MITO DE PANDORA

El discernimiento nos ayuda a atravesar el dominio de la sombra psicológica y emplear los dones con que contamos para avanzar a lo largo del camino espiritual. El mito de Pandora es una metáfora que ilustra perfectamente la importancia de trabajar con la sombra para cultivar la transformación integral y el discernimiento espiritual. Según afirma, los dioses entregaron a Pandora una "caja" con la advertencia explícita de que no debía abrirla. Pero la incapacidad, según el relato tradicional, de dominar su curiosidad femenina insatisfecha y su tendencia a las cosas oscuras y peligrosas la llevaron a abrir la caja y liberar el mal en el mundo.

Son muchas, sin embargo, las personas que ignoran que el mito de Pandora con el que hoy estamos familiarizados es, de hecho, una versión distorsionada del mito original, que se vio transformado por la influencia de los Padres de la Iglesia y de un poeta griego del siglo VIII llamado Hesíodo, probablemente debido a la subordinación a la que, durante esa época, se hallaban sometidas tanto la mujer como el poder femenino. Veamos ahora una revisión del mito de Pandora que ilustra el modo de aplicar el principio tántrico al trabajo con la sombra, es decir, a las dimensiones inconscientes, rechazadas y a menudo reprimidas de nuestro psiquismo. Y, cuando podamos aplicar el discernimiento a nuestra sombra, habremos dado un gran paso hacia delante en el camino espiritual, porque no sólo podremos movernos en medio de la luz, sino también de la oscuridad.

*\*\*\**

Pandora fue, según el antiguo mito griego, la primera mujer, que había sido creada por los mismos dioses. Su nombre significa "la que ha sido dotada con todo" y "la que todo lo da". Hefaistos, el herrero del Olimpo, había forjado, para Pandora, un cuerpo muy hermoso, receptáculo de su conciencia. Atenea le confirió un alma e inspiró en ella la fuerza de la vida; Afrodita, diosa del amor, la dotó de un gran deseo sensual y de una belleza capaz de cautivar todos los corazones, y Hermes, mensajero de los dioses, le proporcionó el arte de la elocuencia y la persuasión.

Pero fue Hera, esposa de Zeus, quien transmitió a Pandora el más interesante de los dones, una curiosidad insaciable. Cuando el herrero Hefaistos hubo concluido su cuerpo –que sólo mucho después, al reescribir el mito, se vio sustituido por una "caja"–, le advirtió que no debía mirar en su interior, porque "destaparla" tendría consecuencias irreversibles y espantosas.

Pero la curiosidad de Pandora acabó predominando sobre su cautela. ¿Pero acaso podía, dada la curiosidad con la que la había dotado Hera, hacer otra cosa? Así fue como, en un acto predestinado por los mismos dioses, Pandora acabó abriendo finalmente la pesada tapa y sorprendiéndose de que, del receptáculo de su cuerpo salieran las leyes cósmicas de la encarnación, la dualidad y la ley kármica de causa y efecto. Entonces cobró conciencia de la realidad de la vejez, la enfermedad y la muerte y se vio desbordada por la lujuria, los celos, la ira, el desengaño, el odio, el sufrimiento, el terror y la locura. Y también salieron de la caja la identificación, el rechazo, la confusión, el orgullo y la angustia existencial. Ahora se daba perfecta cuenta de las razones por las que la habían advertido que no abriese la tapa que encerraba su propia oscuridad interior.

Consciente de haber cometido un gran error, Pandora buscó entonces desesperadamente la tapa. Pero, cuando estaba a punto de cerrarla de nuevo, escuchó, desde más allá de la tristeza y de la ira y desde más allá del origen de las nociones de bien y mal y de correcto y equivocado, un hermoso susurro. Su nombre era Esperanza y, con una voz tan queda que sólo podía escucharse prestando mucha atención, le susurró un mensaje que decía que la cura de los "males" que había liberado al abrir la caja que encerraba todas las dimensiones internas oscuras consiste de exponerlos a la luz de la conciencia, la aceptación y el amor.

## ¿POR QUÉ TEMEMOS NUESTRA OSCURIDAD INTERIOR?

Pocas personas están preparadas para enfrentarse a la realidad de las fuerzas de la oscuridad y el mal que no sólo afectan al mundo exterior (causantes de la guerra, la opresión, la corrupción y el abuso), sino también a nuestro mundo interior. La religión organizada, en lugar de enseñarnos a navegar adecuadamente por el mundo interior, proyecta fuera de nosotros las fuerzas de nuestra "oscuridad" interna. Y, aunque pocas personas estén dispuestas a entender y asumir la responsabilidad de su inconsciencia, lo cierto es que, si realmente queremos desarrollar el discernimiento necesario para integrar nuestra experiencia, debemos estar dispuestos a enfrentarnos a nuestra propia oscuridad interior.

Pandora y su misteriosa caja poseen, independientemente del modo en que interpretemos el mito, un atractivo arquetípico. Se trata de algo que simultáneamente nos atrae y nos repele. Todos sabemos que existen, en nuestro interior, universos de los que lo ignoramos casi todo. Y esto es algo a lo que, si no reconocemos a lo largo de nuestra vida, deberemos acabar enfrentándonos, en forma de sufrimiento, confusión y arrepentimiento, en el momento de la muerte. La caja de Pandora –símbolo del profundo misterio de nuestra sombra interior– permanece, en la mayoría de nosotros, totalmente sellada. ¿Por qué tenemos tanto miedo de enfrentarnos a nosotros mismos?

Jamás se nos ha enseñado, para empezar, a enfrentarnos a los contenidos de nuestras emociones internas y, mucho menos todavía, a las inmensas fuerzas sociales, culturales, arquetípicas, planetarias y universales a las que estamos sometidos. La cultura contemporánea está desconectada de las fuentes tradicionales de sabiduría, razón por la cual no nos proporciona guías ni modelos que indiquen el modo adecuado de movernos por esas profundidades. No es de extrañar, por tanto, que nuestra sombra –tanto a nivel personal como colectivo– permanezca negada y reprimida. Por ello precisamente la proyectamos sobre los demás y carecemos de la confianza y de la seguridad de contar con la capacidad de navegar e integrar nuestra oscuridad interior.

Otro miedo primordial que, de manera consciente o inconsciente, casi todos compartimos es el de que, si nos abriésemos a las fuerzas "oscuras" que hay en nuestro interior,

nos volveríamos literalmente locos. Tememos que, si advertimos los aspectos sombríos de nuestra existencia, nuestra
vida se desmoronará, experimentaremos un grado intolera-
ble de miedo, dolor e ira o sencillamente que, bajo el peso del
sufrimiento, acabaremos desintegrándonos. Tenemos miedo
a abrir la caja de Pandora, abrir las puertas del zoo metafóri-
co de bestias peligrosas e incontrolables que moran en nuestro interior porque creemos que, si nos permitimos conocer
y experimentar esas fuerzas oscuras, acabarán asumiendo el
control y arruinando nuestra vida y nuestras relaciones. Nos
resistimos a mirar nuestra oscuridad porque tememos que,
en el caso de hacerlo, acabaríamos destrozados. Pero lo cierto es exactamente lo contrario porque, cuando vemos nuestra oscuridad, lo único que se rompe es nuestra identificación
con ella, lo que nos convierte en seres humanos más auténticos y completos.

«Tenemos más miedo a cambiar que a morir», afirma la
autora Caroline Myss. El ego, como ya hemos dicho en el capítulo 4, está programado para ocuparse de nuestra supervivencia y se erige, durante nuestra infancia, en torno a una
serie de mecanismos de defensa para protegernos de las circunstancias, de los sentimientos y de ciertos aspectos de la
realidad que, durante ese estadio del desarrollo resultarían,
en caso contrario, demasiado difíciles de soportar. Y, como
su función es la de mantener el equilibrio del falso yo, el
ego equipara la verdadera transformación a la muerte. Pero
lo que, en tal caso, muere no es el cuerpo físico, sino un sistema de creencias limitado sobre lo que somos. Sin embargo,
el ego no lo entiende así e interpreta la transformación derivada del enfrentamiento con la sombra como si de una muerte se tratara. Ignorante, no obstante, de la imposibilidad de
acceder a la luz sin acceder también a nuestra oscuridad, la
mayoría de la gente incurre en el error de mantener cerrada la

caja, condenándose a una vida mediocre y en la que sus potencialidades más elevadas permanecen inéditas.

Ansiamos una vida apasionada y conocer nuestra totalidad e intuimos también que la mayor parte de nuestra fuerza vital permanece oculta. Sólo el verdadero guerrero del espíritu, cuya sed de saber prevalece sobre el miedo a lo que pueda descubrir, decide emprender el "viaje del héroe" y zambullirse en sus profundidades. Todo ser humano está dotado, como Pandora, de la curiosidad de conocerse. Hay veces en que lo que nos motiva a cambiar es el dolor provocado por nuestras propias limitaciones o el reconocimiento del sufrimiento que nuestra sombra genera inconscientemente a los demás o a nosotros mismos. Como dijo Anaïs Nin: «Y llegará el día en que el peligro de seguir atrapado en un capullo será más doloroso que el riesgo de atreverse a florecer».

## LA PSICOLOGÍA DE LA SOMBRA

Desde el origen mismo de su disciplina, los psicólogos siempre han estado preguntándose qué es la *sombra* y por qué es tan importante para corregir el contenido inconsciente de nuestro psiquismo. La conceptualización llevada a cabo por Carl Jung de la sombra como uno de los arquetipos primordiales primarios con los que todo ser humano acaba tropezando a lo largo del camino del autoconocimiento llevó el término a la conciencia popular. Pero todas las religiones se han referido, de un modo u otro, al tema de la sombra a través del mito, el arte y la historia. Las culturas místicas han llevado a cabo rituales esotéricos y elaboradas técnicas meditativas para enseñar a las personas el modo de trabajar con estos aspectos problemáticos de su psiquismo.

La mayoría de los seres humanos viven y mueren inconscientes de su totalidad. Y es que, si queremos vernos claramente a nosotros mismos, tenemos que aprender a enfrentarnos de manera objetiva y desidentificada, sin negar absolutamente nada y dispuestos a enfrentarnos a los diferentes estratos del psiquismo que gradualmente vayan revelándosenos. «Todo el mundo posee una sombra y cuanto menos encarnada se halle en la vida consciente del individuo, más oscura y densa será», escribió Jung.[1] Establecer contacto con nuestra sombra es una decisión consciente a la que todo el mundo puede acceder, una decisión que no se hace de una vez por todas, sino que debemos repetir deliberadamente una y otra vez.

Todo viaje místico implica un descenso. Sin él, resulta imposible la integración. Viajamos a la oscuridad para desmitificarla y liberarnos del miedo a que, si nos enfrentamos a ella, acabe consumiéndonos. Enfrentarse a la sombra es un proceso de descenso consciente que tiene por objeto lograr una integración superior, lo que Michael Washburn describió como "una regresión al servicio de la trascendencia". La expedición al mundo de la sombra es un viaje de recuperación. Emprendemos este viaje para rescatar facetas reprimidas de nuestro ser que nos parecen tan dolorosas que, pese a no permitirnos siquiera sentir, son verdaderos manantiales de transformación. En un poema titulado "El punto crítico", Rainer Maria Rilke escribió que, aun cuando hayamos aprendido a ver claramente, todavía nos queda por hacer el trabajo del corazón con las imágenes que aún no hemos digerido porque «aunque las hayas conquistado, todavía las desconoces».[2]

¿De dónde provienen las imágenes de la sombra? Nuestra sombra psicológica personal contiene todos los recuerdos y sentimientos que, durante nuestra infancia, resultaban imposibles de sentir, demasiado amenazadoras para recordar conscientemente o que desbordaban sencillamente la capacidad de digestión propia de ese nivel de desarrollo del psiquismo. Aunque reprimidas, estas imágenes, emociones y sensaciones corporales permanecen grabadas en nuestro psiquismo y afloran, en ocasiones, con tal claridad y nitidez que parecen estar ocurriendo en el presente. En nuestros sueños, vemos a personas que ya no están vivas y volvemos a lugares de nuestro pasado que no hemos visitado desde hace décadas como si permaneciesen congelados en el tiempo. Así es como contenidos muy poderosos, ligados al amor, el miedo y el trauma, se hallan grabados a fuego en la atemporalidad de nuestro psiquismo, esperando el momento de su emergencia y reapropiación.

Veamos ahora, a modo de ejemplo extremo, el caso de un discípulo que tuve en uno de mis viajes de estudio a la India. Siendo niño, habían abusado de él de varios modos diferentes y se veía asediado por un mundo lleno de espantosos fantasmas que le perseguían a todas partes. Veía *flashbacks* de su padre y de su abuela abusando de él como si estuvieran ocurriendo en el presente e interpretaba comentarios que sólo pretendían velar por su seguridad como si de ataques verbales se tratara. La sombra, cuando no se digiere adecuadamente, acaba transformándose en psicosis. Y, aunque la mayoría de nosotros no suframos tanto, la sombra enajenada de nuestra infancia sigue afectándonos y obstaculizando nuestra capacidad de ver con claridad.

La sombra colectiva, de manera parecida, está compuesta por ideas, creencias, emociones y paradigmas que, para nuestra cultura, nuestro grupo socioeconómico y nuestra religión, no están bien. Una ignorancia colectiva culturalmente programada sobre el funcionamiento de la mente, las emociones y el ego insiste en que está mal o es erróneo experimentar un amplio abanico de emociones entre las que cabe destacar la ira, la violencia y el miedo, sentir deseos sexuales o pensar como ciudadanos globales en lugar de hacerlo como miembros de una país o de una religión concreta. Aunque operamos bajo la ilusión de ser individuos separados e independientes, lo cierto es que los demás experimentan el impacto de nuestras decisiones individuales y culturales y que, cuanto más sensibles seamos, más experimentaremos el sufrimiento de cualquier ser humano y hasta de todo el planeta.

Existe una sombra que se origina en la naturaleza existencial del ser humano. La vejez, la enfermedad y la muerte, las "grandes preguntas" sobre el sentido, la fe y la existencia de Dios o de una inteligencia divina son ejemplos de alternativas existenciales que reprimimos y a las que colectivamente tememos. Y, por encima de todas ellas, destaca el miedo a la muerte. En su libro, ganador del premio Pulitzer *La negación de la muerte*, Ernest Becker sugiere que gran parte de la civilización moderna está construida a modo de un elaborado mecanismo de defensa destinado a combatir el reconocimiento de nuestra mortalidad. Mi propia experiencia como terapeuta confirma que el miedo a la muerte se halla mucho más difundido y es mucho menos consciente de lo que solemos imaginar. Todo eso –y mucho más– compone nuestra sombra. También es importante reconocer la existencia de elementos de la sombra que afectan a todos y cada uno de los diferentes niveles del desarrollo espiritual. Es algo que, si queremos convertirnos en seres humanos integrados, debemos dejar de soslayar y empezar a tener en cuenta en nuestro proceso de desarrollo espiritual.

«Para entrar en la oscuridad debemos apelar a todos los poderes de la iluminación con que conscientemente podamos contar», escribió Jung.[3] Construimos nuestra luz y dedicamos luego parte de ella a trabajar con la sombra. Este trabajo nos ha permitido descubrir que el material interno oscuro y aterrador que tanto temíamos no es "oscuro" porque sea objetivamente malo o destructivo, sino sencillamente porque quedaba fuera del foco de la luz de nuestra conciencia y aceptación consciente.

La necesidad de enfrentarnos y aceptar amorosamente nuestra propia oscuridad es la esencia misma de la práctica tántrica y alquímica y una de las leyes o secretos más poderosos de la transformación psicológica y espiritual. A ello precisamente se refería el poeta Rainer Maria Rilke cuando decía que, después de ser aceptados y reconocidos, los dragones que hasta entonces habían asediado nuestra vida acababan revelándose como auténticas princesas. Éste es el mensaje esotérico transmitido por cuentos de hadas como "El príncipe rana" y "La bella y la bestia". A fin de cuentas, el "beso" de nuestra aceptación y amor es lo que acaba convirtiendo en hermosa la fealdad.

Por más paradójico que parezca, si queremos descubrir y recuperar la luz y la energía resplandecientes almacenadas en nuestra sombra, deberemos establecer contacto con ella y reapropiárnosla. La luz es más curativa cuanto más dispuestos estemos a reconocer y aceptar nuestra propia oscuridad. Si estamos dispuestos a enfrentarnos a lo que, en nosotros, es verdadero y a asumir la responsabilidad que, por ello, nos compete, nos convertimos en personas más resplandecientes y luminosas. El reto al que nos enfrentamos pasa por admitir que, si queremos convertirnos en personas completas, debemos admitir *tanto* nuestra naturaleza superior *como* nuestra naturaleza inferior. El ser humano completo debe acceder a ambas naturalezas. Cuando liberamos la energía vital y emocional que permanecía atrapada en nuestra sombra podemos entablar contacto con un auténtico manantial de creatividad, nos libramos de la vergüenza y de la negación de uno mismo que manteníamos oculta y conectamos con nuestro poder personal y sexual.

Todos debemos aprender, independientemente de quienes seamos, a trabajar conscientemente con nuestra sombra. Ésta es una tarea a la que deben enfrentarse políticos, gurus, monjes, científicos y personas normales y corrientes pertenecientes a cualquier raza y a cualquier profesión y, cuanto mayor sea nuestra posición de autoridad y poder con respecto a los demás, más profundo será el impacto de nuestra sombra en nuestro entorno inmediato y en el mundo en general.

## EL TRABAJO CON LA SOMBRA

Son muchas las posibles formas de trabajar con la sombra y existen, al respecto, muchos niveles diferentes de exploración. El director de cine chileno Alejandro Jodorowsky ha puesto a punto un enfoque, al que llama "psicomagia", que invita al individuo a llevar a cabo, en el mundo externo, una serie de acciones ritualizadas concretas que aspiran a reorganizar el lenguaje simbólico y servir de orientación al psiquismo. A una de sus clientes, por ejemplo, le prescribió sentarse a orillas del Sena en París con un cubo de agua y jabón para lavar, por un euro, la sombra de los transeúntes. Yo también, como actividad de una de mis clases de psicología, organicé una fiesta, a la que bauticé como "La fiesta del lado oscuro" y en la que pedí a mis discípulos que acudiesen ataviados y actuando como lo harían los yoes de su sombra. Una muchedumbre de estrípers, magos negros, narcisistas furibundos, proxenetas, vampiros, asesinos, egomaníacos y sacerdotes libidinosos afloraron esa noche a la superficie, dejando ver sus aspectos más ocultos y vergonzosos, de modo que pudiesen ser observados y explorados en un contexto de investigación segura y compartida. Como dice Claudio Naranjo:

> Hay veces en que nos despojamos de alguno de nuestros
> atributos más enfermos viviéndolos, permitiendo que flu-
> yan y dejándonos llevar conscientemente por la locura. De
> este modo, la sabiduría no tarda en presentarse. Sólo vemos
> nuestra locura cuando estamos dispuestos a dejarnos llevar
> por ella.[4]

El entorno más adecuado y seguro para empezar a explorar
nuestra sombra es el psicoterapéutico. El primer nivel de trabajo suele consistir, en este sentido, en reconocer, ante otro
ser humano, todos los pensamientos, sentimientos, deseos y
fantasías que supuestamente no deberíamos pensar ni sentir.
Tenemos que "confesar" al terapeuta todas las cosas negativas que hayamos hecho. Como creemos inconscientemente que la presencia, en nuestro interior, de todas esas fuerzas,
implica que somos personas esencialmente malas, las reprimimos y ocultamos, en consecuencia, tanto de los demás
como de nosotros mismos, lo que provoca una sobrecarga en
el psiquismo que se expresa en forma de depresión, trastornos psicológicos y síntomas psicosomáticos.

Aunque la psicoterapia parezca ser, en esta época, el método más eficaz para liberarnos de los lastres de nuestra mente
y nuestro cuerpo, lo cierto es que emerge de la misma necesidad en la que se originaron la tradición católica de la confesión y el ritual judío del Yom Kippur. Pero lo cierto es que, en
la actualidad, esos rituales religiosos tienden, en la mayoría de
los casos, a ser ineficaces, porque los sacerdotes y rabinos modernos suelen carecer del conocimiento necesario para ofrecer
una adecuada guía, tanto a nivel psicológico como a nivel espiritual. Poco importa, en cualquier caso, que abordemos nuestro trabajo con la sombra con un terapeuta, con un sacerdote o
con un chamán, porque el simple acto de confesión –descubrir
o admitir– suele ser extraordinariamente curativo.

Pero, después de habernos descargado de los secretos que, por considerar demasiado vergonzosos, ocultábamos, la investigación terapéutica prosigue centrándose en desvelar el material inconsciente de la sombra que hay en nuestro interior. En circunstancias terapéuticas ideales (cosa, por otra parte, lamentablemente rara), aprendemos diestramente a acceder y a experimentar emociones, recuerdos, traumas, imágenes, sistemas de creencias y aun nudos y enfermedades físicas profundamente soterrados en los niveles físico y sutil de nuestro cuerpo y de nuestro sistema energético (es decir, en los *koshas* de los hablábamos en el capítulo 4). Aunque la mayoría de los psicoterapeutas no hayan profundizado lo suficiente en el trabajo con su propia sombra como para poder ayudar eficazmente a los demás, cada vez hay más enfoques innovadores y eficaces para trabajar psicoespiritualmente con los traumas y con el material de la sombra. Cabe destacar, entre las escuelas que llevan adecuadamente a cabo este trabajo, el Diamond Approach, el Proceso Hoffmann de la Cuatrinidad y el Landmark Forum y también, en el mismo sentido, abordajes centrados en el cuerpo, como Somatic Experiencing, el llamado Lomi Somatic y el entrenamiento Hakomi.

El trabajo con la sombra puede tener lugar a niveles cada vez más profundos y esotéricos. Hay técnicas y prácticas tántricas que van desde los simples procesos de visualización hasta complejas e intensas ceremonias que, para trabajar con la sombra, se han llevado a cabo desde hace siglos, no sólo a nivel personal, sino también universal (ver, en este sentido, el libro de Robert Svoboda titulado *Aghora: El culto a la kundalini*). Pero este nivel de trabajo con el material procedente de la sombra requiere la guía de un maestro que posea un grado de integridad demostrado que le permita supervisar, en sus discípulos, este tipo de procesos.

Es evidente, independientemente del momento en que iniciemos nuestro trabajo con la sombra, que se trata de una tarea que requiere de un considerable esfuerzo. Es muy improbable que, si los beneficios del trabajo con la sombra no fuesen extraordinarios, hubiese alguien dispuesto a emprenderlo. Familiarizarse con la sombra es una empresa amorosa que no sólo exige una sinceridad implacable, sino también una considerable inversión de tiempo y también, con cierta frecuencia, de dinero. Es por ello que, además de la sinceridad de nuestras intenciones, debemos asumir los riesgos que conlleva el hecho de adentrarnos en nuestro paisaje interior. Pero, cuanto más degustamos la libertad que nos proporciona la liberación de la sombra y más conciencia cobramos del material anteriormente inconsciente, mayor es su importancia en nuestra vida y mayor también, en consecuencia, nuestra disposición a explorarla más profundamente.

La negativa a asumir los contenidos de nuestra sombra tiene importantes consecuencias, especialmente en el caso de que nuestro objetivo sea el autoconocimiento y más todavía si desempeñamos una posición de enseñanza o si, de un modo u otro, dirigimos a los demás. Y es que, si nos negamos a asumir nuestra sombra, ella insistirá en vivir con nosotros, controlando y manipulando inconscientemente nuestro psiquismo y poniéndolo al servicio de sus propios fines.

Hay quienes pueden navegar mucho tiempo por la vida sin necesidad de enfrentarse a su sombra. En otros casos sin embargo no estamos dispuestos, pese a existir una cierta conciencia de la sombra, a hacer nada al respecto porque, a fin de cuentas, la vida no nos va tan mal o la tarea se nos antoja abrumadora. Pero lo cierto es que son los demás quienes se ven obligados a padecer nuestro fracaso en el trabajo con la sombra, porque las manifestaciones neuróticas se ven más claramente en los demás que en uno mismo. Hay veces en que este fracaso se evidencia en la incapacidad de establecer relaciones profundas, porque la represión de los elementos de la sombra conlleva también la represión de aspectos emocionales y relacionales de uno mismo.

Son muchos también los casos en los que los elementos de la sombra reprimida acaban provocando una enfermedad física. Cada vez existe una mayor evidencia de que muchas enfermedades físicas son el resultado de un desequilibrio psicológico. La salud de nuestro cuerpo está íntimamente ligada a la salud de nuestra mente, de nuestras emociones, de nuestra postura y de nuestra respiración. De este modo, los contenidos no asumidos de la sombra no sólo pueden desembocar en el dolor crónico, la deficiencia inmunológica, la úlcera y el cáncer, sino que son la causa fundamental de muchos trastornos mentales, que van desde la depresión y la ansiedad hasta la esquizofrenia y la psicosis.

El fracaso en enfrentarse a la sombra suele desembocar, a un nivel espiritual, en el escándalo, el forzamiento, la manipulación y muchos tipos de abuso. Y éste es un problema galopante en los círculos espirituales cuando las personas que trabajan en niveles muy elevados y refinados de conciencia tienen todavía sin trabajar contenidos de su sombra. Existe el error, lamentablemente frecuente, en mi opinión, de creer que quienes han alcanzado una comprensión de la naturaleza de la mente y su insubstancialidad esencial se han sustraído ya de la influencia de su sombra inconsciente. Pero éste es un grave error que ha propiciado numerosos actos de corrupción ligados al poder, el dinero, la manipulación y el sexo.

La masacre de Jonestown en 1978 y el suicidio colectivo de la secta de las Puertas del Cielo de 1997 evidencian claramente los terribles resultados de la negativa a enfrentarnos a la sombra tanto del líder como de la comunidad. El resultado de la confabulación entre la sombra inconsciente del líder y la sombra inconsciente de sus seguidores tuvo, en ambos casos, consecuencias desastrosas. Aunque estas situaciones raramente son tan extremas, sí existe, en ocasiones, dentro de las comunidades espirituales, una cierta complicidad en la que los elementos de la sombra interactúan bajo el disfraz de enseñanza espiritual. Cuanto más trabajemos nuestra sombra individual y grupal, más sana será la psicología del grupo. Lamentablemente, muchos líderes, practicantes y comunidades espirituales no son conscientes ni están dispuestos a trabajar con sus sombras individuales y grupales de un modo que garantice la protección del grupo.

No debemos subestimar, pues, los efectos de tendencia a la negación psicológica que afecta a muchos círculos espirituales. Y es que, por más oculta que se halle, la sombra siempre está funcionando. La cuestión es saber si estamos dispuestos a abrir los ojos y cobrar conciencia de ella.

## Una nueva visión sobre el pecado y la erradicación de la vergüenza

«El pecado no existe. Lo único que hay es puerilidad –dice Arnaud Desjardins–. Los pecados no son sino manifestaciones de nuestro infantilismo.» A pesar de ello, sin embargo, la mayoría de los occidentales vivimos sumidos en sentimientos de pecado, vergüenza, equivocación, maldad, falta de valía, ineptitud y lo que el escritor Joseph Chilton Pearce ha denominado «el sentimiento de que algo debía suceder, pero no ha sucedido». Aprender a ver los contenidos de nuestra sombra y establecer claras e importantes distinciones en nuestro psiquismo puede transformar creencias profundamente interiorizadas de nuestro "pecado original" y liberar la vergüenza que impregna nuestra mente y nuestro cuerpo.

La noción de "pecado" ha calado tan hondo en todas las formas de religión judeocristiana que ha llegado a afectar también a la mente occidental y las alternativas espirituales contemporáneas. Mientras no permitamos que las facetas reprimidas de nuestro psiquismo etiquetadas como "pecadoras" afloren a la superficie y sean conscientemente abordadas, seguiremos esclavos del miedo a nuestros deseos y a nuestros impulsos. Sólo cuando nos atrevamos a abrirnos podremos descubrir de qué están hechas, el profundo anhelo que expresan y la promesa de transformación que portan consigo.

El teórico transpersonal Michael Washburn ha subrayado que, para el desarrollo del ego, es casi inevitable atravesar un estadio (al que denomina "represión primordial") en el que el ego-yo emergente reprime la conciencia de su propia naturaleza (a la que Washburn denomina "Fundamento Dinámico"). Es precisamente en este olvido de nuestra verdadera naturaleza y en la posterior identificación con el falso yo en donde se asienta la raíz del "pecado". Pero, por más inevitable que sea, Washburn sugiere que la mayoría de las personas suelen permanecer atrapadas más tiempo del necesario, a menudo durante toda su vida, en la represión primordial. En su libro *El ego y el Fundamento Dinámico*, escribe:

Es por ello que, aunque la representación primordial no sea tanto, al comienzo, un terrible error como una necesidad lamentable, lo cierto es que acaba convirtiéndose en un obstáculo innecesario e injustificado para el destino evolutivo del ego superior. Y llegado el momento, también se convierte en uno de los caminos a través de los cuales el ego se niega –o, más bien, se mantiene de espaldas– a la recuperación del Fundamento espiritual último. Así es como la represión primordial acaba convirtiéndose, en suma, en uno de los modos a través de los cuales el ego rechaza a Dios. Así es, en suma, como acaba convirtiéndose en un pecado.[5]

Y ese pecado o, mejor dicho, esa represión primordial, deja al ego infantil fragmentado y expuesto a absorber todo tipo de respuestas neuróticas condicionadas procedentes de su familia y de su entorno. Es precisamente por ello que «los pecados de los padres recaen sobre sus hijos».[6] Es muy importante, pues, que nos preguntemos si nuestros pecados yacen en la oscuridad y en la sombra o en el acto de reprimirlos. Desde esta perspectiva, los pecados pueden ser considerados como delitos de inconsciencia contra nosotros mismos o contra lo Divino. El jeque sufí Muhammed Abu Hashim Madani escribe, en este sentido que, «para el alma que está en el camino, sólo hay una virtud y sólo un pecado. La virtud consiste en ser consciente de Dios y el pecado, por el contrario, en no serlo».

El principio tántrico pone de relieve el poderoso efecto transformador que tienen el reconocimiento y la aceptación de los elementos reprimidos del yo y su expresión adecuada y sana. Aprender a aceptarnos y fundirnos completamente con todos los aspectos de nuestra experiencia –es decir, tornarnos plenamente conscientes de *todo*– es un proceso alquímico en el que cada uno de los supuestos males de nuestro interior acaba convirtiéndose en un atributo beneficioso. Así es como, por ejemplo la congoja que acompaña a una pérdida termina convertida en anhelo, el miedo en respeto, la codicia en una herramienta utilizada para adquirir conocimiento y propiciar la transformación, la ira en energía vital, la tristeza en compasión empática y la lujuria en una relación apasionada con la vida. Desde esta perspectiva, el principio tántrico convierte la moral convencional en una expresión de la ética universal y la neurosis es el vehículo a través del cual expresamos creativamente nuestra especial singularidad.

Cuando le preguntaron al difunto maestro budista tibetano Chögyam Trungpa Rinpoche lo que hacía cuando se encontraba en los reinos del infierno, decía que trataba de permanecer en ellos todo lo que podía. Cuanto más aprendemos a movernos en nuestro infierno interior, más aumenta nuestra capacidad para vivir en la verdad, la sinceridad, la autenticidad y la integridad en todas y cada una de las circunstancias, incluyendo la transición a la muerte.

En cierta ocasión, le pregunté a Robert Beer, el mayor experto del mundo occidental sobre el arte sagrado de las *thangkas* tibetanas, por el efecto de las imágenes de divinidades airadas y de divinidades pacíficas. Después de mirarme como si no hubiese entendido la pregunta, respondió: «La ira y la paz, la oscuridad y la luz –suspiró–. Eso es todo lo que significan para mí». Cuando reconocemos completamente nuestra sombra interior, hay un lugar en el que la oscuridad y la luz no están separadas y en donde los constructos de bien y mal, de correcto y equivocado, de sagrado y profano, de espiritual y de mundano se combinan en un campo unificado de experiencia que se halla en continuo proceso de cambio. Y, cuando podemos conectar visceralmente con un nivel de conciencia que yace por debajo o más allá de todos esos constructos, descubrimos que nuestra naturaleza es lo que Chögyam Trungpa denominaba "bondad básica", lo que el teólogo radical episcopaliano Matthew Fox llama "bendición original" y lo que el maestro Vedanta Advaita Arnaud Desjardins denomina "dignidad intrínseca".

He conocido muy pocos individuos que se hayan liberado de la culpa. Es sorprendente ver lo libre y desidentificado que puede ser alguien con respecto a sus propias acciones sin abdicar por ello, al mismo tiempo, de la responsabilidad que le compete por el efecto que tiene sobre los demás. Éste es uno de los frutos del autoconocimiento que se deriva directamente del reconocimiento y apropiación de los contenidos oscuros e inconscientes de la sombra que yacen en nuestro interior.

Pero la noción de pecado e insubstancialidad esencial de la culpa no sólo ha sido contemplada desde la perspectiva de la filosofía y el misticismo, sino también del arte. Creo que la mayoría de las incursiones realizadas en el dominio de los tabúes son intentos –conscientes o inconscientes– de enfrentarnos a las nociones de pecado interiorizado y liberarnos así de la culpa asociada. Ésa ha sido precisamente, en mi opinión, la intención que ha movilizado a muy distintos artistas a abordar el tema de la sombra desde los ámbitos de la pintura, la escultura, el teatro, la literatura y la música. Pero independientemente, sin embargo, de que se trate de filosofía, arte, mito o psicología, el mensaje es siempre el mismo: para ser libres, debemos enfrentarnos a nuestra propia oscuridad, porque la redención no llega de fuera, sino de dentro. Si queremos, pues, experimentar la totalidad de nuestra experiencia, deberemos desarticular los constructos interiorizados procedentes de la moral convencional, como el bien y el mal, lo correcto y lo equivocado y lo espiritual y lo mundano.

Hay quienes creen que, si nos liberamos de las nociones interiorizadas de pecado y culpa, nos sumiremos en la inmoralidad y haremos cosas espantosas. Pero lo cierto es que resulta mucho más probable que tales acciones se expresen cuando, en lugar de aceptarnos y ser compasivos con nosotros mismos, operamos bajo la represión de la culpa y del pecado.

Aunque no seamos esencialmente buenos ni malos, somos los responsables de todas nuestras acciones pasadas, presentes y futuras. Si hemos dañado a los demás debemos, pues, asumir la responsabilidad de encontrar el modo adecuado de pedirles perdón. Y también debemos hacer el esfuerzo sincero e inteligente de modificar aquellas facetas nuestras que nos provoquen dolor tanto a nosotros mismos como a los demás o al entorno en que vivimos. La práctica tántrica trasciende las nociones impuestas por la moral convencional, dando lugar a una mayor claridad y al deseo orgánico de aportar cordialidad, alegría, beneficio y curación a todas nuestras actitudes, pensamientos y acciones. Las decisiones no deben basarse en lo que está bien y lo que está mal, sino en vernos a nosotros mismos de un modo más claro que nos ayude a determinar la acción o contención de acción que, en un determinado momento, resulte más eficaz y beneficiosa. Esta respuesta abierta a la vida sólo emerge cuando somos capaces de abrazar la paradoja a todos los niveles.

Una revisión de la noción de pecado sugiere que ya somos puros, es decir, exactamente lo opuesto al pecado original o, dicho de otro modo, la "bendición original" de la que habla Matthew Fox. La pureza esencial es nuestro estado natural y la realidad es que existe un proceso que nos permite limpiar el espejo de nuestra conciencia para que no empañe nuestra pureza. Hasta entonces, sin embargo, provocaremos tanto sufrimiento en los demás como en nosotros mismos. Nunca es una cuestión de bien o mal, sino de acciones más amorosas y de acciones menos amorosas, de acciones más eficaces y de acciones menos eficaces y de una mayor o menor comunión con la vida.

Tiempo atrás creía que el camino espiritual tenía que ver con trascender la propia oscuridad. Hoy en día, sin embargo, creo que consiste en aprender a reconocer y aceptar todos los aspectos de nuestro ser, es decir, conocer y sentir todas las facetas de nosotros mismos, para poder así vivir de un modo más libre y poderoso. Para ser uno no debemos dejar atrás ningún aspecto de nosotros mismos ni de la vida, sino aceptarnos a nosotros y a la vida tal cual somos.

Aprender a reconocer y movernos adecuadamente por nuestra propia oscuridad nos convierte en seres humanos muy poderosos porque, en tal caso, nos hemos familiarizado con nuestra sombra inconsciente, la mayor amenaza a nuestra individualidad. Entonces es cuando, de nuestro interior, emerge una sensación de confianza orgánica e inconmovible, porque hemos descubierto, en nuestra experiencia, a todos los demonios del mundo, les hemos mirado a la cara y les hemos dado nombre. Así es cómo, enfrentándonos y asumiendo nuestra propia sombra, acabamos superando el poder que tiene sobre nosotros y empezamos a convertirnos en seres humanos plenamente integrados.

\*\*\*

En nuestro análisis de la sombra, hemos vuelto a echar un vistazo al mito de Pandora, la que realmente "ha sido dotada con todo". Su extraordinaria curiosidad no sólo le permitió expresar los rasgos humanos convencionalmente reconocidos como "buenos", sino que también la ayudó a abrazar y transformar las emociones y cualidades que consideramos oscuras, pecadoras e inmorales. Pandora vive dentro de cada uno de nosotros. Su don es la curiosidad que ansía conocernos plenamente y que sólo deja de controlarnos cuando estamos dispuestos a enfrentarnos a la sombra que hay en nuestro interior. Lo único que hay es la inconsciencia de un psiquismo fragmentado esperando verse iluminado por la luz del discernimiento, la conciencia, la aceptación y el amor.

Con un cuerpo divino como receptáculo del contenido de la conciencia, la insaciable curiosidad de conocer todo lo que yace en su interior y el medio hábil para poder navegar a través del viaje del cuerpo encarnado, el mito de Pandora pone de relieve la necesidad de transmutar la ignorancia y la inconsciencia humana en una expresión divina aplicando el discernimiento al contenido de nuestra sombra. Pandora nos recuerda la necesidad de adentrarnos en nuestro interior, que el camino a la oscuridad pasa por el discernimiento y que la conciencia divina puede expresarse a través del cuerpo. En el siguiente capítulo, titulado "El cuerpo como árbol de la bodhi", exploraremos la integración de la sabiduría espiritual en el cuerpo, tanto para servir a nuestro propio proceso de discernimiento e integración espiritual como para convertirnos en artífices eficaces de la sanación del mundo.

# 9. EL CUERPO
## COMO ÁRBOL DE LA BODHI:
## EL IMPERATIVO DE LA ENCARNACIÓN

> Hermoso es cada uno de mis órganos y atributos
> y los de todo hombre bello y sano,
> ni una pulgada de mi cuerpo es despreciable
> y ni una debe ser menos conocida que las otras.
>
> WALT WHITMAN, "Canto a mí mismo"

Poco antes de su iluminación, el buda Gautama se acercó al famoso árbol de la bodhi, dio siete vueltas a su alrededor y, después de afirmar «¡No abandonaré, por más que mi sangre se seque, este sitial hasta realizar la verdad!», se sentó a meditar. Así fue como, renunciando a las necesidades de su cuerpo y resistiéndose a todas las tentaciones, tanto hermosas, atractivas y agradables como terribles y espantosas, con las que el demonio Mara trataba de distraerle, se mantuvo en su sitio hasta que el resplandor de la iluminación emergió de su interior.

Pero sentarse bajo un árbol no es, en la actualidad, lo que la gente necesita para realizar su verdadera naturaleza. La tarea a la que, hoy en día, nos enfrentamos es muy diferente. Hemos renunciado a las necesidades del cuerpo y hemos reprimido su sabiduría pero, a diferencia del Buddha, lo hemos hecho siguiendo un camino equivocado y por razones erróneas (para adelgazar o para trascender el dolor emocional almacenado en nuestro cuerpo). No es de extrañar, por tanto, que el resultado que logremos esté tan alejado de la salud. Nos hemos desconectado de nuestro cuerpo, de los ciclos y ritmos orgánicos de la tierra y de los estadios por los que discurre el despliegue de nuestra alma. Nos hemos adormecido para reprimir la ira, el dolor y el miedo almacenados en nuestro cuerpo y hemos reprimido también, de ese modo, nuestra naturaleza más profunda. Cuanto más alienados estemos de la naturaleza y de los ciclos naturales de la vida y más tensión emerja de los graves problemas económicos, políticos y medioambientales y de nuestra falta de inteligencia emocional colectiva, más alienados estaremos también de nuestro cuerpo.

En la cultura contemporánea, en la que la alienación y disociación configuran el telón de fondo de nuestro paisaje psicológico colectivo, nuestro cuerpo *es* el auténtico árbol de la bodhi sagrado que nos invita a morar en su santuario y a permanecer firmes ante los modernos demonios del aborrecimiento, la negación, el abandono, la vergüenza de uno mismo, la culpa, la falta de autoestima, la impotencia y el desamparo hasta que la esencia de nuestra encarnación se revele y asumamos nuestro cuerpo como nuestro verdadero hogar. Nuestra sangre, cuando tal cosa ocurra, se calentará hasta hervir, nuestros huesos se fortalecerán, nuestra piel resplandecerá naturalmente y de nuestro interior brotará un manantial inagotable de confianza y satisfacción. En nuestro viaje hacia el discernimiento y el aprendizaje, el cuerpo nos proporciona, durante todo el camino espiritual, una valiosa referencia para ayudarnos a tomar decisiones más inteligentes. Cuanto más profundamente encarnemos nuestra experiencia, más sabiamente nos ayudará nuestro cuerpo a discernir y a expresar la sabiduría de nuestro discernimiento.

## ¿QUÉ ES LA ENCARNACIÓN?

> El problema más metafísico adquiere, en mí, un cuerpo fí-
> sico que huele a mar, a tierra y a sudor humano. La Palabra,
> para alcanzarme, debe convertirse en carne tibia. Sólo com-
> prendo cuando puedo oler, ver y tocar.
>
> NIKOS KAZANTZAKIS, *Carta al Greco*

La primera vez que me dijeron que necesitaba "conectar con
mi cuerpo" tenía veintitrés años, estudiaba psicología y había
emprendido mi primera terapia. "¿Dónde estoy, pues –pregunté entonces ingenuamente ante una pregunta que se me
antojaba absurda, a mi terapeuta–, si no es en mi cuerpo?"
Poco sabía entonces que esa pregunta aparentemente sencilla fue la chispa que provocó el incendio que, a cada año que
pasaba, me abrasaba con mayor intensidad, hasta acabar des-
encadenando una investigación sobre la naturaleza de la curación y la espiritualidad encarnada que duraría toda la vida.
Resulta curioso que perdamos tanto tiempo vistiéndonos, ali-
mentándonos, descansando y ejercitando nuestro cuerpo y
con tan poca intimidad y conocimiento, al mismo tiempo, de
nuestro interior.

Una tarde, mientras estaba tumbada con mi madre en el le-
cho de muerte en que se vio obligada a atravesar la agonía de
ver cómo su cuerpo era arrasado por el cáncer, se giró y me
dijo: "He vivido durante casi sesenta y cinco años. He dado
a luz a tres hijos y he viajado por el mundo. Pero nunca hasta
ahora había sabido cómo se sentía el interior de mi cuerpo".

Elegir el camino de la encarnación consciente es decidir
no esperar, hasta el momento de nuestra muerte, para descubrir los misterios que encierra nuestro cuerpo. Los baúles de
Bengala, una secta poco conocida de practicantes espirituales de la India, denominan *kāyā sadhana* (lo que significa "la

práctica de la realización última en el cuerpo en esta vida")
a su práctica de encarnación de la espiritualidad. Lo Divino,
según dicen, mora dentro del cuerpo de los seres humanos y
la forma más adecuada, en consecuencia, para conocer a lo
Divino pasa, en su opinión, por nuestra propia experiencia encarnada.

La encarnación se refiere a la integración, dentro de nuestro cuerpo, de todos los niveles del desarrollo emocional,
mental y espiritual. Jorge Ferrer, autor y profesor de religiones comparadas dice, en este sentido, que:

> La espiritualidad encarnada considera al cuerpo... como el
> hogar del ser humano completo, como una fuente de intui-
> ción espiritual, como un microcosmos del universo y del
> Misterio, como la piedra de toque de la auténtica transfor-
> mación espiritual.[1]

\*\*\*

"El cuerpo es el vehículo de nuestra conciencia. ¿Estáis dispuestos a colocarle riendas?", gritaba el profesor de yoga,
durante mi primer curso de formación. No son muchas, según mi experiencia como terapeuta y profesora de psicología transpersonal y de yoga, las disciplinas que integren eficazmente, a un nivel profundo, el cuerpo, el psiquismo y la
conciencia. Y es que, al margen de lo que digan sobre su capacidad de integración entre la mente, el cuerpo y el espíritu, la mayoría de las disciplinas corporales ignoran el modo
de integrar el contenido del psiquismo occidental y de acceder a los dominios espirituales. La mayoría de las disciplinas
psicológicas occidentales ignoran el papel que desempeña el
espíritu y la necesidad de incluir la conciencia corporal en el
ámbito de la psicoterapia. Muchas tradiciones y prácticas es-

pirituales trascienden prematuramente el desarrollo psicológico y descartan el psiquismo como algo irreal, y no todas las tradiciones de orientación corporal tienen adecuadamente en cuenta la conciencia no dual.

Cuando estaba investigando mi último libro, asistí a un congreso en el que participaban algunos de los principales médicos e investigadores de la medicina holística. Uno de ellos, autor de varios *best sellers* sobre la salud holística, ocupó su lugar en el escenario e, inclinando su cuerpo gris vestido con ropa descuidada, como si hubiera dormido con ella, sobre su portátil, se enfrascó en un discurso muy elocuente sobre los abordajes holísticos a la salud y la medicina integradora. Es relativamente frecuente descubrir que la postura corporal, la apariencia y la conducta evidencian una clara falta de integración. No es fácil llevar a la práctica lo que pregonamos. Que la conciencia asuma las riendas de nuestro cuerpo es, para cada uno de nosotros, un proceso deliberado, experiencial y continuo que implica un esfuerzo largo y sostenido en los niveles físico, psicológico y espiritual de la experiencia. Debemos esforzarnos en equilibrar los desequilibrios que presentemos en cada uno de esos niveles sin dejar de dar, por ello, los pasos necesarios que nos permitan recuperar nuestra vitalidad, conciencia y equilibrio corporal.

El proceso de encarnación de nuestra experiencia va convirtiendo nuestros cuerpos en matrices físicas y energéticas que puedan contener y absorber las energías implicadas en la transformación. Y, en la medida que emprendemos el proceso de integración físico, psíquico y espiritual, vamos sensibilizándonos a niveles de energía cada vez más sutiles, tanto dentro de nosotros como en el mundo que nos rodea. Para contener estas energías y digerir e integrar el potente fuego de la transformación espiritual, se requiere de una matriz corporal intensamente energética.

## Sentir la curación

«Estoy asombrado, decepcionado y complacido conmigo mismo. Estoy tenso, deprimido y extático. Soy todas estas cosas a la vez, sin poder, no obstante, sumarlas» escribió, en cierta ocasión, Carl Jung expresando, con ello, la poderosa experiencia de abrirse a todo el amplio abanico de nuestra vida interna. Si queremos vivir plenamente, deberemos también sentir plenamente y, aunque muchos de nosotros experimentemos una continua fluctuación de emociones muy intensas, todavía no hemos aprendido a sentirlas a un nivel profundo. Para sentir, tenemos que aprender a conectar y disfrutar del gran pulso de la vida que late en nuestro cuerpo, en nuestro psiquismo profundo y en nuestro corazón. Si queremos experimentar el amor, debemos aprender a enfrentarnos a las demás emociones principales, el sufrimiento, la ira y el miedo. Y esta última no sólo es la emoción más difícil de experimentar, sino la más difícil también de asumir. Cuando sentimos la totalidad de nuestra experiencia, nuestro cuerpo se vitaliza y resplandece, y aprendemos a percibir con mayor claridad verdades más profundas.

Tenemos miedo a que, si nos abrimos a sentir, nuestra vida se rompa y acabemos atrapados en el sufrimiento. Paradójicamente, sin embargo, es el miedo a sentir –es decir, la resistencia y la contracción ante el sentimiento más que el sentimiento– lo que más sufrimiento nos genera. Si queremos habitar nuestro cuerpo e integrar la sabiduría espiritual debemos abrirnos a todo y abrazarlo todo. Y, para ello, es necesario aprender a aceptar –y finalmente amarlo– todo. Tenemos que aprender a abrirnos a lo que más nos duele, especialmente cuando más intenso es el deseo de cerrarnos.

Uno de los objetivos fundamentales de la vida espiritual –lejos de la fantasía de una Disneylandia eterna– es sencillamente el de abrirnos a todo lo que, en nuestro interior, permanece inconsciente. Y ello incluye tanto el sufrimiento negado como las grandes fuentes ocultas de amor. Cuanto más profundizamos en nuestra capacidad de asumir toda nuestra experiencia encarnada, más profundamente lo sentiremos *todo* –tanto lo "oscuro" como lo "luminoso"– y aprenderemos a estar en paz con ambas dimensiones. Anhelamos abrir nuestro corazón pero, a decir verdad, nuestro corazón jamás se ha cerrado. Lo único que tenemos que hacer es derribar los muros protectores que lo encierran, algo para lo que basta con la predisposición a sentir.

Los *Yoga Sūtras de Patañjali* mencionan un proceso de cinco pasos que permite la emergencia y posterior integración de las emociones. Durante el primer estadio, denominado *prasupta*, las emociones están reprimidas. Se trata de la "desesperación quieta" de la que habla el filósofo Henry David Thoreau que, muy a menudo, se experimenta como la inercia, depresión, letargo y superficialidad que caracterizan a la mayor parte de la moderna cultura estadounidense. Cuando la represión se libera, el material inconsciente irrumpe en la conciencia y tiene lugar una emergencia de emoción, llamada *udāra*, que puede hacernos sentir impulsivos, caprichosos y enojadizos. En el estadio de *viccina* –que suele ser, en la mayoría de los casos, el más elevado de los estadios del desarrollo emocional– nuestra vida emocional fluctúa o permanece algo achatada, aunque esporádicamente puntuada por comprensiones profundas, mientras vamos aprendiendo a abrirnos a nuestro mundo emocional. En el cuarto estadio, llamado *tanu*, va perfeccionándose la capacidad de gestionar adecuadamente las emociones y aprendemos a digerir tanto las energías potentes que aparecen en el entorno exterior como las que emergen de nuestro propio inconsciente. *Nirodha*, el quinto y último estadio, es la experiencia de la quiescencia y de la tranquilidad fluida, en la que permanecemos simultáneamente conectados con el mundo interior y con el mundo exterior.

La aplicación del discernimiento a nuestro mundo emocional interior nos ayuda a experimentar un mayor perfeccionamiento y bienestar. Aunque aprender a gestionar adecuadamente nuestras emociones y abrirnos a los sentimientos son quehaceres muy importantes, podemos empezar sencillamente con el deseo de abrirnos acompañado de la intención de seguir adelante. Y aunque el proceso, en sí, no sea complejo, nuestro condicionamiento es muy poderoso, razón por la cual requiere, en la mayoría de los casos, de una práctica disciplinada y perseverante.

«El dolor es inevitable, pero el sufrimiento es opcional», afirma el budismo, lo que significa que nuestra experiencia del sufrimiento depende del modo en que nos relacionamos con él y que, aunque resulte inexcusable, aprender a sentirlo de manera cada vez más profunda reduce el sufrimiento innecesario. Y llega un momento, después de haber experimentado directamente el poder transformador del sufrimiento, en que empezamos a valorar su importancia. Y no quiero decir, con ello, que el sufrimiento acabe gustándonos, sino tan sólo que aprendemos, por experiencia propia que, el mejor modo de atravesarlo es tenerle menos miedo y abrirnos.

Es evidente que nadie puede llevar a cabo por nosotros el trabajo de asumir nuestros sentimientos. Éste es un trabajo profundo de nuestra alma, uno de los aspectos más difíciles e importantes de la experiencia humana. No olvidemos que el trabajo con los sentimientos difíciles es, a menudo, la antesala de la curación.

## Encarnar y equilibrar el ser tricentrado

Son muchas las filosofías, sistemas y métodos que describen los diferentes niveles de la conciencia y todas ellas reconocen la existencia, en el ser humano, de tres centros fundamentales al menos, el centro físico (cuerpo), el centro emocional (sentimiento) y el centro mental (mente). Y, aunque algunas tradiciones mencionen la existencia también de un cuarto centro, el centro "espiritual" o centro de la conciencia, otras consideran que lo "espiritual" se refiere al nivel más desarrollado de cada uno de los tres principales centros. Hay otros mapas yóguicos, ayurvédicos, espirituales y psicológicos que subdividen estos centros en esquemas más complejos, pero todos ellos coinciden en la necesidad de integrar el cuerpo, el corazón, la mente y el espíritu.

La gente tiende a inclinarse hacia el desarrollo de uno o más centros en desmedro de los demás, lo que puede provocar un desarrollo desproporcionado y los correspondientes problemas de integración. A nivel físico, por ejemplo, ese desequilibrio puede manifestarse como tensión, una postura corporal contraída, dolores, achaques, colapso del sistema inmunitario o enfermedad. El desequilibrio del centro emocional, por su parte, genera intensos altibajos emocionales, depresión e inestabilidad psicológica generalizada. El desequilibrio del centro mental, por último, se caracteriza por la falta de claridad y de discernimiento y por la incapacidad de percibir la realidad. Todos estos centros están íntimamente relacionados y el desequilibrio en uno de ellos influye poderosamente en el desequilibrio de los demás.

El centro físico o centro del movimiento es el cuerpo. «Accedemos a nuestra conciencia a través de nuestros tejidos —decía Krishnamacharya, el precursor del moderno hatha-yoga. O, como dice mi amiga Laura a sus alumnos de yoga, *the issue is in the tissue* [juego de palabras que significa "lo importante es el tejido"].

Hay, en nuestro cuerpo, heridas, traumas y tristezas muy profundas. Estas heridas y traumas reprimidos se manifiestan, en muchos de nosotros, en forma de enfermedad emocional y física, desequilibrios posturales, una energía limitada e irregular y una manifiesta falta de vitalidad. Todas las situaciones traumáticas que hemos experimentado se hallan, de un modo u otro, almacenadas en las células de nuestro cuerpo, en donde también se asientan las potencialidades de la beatitud y el placer, así como la capacidad de poner de relieve y expresar una profunda realización espiritual. El trabajo con esas facetas en las que se acumula el material traumático permite al cuerpo alcanzar y expresar niveles más profundos de placer, beatitud y comprensión. En la medida en que la conciencia encarnada va profundizándose, nuestra respiración se amplía, nuestra postura cambia y empezamos a expresar estados cada vez más expandidos como el placer, la vitalidad, el amor, la compasión y la generosidad de espíritu. Así es como, poco a poco, vamos aprendiendo a identificarnos con la humanidad, con la tierra y con todas sus criaturas y hasta con el cosmos.

El núcleo energético, el corazón, es el centro del sentimiento, que incluye tanto la reactividad emocional condicionada como la capacidad de empatizar y las experiencias sublimes del amor universal, la dignidad, la unidad, la empatía y la compasión. El corazón, íntimamente ligado a los centros mental y físico, es el que nos permite experimentar y digerir todo el amplio abanico de los sentimientos humanos.

El corazón no sólo es un poderoso centro emocional, sino uno de los ejes de la inteligencia biológica. Los estudios llevados a cabo por el Heartmath Institute sugieren que el corazón está íntimamente ligado a la inteligencia cerebral y que es, en realidad, "el cerebro del corazón". Un resumen de los descubrimientos realizados por el Institute sugiere que:

> El corazón y el cerebro mantienen un diálogo bidireccional en el que cada uno de ellos influye en el funcionamiento del otro. Y, aunque todavía no sea muy conocido, el corazón envía mucha más información al cerebro de la que el cerebro envía al corazón, pudiendo llegar a influir en la percepción, el procesamiento emocional y las funciones cognitivas superiores. Este sistema y estos circuitos son conocidos en el ámbito de la investigación neurocardiológica como "cerebro del corazón".[2]

La inteligencia del corazón es conocida por los místicos de todas las tradiciones. El corazón, centro de nuestro ser, es poderoso en todos sus niveles. Nos mantiene vivos y es un punto de acceso directo a nosotros mismos, a los demás, a la intuición y a la experiencia mística. Muchas personas se hallan "cardiológicamente colapsadas" por no haber procesado adecuadamente sus sentimientos. Y, para digerir ese "empacho" de dolor y desbloquear el corazón, es necesario experimentarlo. No olvidemos que, cuando nuestro corazón está enfermo o desequilibrado, somos más proclives a los desequilibrios mentales, a los trastornos del pensamiento, a las enfermedades físicas y al dolor.

El centro mental es el ámbito en el que se mueven la mente y el intelecto, y asiento también del conocimiento superior. El inadecuado desarrollo del centro mental merma nuestra capacidad para las funciones cognitivas básicas e impide que la mente pueda acceder al conocimiento superior, en cuyo caso, somos incapaces de discernir lo verdadero de lo falso. El centro mental, que no sólo incluye el intelecto, sino también las funciones mentales superiores, permite al intelecto integrarse en niveles cada vez más sutiles, lo que acaba conduciendo al desarrollo de la conciencia y de la sabiduría.

*Vikalpa* es un término sánscrito que se refiere a un tipo de conocimiento verbal o intelectual despojado de substancia que no está integrado ni encarnado. En su libro *Yoga Sūtras de Patañjali*, B.K.S. Iyengar escribe:

> Jugar con pensamientos o palabras extrañas y moverse en un mundo de pensamientos e impresiones que carecen de fundamento substancial es *vikalpa*, una forma de conocimiento incierto y difuso que no se corresponde con la realidad.... Si el análisis, el ensayo, el error y la discriminación llevan a *vikalpa* al nivel del conocimiento fáctico, puede despertar la sed del conocimiento correcto o verdadero, momento en el cual la ilusión se transforma en sabiduría y descubrimiento. Pero, mientras que esa transformación no ocurra, el conocimiento exclusivamente basado en la imaginación carece de substancia.[3]

Si queremos encarnar el centro mental debemos estudiar nuestra mente, aprender a observarnos a nosotros mismos y desarrollar y actuar con discernimiento y conciencia. Para muchas personas, puede resultar inicialmente muy perturbador ser más sincero consigo mismo y enfrentarse a los contenidos de su mente. Con el tiempo y el esfuerzo consciente, sin embargo, nuestra mente va relajándose y tornándose más permeable y equilibrada. Los niveles más profundos de integración mental facilitan el acceso al conocimiento superior, es decir, a la capacidad de percibir verdades más profundas sobre la naturaleza de la realidad que anteriormente hubiésemos considerado inaccesibles. El conocimiento místico y esotérico puede ser percibido con claridad a través de un centro mental despierto, lo que expande y profundiza nues-

tra comprensión. «El conocimiento no acaba con la sensación de maravilla y de misterio –escribió Anaïs–. Siempre
hay más misterio.»

## *Equilibrar los tres centros*

Cuanto mayor es nuestra conciencia de la necesidad de equilibrar los tres centros, más importante resulta identificar las
prácticas más eficaces que nos ayuden a reequilibrar los desequilibrios de desarrollo de los diferentes centros y a expresar sus facetas más despiertas.

Para trabajar con el centro físico debemos utilizar el cuerpo. Las disciplinas corporales espiritualmente orientadas
incluyen, aunque no se hallan limitadas a ellas, el caso del
yoga, el aikido, el tai-chi, el chi-kung y ciertos tipos de danza
y artes marciales inteligentemente diseñadas para despertar
la conciencia a través del cuerpo. Utilizando la respiración, el
movimiento, la intención, la disciplina y la atención, este tipo
de prácticas desatan los nudos de nuestro interior y liberan la
energía almacenada, a la que también se conoce con los nombres de fuerza vital, *prana* o *chi*. El prana es muy inteligente
y fluye naturalmente hacia aquellos lugares en los que se necesita curar, fortalecer y equilibrar el cuerpo.

Las disciplinas corporales espiritualmente orientadas se
diferencian de otras formas de actividad física por no haber
sido diseñadas para trabajar exclusivamente con el cuerpo
físico, sino también con niveles más sutiles. En la medida
en que se liberan traumas y condicionamientos psicológicos profundamente asentados, el practicante va abriéndose
a estratos cada vez más sutiles de la conciencia espiritual.
Cuando prestamos una atención consciente a nuestras con-
tracciones corporales, se reducen los efectos de los traumas

y enfermedades almacenados y aumenta también, en consecuencia, nuestra vitalidad y energía.

Otra forma de trabajo con el centro del movimiento tiene que ver con las terapias curativas centradas en el cuerpo, que van desde la acupuntura y el *rolfing* hasta muchos de los nuevos enfoques somáticos a la espiritualidad. Y, aunque estos métodos no reemplazan a las disciplinas corporales de orientación espiritual, pueden resultar muy útiles para procesar los traumas corporalmente almacenados y despertar la conciencia a través del cuerpo.

La psicoterapia profunda puede ayudar al practicante a trabajar y reequilibrar el centro del sentimiento y apoyar el desarrollo del centro mental. Es evidente también, en este sentido, que ciertas formas de psicoterapia y ciertos psicoterapeutas son más eficaces que otros. Y es muy deseable, aunque no siempre necesario, que las personas comprometidas con la vida espiritual encuentren un psicoterapeuta cuya práctica espiritual se halle sólidamente asentada, un tema que discutiremos con más detenimiento en el siguiente capítulo.

La psicoterapia eficaz nos ayuda a entender las profundas estructuras inconscientes que configuran nuestro psiquismo individual. Como resultado de nuestra historia personal, de nuestro condicionamiento ancestral y del contexto cultural en el que hemos sido educados, estas estructuras siguen reproduciéndose, boicoteándonos y generando el mismo dolor durante toda nuestra vida. En este sentido, la psicoterapia nos ayuda a orientarnos y digerir emociones y experiencias a las que, de otro modo, puede resultar difícil acceder. El establecimiento de una relación fiable y segura con un terapeuta proporciona un marco de referencia exterior que puede ir interiorizándose gradualmente hasta aumentar la claridad, compasión y consideración amorosa de nuestra vida interior. Cuando descubrimos que, si nos enfrentamos a ellos, los aspectos internos que más tememos no nos desbordarán ni nos destruirán, nuestro corazón se abre y equilibra y nos convertimos en personas psicológicamente más flexibles.

No hace tanto tiempo que, sobre la psicoterapia, pesaba un poderoso estigma. En esa época, sólo las personas con "problemas mentales" visitaban a los "loqueros". Y aunque todavía son muchas las personas que, debido a ese prejuicio, siguen dudando a la hora de emprender una psicoterapia, cada vez son más los que empiezan a verla como una forma de comprensión más profunda de uno mismo. La mayoría de los pioneros de los campos de la espiritualidad y de la psicoterapia que más respeto me merecen se han comprometido intermitentemente, a lo largo de su vida, con una modalidad u otra de psicoterapia. La comprensión espiritual no reemplaza, como veremos en el siguiente capítulo, al trabajo psicológico, que obliga a muchas personas a comprometerse, durante un tiempo, con una psicoterapia eficaz.

No existe, para el desarrollo del centro mental, mejor práctica que la meditación acompañada de la contemplación y el estudio. «Ascender sólo la montaña y regresar al mundo como un embajador ha sido el método habitualmente utilizado por los mejores amigos de la humanidad» escribió, a comienzos del siglo XX, Evelyn Underhill, la mística cristiana y autora de un texto ya clásico titulado *Mysticism*. Todas las ramas esotéricas de las religiones del mundo prescriben a sus miembros el ejercicio de algún tipo de práctica meditativa o contemplativa.

En cierta ocasión llamó a mi consulta un cliente diciéndome que su psiquiatra le había diagnosticado un trastorno de déficit de atención –cada vez más lamentablemente frecuente en el mundo actual– y estaba tratándole con una medicación muy fuerte que le ayudaba a concentrarse. Este hombre, como muchos otros millones de estadounidenses, trabajaba mucho, dormía poco, se hallaba sobreestimulado debido a la cafeína, la tecnología, la televisión y el consumo de alimentos insanos y sufría de depresión.

Son muchas, hoy en día, las personas que, a niveles muy diversos, se hallan sobreestimuladas, subalimentadas y desequilibradas y cuya atención, en consecuencia, se halla también muy fragmentada. La atención clara y concentrada es una habilidad que se ejercita y, en este sentido, la meditación, la contemplación y las disciplinas espirituales centradas en el cuerpo anteriormente mencionadas nos proporcionan una forma ideal de empezar a desarrollar nuestra atención.

Existen muchas modalidades diferentes de meditación y cada una de ellas tiene sus propias ventajas. Las hay que cultivan la conciencia ayudando al practicante a conectar y anclarse en un espacio y una conciencia más amplios y abarcadores que la mente egoica pensante. También las hay que, en un esfuerzo por estabilizar la atención y la conciencia meditativa, se centran en el desarrollo de la concentración. Las prácticas meditativas que enseñan al individuo a centrarse en la conciencia trascendental y/o en el abandono del cuerpo son menos eficaces para la búsqueda de un desarrollo integral encarnado en el cuerpo.

Resulta aparentemente paradójico que, para aprender a ir más allá de la mente, utilicemos el vehículo de la mente. Cuando nuestra mente está concentrada y consciente, puede orientarse conscientemente hacia la liberación del cuerpo. El valor de la meditación, como ocurre con muchas prácticas espirituales, sólo se experimenta a través de una práctica disciplinada y perseverante que dura mucho tiempo. Y esta práctica posee una inteligencia profunda que la mente ordinaria no puede llegar a entender. En este sentido, Rudolph Steiner, místico alemán y fundador de la antroposofía, escribe que:

Cuando nos elevamos a través de la meditación a lo que nos une con el espíritu, se activa en nuestro interior algo eterno y que no se halla, en consecuencia, limitado por el nacimiento ni por la muerte. Y, una vez que hemos experimentado esa dimensión eterna, ya no podemos seguir dudando de su existencia. La meditación es la forma de conocer y contemplar la naturaleza eterna, indestructible y esencial de nuestro ser.[4]

Son pocos los sistemas que nos proporcionan modelos plenamente eficaces de integración psicoespiritual y prácticas que la alienten. Por ello debemos aprender a entendernos a nosotros mismos a un nivel lo suficientemente profundo como para discernir y ejercitar aquellas prácticas que nos aproximen al logro de nuestros objetivos personales y espirituales. El psiquiatra transpersonal Roger Walsh y sus colegas han llevado a cabo una investigación revolucionaria sobre la integración entre la psicoterapia, la meditación y la medicación en una búsqueda que aspira a combinar adecuadamente el *dharma* y las distintas disciplinas terapéuticas. Según dice:

Estar dispuesto a enfrentarse a los inevitables sufrimientos de la vida puede ser un signo de valor y de sabiduría, pero no querer servirse de terapias eficaces para erradicar sufrimientos innecesarios es una clara muestra de ignorancia y el indicador de un superego espiritual desproporcionado. No en vano la psicología budista considera que la felicidad y la alegría son cualidades muy saludables, beneficiosas y espirituales.

Lo que nosotros y nuestro atribulado mundo necesita es valorar y emplear más adecuada y cuidadosamente el amplísimo abanico de terapias con que actualmente contamos. Sólo un enfoque abierto y multidisciplinario puede ayudarnos a corregir las diferentes fuentes de sufrimiento que nos afligen y mejorar, de ese modo, la curación y el despertar tanto nuestro como de nuestro mundo.[5]

Necesitamos entender y buscar una combinación óptima e integrada de decisiones, estilo de vida, terapias psicológicas, prácticas espirituales y tratamientos médicos que nos equilibren y aumenten nuestra sabiduría y encarnación.

## JANGALYKAYAMANE: EL MÉDICO DE LA SELVA

Dentro cada ser humano yace una capacidad de curar que puede ser cultivada. Este "sanador interno" se conoce, en la filosofía yóguica, con el nombre de *jangalykayamane*, un término que literalmente significa "el médico de la selva" y que representa la capacidad de curarse de las enfermedades del cuerpo, de la mente y del espíritu. Se trata de una especie de médico interno que reside dentro de cada uno de nosotros y cuya tarea consiste en aumentar nuestra salud, nuestra totalidad y, en última instancia, nuestra conciencia espiritual.

Cuando, en su intento de alcanzar la realización espiritual, los yoguis se adentraban en el bosque para llevar a cabo sus prácticas, carecían de médico que pudiese curar sus enfermedades físicas y las heridas que afligían a sus almas. Tuvieron que aprender a descubrir su propio sanador interno y lo hicieron a través de la práctica yóguica, lo que incluía la postura, la respiración, el movimiento, las purificaciones, la conciencia, la meditación, la dieta y la limpieza. Y, aunque ello no les sirviese para curar todas las enfermedades ni los problemas físicos asociados a la edad, fueron muchas las enfermedades, tanto físicas como psíquicas, que aprendieron a curar.

Jangalykayamane es el señor de la encarnación, el médico de los seres tricentrados. Desde una perspectiva yóguica, es el que cura todos los *koshas* o capas de nuestros cuerpos físico y psíquico, desde los niveles más burdos de la experiencia hasta los más sutiles.

Yo reconocí la existencia de mi propio sanador interno durante una enfermedad que, durante tres años, ningún médico pudo diagnosticarme –ni tratarme, por tanto– exactamente y que, en consecuencia, estaba acabando lentamente con mi vida. Durante ese tiempo, mi amigo Roger, un exitoso abogado sudafricano dedicado a la defensa de los derechos humanos, me dijo que sólo pudo curarse del síndrome de fatiga crónica cuando reconoció la parte de su alma que se hallaba desequilibrada por falta de atención. Sólo pudo, dicho de otro modo, curarse cuando llevo a cabo, en su interior, los cambios pertinentes. Yo recuerdo estar muy inquieta porque sabía que lo que decía era, en mi caso, muy cierto y tenía mucha resistencia a reestructurar los hábitos de toda mi vida y el modo de vivir la relación con mi cuerpo y mi energía. En tal caso, mi salud empezaría a depender de mí.

Entonces me di cuenta de que, si no conectaba con mi médico interno, probablemente acabaría muriendo. Y, cuando utilicé la respiración y el yoga para conectar más profundamente con mi cuerpo, escuché las recomendaciones que, sobre el proceso curativo, me daba mi propio cuerpo. Así fue cómo, gracias al yoga, a la dieta o al simple hecho de escuchar y hacer caso a las pistas que me daba mi cuerpo, aprendí a curarme a mí misma desde el interior y acabé recuperando toda mi fortaleza. Escuchando y haciendo caso a lo que me decía, el médico de la selva de mi interior revivió y me enseñó a curarme.

Aunque, durante mi enfermedad, conecté con diferentes curanderos, encontré finalmente a un osteópata que trabajaba en una pequeña clínica en Occidente y que también era sanador de la iglesia mormona. La capacidad de este hombre, al que llamaré doctor J., para curar a la gente había acabado convirtiéndole en una auténtica leyenda local. Aunque ajustaba sutilmente los huesos de sus clientes y proporcionaba también una forma de curación energética, lo que realmente les enseñaba era el modo de conectar con su sanador interior. Éstas son las cuatro leyes básicas de la autocuración que, según me dijo, enseñaba a sus pacientes:

1. **La curación procede del corazón. No hay otro modo de curar.** Con esta ley, el doctor J. subrayaba la necesidad del ser humano de escuchar su corazón y hacer caso a su llamada. Si no lo hacemos así, nuestro corazón enferma y acaba provocando todo tipo de síntomas físicos.

2. **Sólo puedo confiar en lo que siente mi corazón. No hay otra cosa en la que pueda confiar.** Podemos volver a aprender a confiar en nuestros sentimientos y escuchar a nuestro sanador interior, que no es otro que nuestro corazón.

3. **Me gustan los resultados que obtengo cuando sigo los dictados de mi corazón y me desagradan cuando los transgredo.** En este punto, el doctor J. señalaba los resultados positivos que solemos obtener cuando escuchamos a nuestro sanador interior.

4. **Todas mis acciones son perfectas para mi aprendizaje y crecimiento.** Esta ley se centra en el poder curativo de la autoaceptación. Según el doctor J., las personas espiritualmente orientadas son especialmente susceptibles

a la enfermedad porque "el superego espiritual" suele obligarles a vivir de acuerdo a ciertos ideales espirituales que probablemente queden fuera de su alcance, con lo cual, su desengaño y falta de aceptación de sí mismos les torna más proclives a la enfermedad.

Todos, de un modo u otro, estamos enfermos. Todos tenemos puntos débiles. Todos estamos heridos al nivel kármico del alma y esas heridas pueden tardar mucho tiempo en sanar. Hay cosas que sólo puede curar nuestro sanador interior. Los verdaderos médicos –independientemente de que sean sanadores espirituales, maestros, psicólogos o doctores– son guías que utilizan las palabras, las prácticas o las medicinas para enseñarnos a conectar con nuestro médico interno.

Una de las cualidades más notables de conectar con el sanador interno es que nos enseña a protegernos a nosotros mismos y a curar tanto las enfermedades corporales como las heridas profundas del alma. «¿Por qué tememos a las enfermedades? ¿No son acaso ellas nuestros aliados? Las enfermedades corporales ponen de relieve los problemas a los que tememos enfrentarnos y curan las enfermedades del espíritu» dice, citando a su maestro zen Ejo Takata, Alejandro Jodorowsky.[6] Todos sabemos que algunas de las lecciones principales de la vida se aprenden precisamente cuando estamos enfermos o en los momentos más trágicos. No en vano esas experiencias suelen abrirnos, pues en esa apertura está el sentimiento y, en el sentimiento, la curación.

Pero es importante recordar, cuando empezamos a entender y a sentir nuestra capacidad de curarnos a nosotros mismos, que no todas las enfermedades pueden ser curadas. Es una auténtica tragedia que las personas que han descubierto poderosas verdades de la Nueva Era se culpen a sí mismas de no ser capaces de curarse, lo que intensifica innecesariamente su sufrimiento. Estamos trabajando con pautas y procesos kármicos muy profundos y con la ineludible realidad de que, un buen día, nuestro cuerpo acabará muriendo.

En los niveles más elevados de la curación, el cuerpo se ve literalmente transformado gracias a la plegaria, una transformación que puede ocurrir aun en medio de la enfermedad, cuando uno se siente desbordado por el dolor y la enfermedad. Ése es también el objetivo hacia el que se dirigen muchas prácticas sexuales y yóguicas. A un nivel más sutil, el cuerpo puede expresar la oración en el modo en que una persona cocina o sostiene en brazos a su hijo. El ser humano plenamente encarnado, conectado consigo mismo y conectado también con la fuerza de la vida, expresa la plegaria y la divinidad a través de todas sus actividades cotidianas.

En cierta ocasión me contaron una historia sobre la primera visita del maestro de yoga B.K.S. Iyengar a Estados Unidos. Una de las primeras cosas que le pidió a su huésped fue que le llevase al Gran Cañón y, después de haber visto por vez primera esa maravilla de la naturaleza, exclamó: «¡Ahora debo rezar!». Luego saltó sobre la barandilla de protección y, con la seguridad y precisión que sólo puede exhibir quien que ha unificado profundamente su cuerpo, hizo la postura del pino al borde del precipicio.

\*\*\*

La primera vez que escuché a alguien referirse al cuerpo humano como un templo creí que era una más de las exageraciones a las me tenía acostumbrada la Nueva Era. Pero lo cierto es que, cuando nos enfrentamos a una enfermedad grave, a la inminencia de la muerte, a una experiencia mística sexual o a simples momentos de experiencia encarnada profunda, resulta patente la verdad de esa afirmación. El cuerpo es el templo en el que vive nuestra conciencia y debemos aprender a respetarlo y tratarlo como un santuario que alberga la Divinidad y en el que el ego pueda descansar.

Debemos nutrir nuestro cuerpo con buenos alimentos, ejercicios y respiración, nuestra mente con un buen aprendizaje, nuestro corazón siendo bondadosos y amables con nosotros mismos y nuestro espíritu con el ejercicio y la indagación disciplinada. Podemos hacer lo que sea necesario para ir cobrando conciencia de nuestras pautas negativas y de las diferentes formas en que nos dañamos inconscientemente a nosotros mismos y a los demás. Podemos llenar nuestro cuerpo con amabilidad, elegancia y resplandor, hasta experimentar lo que Arnaud Desjardins denominaba nuestra "dignidad intrínseca".

Es evidente que, cuando el discernimiento impregna nuestro cuerpo, se consolida nuestra integración y nuestra madurez espiritual se profundiza. En el siguiente capítulo, titulado "La unión entre la psicología y la espiritualidad", exploraremos la importancia que tiene la integración de la conciencia espiritual en todos los aspectos de nuestra experiencia.

# 10. LA UNIÓN ENTRE LA PSICOLOGÍA Y LA ESPIRITUALIDAD

No busques tan sólo el estado de supraconciencia descubierto durante la meditación, un estado en el que te sientes desidentificado de todo, aunque sea un estado real que un buen día subyaga, independientemente de los retos que la vida te depare, a tu existencia. Jamás alcanzarás, aunque tengas derecho a anhelarlo, ese estado si rechazas el modo en que se expresa. Y ese estado supraconsciente se expresa a través de la *shakti*, la fuerza más aterradora de la vida que te sostiene.

ARNAUD DESJARDINS, *The Jump into Life*[1]

Imagine una psicología global que, sin soslayar nuestras capacidades espirituales más elevadas como seres humanos, tuviese también simultáneamente en cuenta los bloqueos más complejos y sutiles del psiquismo; una psicología que, adentrándose en la mente y en sus heridas, en nuestras debilidades y en nuestros puntos ciegos, nos ayudase a entender también la naturaleza de la mente y las misterios de nuestra encarnación. Luego imagine una espiritualidad que no negase ni trascendiese prematuramente ninguna faceta de nuestra existencia; una espiritualidad que, abriéndonos a una amplia visión mística, nos proporcionase el contexto más adecuado para limpiar las telarañas de los rincones más ocultos de nuestro psiquismo hasta que pudiesen resplandecer la claridad y la compasión. Aunque algunas personas se aproximen a esta posibilidad a través de la terapia formal y otras lo hagan a través de una amplia diversidad de formas de investigación interna e interpersonal, tal integración requiere de un claro discernimiento de las facetas psicológicas de nuestra experiencia.

Aunque algunos pioneros de los campos de la psicología y de la espiritualidad ya han empezado, en las últimas décadas, a ocuparse de todas estas cuestiones, creo que la psicología del futuro –una psicología comprehensiva y espiritual que tenga tan en cuenta la complejidad del psiquismo occidental como el papel que, en la transformación integral, compete al cuerpo– ya se encuentra en marcha. Esa nueva psicología irá quedando cada vez más clara en la medida en que el trabajo de un número cada vez mayor de practicantes entregados y discriminativos entiendan, valoren y emprendan su propio proceso de transformación psicoespiritual encarnado y esbocen también teorías y métodos que puedan ser enseñados y aplicados a los demás.

En 1992, James Hillman y Michael Ventura publicaron un libro muy interesante titulado *Cien años de psicoanálisis. Y todo sigue igual*. En él, sostienen que la psicoterapia actual carece de los medios para enfrentarse adecuadamente a la mayoría de las aflicciones que afectan al psiquismo occidental e ignora también las importantes realidades y necesidades que afligen a los mundos social y político. Yo creo que sin dejar, por ello, de ser exacta, la crítica de Hillman y Ventura olvida que la psicoterapia occidental *sólo* tiene un siglo de vida, muy poco tiempo, dicho sea de paso, para la evolución de cualquier disciplina y mucho menos todavía de una disciplina como la psicología, cuya tarea consiste en contribuir al ajuste y desarrollo del psiquismo occidental a un mundo que se halla en un continuo proceso de cambio.

Tengamos en cuenta que las ramas psicológicas del *abhidharma* (es decir de la psicología budista) y de las psicologías yóguica y sufí se han desarrollado y evolucionado a lo largo de miles de años. La auténtica psicología occidental todavía se halla en pañales y necesita la contribución apasionada de individuos inteligentes que, sin dejar de reconocer la importancia de una transformación psicoespiritual encarnada, permitan su pleno florecimiento.

Este capítulo nos proporciona una visión de la unión entre psicología y espiritualidad que abre las puertas a una posible integración que corrija los problemas que afectan a todos los niveles de la experiencia humana. Esta nueva psicología, que no niega ningún aspecto de la experiencia humana, se halla plenamente integrada e informada por la sabiduría espiritual. Su ejercicio requiere del cultivo de un adecuado discernimiento y de la predisposición a seguir profundizando en los diferentes estadios del desarrollo e integración espiritual.

## PSICOLOGÍA Y ESPIRITUALIDAD.
### ¿UN CAMINO O DOS?

Lo impersonal es una verdad y lo personal también es una verdad. Ambas son la misma verdad contemplada desde los dos extremos de nuestra actividad psicológica. Y, aunque ninguno de ellos nos proporcione una visión completa de la Realidad, ambos nos permiten acercarnos a ella.

SRI AUROBINDO, "The Divine Personality"

Existe un gran debate y, en muchos casos, un acusado contraste, entre los practicantes de la psicología y los de la espiritualidad. En uno de los extremos del espectro, la mayoría de las psicologías contemporáneas se despreocupan de las cuestiones relacionadas con la conciencia y el espíritu y rechazan todo aquello que no sea científicamente cuantificable. En el otro extremo, la mayoría de las tradiciones espirituales contemporáneas consideran al psiquismo como un constructo irreal y concluyen, en consecuencia, que el trabajo psicológico no hace sino reforzar la autocomplacencia del falso yo. Entre ambos polos se extiende un amplio abanico de visiones que tienen en cuenta tanto los aspectos personales de la experiencia como los impersonales, valorando tanto los aspectos de nuestra experiencia que pueden ser empíricamente corroborados como aquellos otros que, pese a ser, por el momento, misteriosos, no dejan, por ello, de ser igualmente "reales". La inmensa mayoría de los psicoterapeutas y de sus clientes siguen soslayando entretanto los beneficios de la sabiduría espiritual y muchos maestros espirituales occidentales y sus discípulos incurren en el error de rechazar el dominio psicológico y de no cultivar las habilidades y prácticas que permiten trabajar eficazmente con él.

Aunque, en última instancia, la psicología y la espiritualidad no tienen que ser diferentes, podría resultar de utilidad establecer distinciones para entender la función primordial que, con respecto a la otra, desempeña cada una de ellas. Así podremos descubrir el modo en que esos enfoques se complementan y apoyan, lo que nos proporcionará una visión más amplia y completa de la comprensión humana de lo que aisladamente podrían proporcionarnos. John Welwood, uno de los pioneros de esta síntesis contemporánea entre la psicología y la espiritualidad, afirma que la tarea a la que nos enfrentamos implica:

> La integración entre la liberación, es decir, la capacidad de trascender el psiquismo individual y adentrarnos en el espacio no personal de la conciencia pura, y la transformación personal, es decir, la aplicación de esa conciencia a la

transformación de todas las estructuras psicológicas condicionadas de un modo tal que permita su completa metabolización y la consecuente liberación de energía e inteligencia que se halla atrapada en su interior, alentando así el desarrollo de una presencia humana más plena y rica que pueda movilizar los potenciales todavía sin actualizar de la vida en esta tierra.[2]

La comprensión espiritual proviene de la percepción directa de una inteligencia, fuerza o poder mayor al que algunas personas denominan no dualidad y otras llaman Cristo, Alá, Espíritu o Dios. Las tecnologías espirituales nos ayudan a conectar con la conciencia, mientras que la práctica espiritual sostenida nos enseña a anclarnos en una sensación más duradera de esa realidad mayor. El trabajo psicológico, entretanto, nos ayuda a desenredar los nudos de nuestro psiquismo personal, pautas y heridas que, cuando no se ven adecuadamente atendidas, acaban obstaculizando nuestro desarrollo y bloqueando nuestra percepción de la realidad espiritual.

Pasé el año 1994 estudiando en la India y viviendo en una habitación alquilada a un holandés llamado Hamsa que, siendo niño, se vio separado de su familia y recluido varios meses, durante la segunda Guerra Mundial, en un campo de concentración japonés, una experiencia que dejó en su psiquismo un trauma muy profundo. Siendo un joven adulto, acabó estableciéndose en la India y, cuando le conocí, llevaba ahí más de cuatro décadas. Intelectualmente hablando, Hamsa era un auténtico genio, una persona muy inteligente y un gran erudito hinduista. También era un guerrero espiritual que emprendía ejercicios espirituales muy austeros durante largos períodos de tiempo y había atravesado muchas y muy elevadas experiencias místicas.

Cuando le conocí, cerca ya del momento de su muerte,

llevaba consigo una profunda tristeza por su fracaso en realizar sus aspiraciones espirituales, acompañada de la sensación tácita de haber sido traicionado por Dios porque, pese a haber entregado toda su vida al camino espiritual, no había alcanzado sus objetivos. Desde una perspectiva exterior, no obstante, era evidente que no había podido enfrentarse ni digerir el impacto de su trauma infantil. Continuamente se esforzaba en sofocar su dolor intensificando su práctica y su ascetismo, lo que necesariamente desembocaba en un grave narcisismo y en un claro y patológico *bypass* espiritual. Deslumbraba a quienes lo rodeaban con ceremonias esotéricas y un conocimiento enciclopédico de los rituales védicos y de la mitología hindú, pero yo sólo quería tomarle entre mis brazos y dejar que su niño interior llorase hasta que un océano de lágrimas acabase derribando el muro con el que protegía su tierno corazón y el amor humano y divino pudiesen llegar hasta él. «Aquí es precisamente donde el trabajo psicológico puede convertirse en un aliado de la práctica espiritual –afirma John Welwood– que nos ayude a iluminar los rincones más ocultos de nuestra personalidad condicionada y la torne más permeable al ser superior que constituye su mismo fundamento.»[3]

Es muy importante entender que los bloqueos psicológicos pueden obstaculizar la capacidad de abrirnos a la comprensión y a la experiencia espiritual. Los traumas y sensaciones de traición que tantas personas han experimentado, en una u otra medida, durante su infancia, pueden impedirnos confiar en lo divino y en la vida misma y llegar a obstaculizar nuestra entrega a lo desconocido. Son muchas las personas que aprendieron, a una edad muy temprana, la lección de que el mundo es un lugar inseguro y de que, si existe algún Dios, no puede protegernos de los abusos. Los sentimientos infantiles de abandono y aislamiento pueden dificultar la apertura y el acceso a la experiencia del espacio que nos brinda la meditación e impedir también la necesaria distinción entre la vacuidad no dual y la carencia y el vacío psicológico profundo. La decepción del niño con respecto a las autoridades, maestros y líderes religiosos puede impedir confiar en maestros y enseñanzas espirituales, e incluso también en lo Divino. Y las emociones del pasado que permanecen sin digerir pueden acabar tiñendo también, del mismo modo, nuestra relación con los conceptos, prácticas y experiencias espirituales.

Pero también puede ocurrir, en el otro sentido, que nos sumerjamos tanto en el procesamiento psicológico que acabemos en el callejón sin salida del narcisismo. De ahí jamás podrá salir la compasión y la sabiduría derivadas de la práctica espiritual ni la responsabilidad a la que, según Hillman, la psicología no ha prestado la necesaria atención. La mayoría de las escuelas actuales de psicología no han tenido adecuadamente en cuenta una visión espiritual amplia y han acabado reduciendo, en consecuencia, las profundas comprensiones espirituales a fantasías neuróticas, regresiones infantiles y proyecciones idealizadas. En cierta ocasión, por ejemplo, traté a un psicólogo de casi cuarenta años muy confundido con su vida espiritual porque su terapeuta le había convencido de que la relación que mantenía con su maestro espiritual no era más que una proyección romántica de sus necesidades infantiles insatisfechas y del fracaso en separarse de su padre y emprender, en consecuencia, el necesario proceso de individuación.

Es muy importante, para entender las distintas funciones de la psicología y la psicoterapia, diferenciar entre el contenido de la conciencia y su contexto. La psicología, en este sentido, se ocupa del contenido de nuestra conciencia y nos ayuda a entender las fuerzas familiares y hasta ancestrales o kármicas que configuran la estructura de nuestra personalidad egoica. La psicología, desde esa perspectiva, se ocupa de las historias, relaciones, pautas y percepciones que configuran la vida del inconsciente y de las poderosas decisiones que, hace ya mucho tiempo, tomamos de manera inconsciente y que, pese a haber olvidado, siguen gobernando nuestra vida. La espiritualidad, por su parte, se ocupa del contexto de la conciencia y, como tal, nos ayuda a acceder y experimentar el campo de conciencia del que emerge toda manifestación. Ésta es una distinción muy importante y que no deberíamos olvidar.

La psicología se orienta a corregir nuestra configuración individual personal. Nos ayuda a entender los "relatos" inconscientes que moran en nuestro interior y se reproducen en forma de pautas limitadoras que, en ocasiones, llegan a ser autodestructivas. También nos ayuda a desarticular las estructuras de defensa que erigimos en nuestra infancia que, pese a haber contribuido a nuestra supervivencia física y emocional, han acabado bloqueando nuestro posterior desarrollo y nos impiden abrirnos a nuestras capacidades más profundas. La espiritualidad, por su parte, nos ayuda a descubrir la naturaleza de la mente que, según las tradiciones hindú y budista, es no dual. De este modo, nos permite hacer algo que trasciende completamente nuestra historia, abrirnos a las verdades perennes que los místicos de todas las tradiciones han conocido desde siempre.

El psicólogo integral Ken Wilber también establece una importante distinción entre los conceptos de "translación" y de "transformación". El dominio de la espiritualidad traslativa incluye una amplia variedad de prácticas, rituales y sistemas de creencias que reorganizan el psiquismo y dan sentido y comprensión al yo separado. Las prácticas espirituales transformadoras, por su parte, socavan la misma noción de yo separado, provocando dolorosas experiencias de aniquilación y decepción, que van acompañadas de poderosos procesos fisiológicos.

Hay quienes llevan a cabo un trabajo psicológico tan profundo que lo acaban tomando por una transformación espiritual. Nunca han llegado a experimentar la realidad no dual y son, por tanto, inconscientes de las posibilidades espirituales más profundas. En el otro extremo del espectro se hallan quienes creen que, por hacer mucha meditación y práctica espiritual, han trascendido su dinámica psicológica… hasta que la reiteración de fracasos de relación, de parentaje o de trabajo con sus propias emociones acaban dándose cuenta de lo mucho que, en ese sentido, les queda todavía por hacer.

Estoy plenamente convencida, dado que la fortaleza de una cadena depende de la de su eslabón más débil, de que la mayoría de los escándalos espirituales son el simple resultado de la ceguera psicológica de los maestros espirituales. Esas personas creen que la comprensión espiritual curará sus heridas psicológicas cuando, en realidad, no es así. Esta modalidad de *bypass* espiritual es especialmente frecuente entre maestros y practicantes occidentales de tradiciones espirituales orientales que, en el momento de su trasplante a suelo occidental, se han visto despojadas de su contexto cultural original y no tienen necesariamente en cuenta las variables psicológicas implicadas en la cultura de la que provienen. Y ése es un error en el que incurren aun lo que parecen ser intuiciones de "verdades objetivas".

## UN PROCESO MUTUAMENTE ENRIQUECEDOR

La tradición tántrica sugiere que la realidad relativa y la realidad última son dos expresiones diferentes de la misma realidad. Ambas coemergen, es decir, emergen simultáneamente y cada una de ellas es el claro reflejo de la otra. En tanto que facetas diferentes del mismo diamante, poseen propiedades, funciones y expresiones diferentes pero, si aspiramos a la integración psicoespiritual, se necesitan mutuamente. Si nos adentramos en el camino del autoconocimiento a través de lo psicológico deberemos finalmente, si queremos llevar a buen puerto nuestra búsqueda, aprender a conectar y experimentar la verdad no dual. Si, por el contrario, accedemos al proceso espiritual a través de la experiencia no dual, nuestra comprensión deberá acabar integrándose en las dimensiones duales o personales de nuestra experiencia.

La evolución del ser humano parece atenerse a una pauta espiralada, un proceso que, en palabras del psicólogo Michael Washburn, pasa por «el alejamiento y posterior retorno a una integración de orden superior». En algunos momentos especialmente críticos y en algunas de las espiras del proceso de desarrollo, la desarticulación de una estructura psicológica puede ser precisamente el impulso que nos movilice a otro nivel de comprensión espiritual mientras que, en otros casos, sin embargo, es la apertura que emerge de nuestra comprensión espiritual la que nos proporciona el valor para avanzar, adentrarnos y atravesar el siguiente nivel de trabajo psicológico.

La vida de mi amigo Kenny Johnson (de cuya experiencia hablé ya en el capítulo 7), que dirige un proyecto aplicable a las prisiones llamado This Sacred Space, nos proporciona, en este sentido, un ejemplo muy ilustrativo. El programa en cuestión ayuda a los reclusos a establecer contacto con su totalidad espiritual, despertar su conciencia y emprender un proceso curativo que les ayude a encontrar el camino de salida tanto de la cárcel exterior como de su propia cárcel interior. Kenny es un exconvicto que, según dice, se desconectó de su conciencia a una edad muy temprana. Poco a poco, sin embargo, empezó a estudiar textos espirituales y a meditar. Luego y, como resultado del encuentro con un maestro espiritual que impartió un taller en la prisión en que estaba encarcelado, experimentó un profundo despertar espiritual. La conciencia que despertó entonces en su interior le proporcionó la fuerza necesaria para volver a establecer contacto con su psiquismo y aprender a enfrentarse y experimentar sus sentimientos. Ese proceso psicológico le permitió descubrirse a sí mismo, profundizando su sensación de comprensión espiritual. Hoy en día, sigue todavía explorando este camino, creciendo en él e inspirando a otros reclusos a través de su enseñanza y de su ejemplo.

Algo muy poderoso sucede en el cliente cuando el terapeuta trabaja psicológicamente con él desde un contexto espiritual. Y poco importa entonces que, en la consulta, se pronuncie o no la palabra "espiritualidad", porque lo que informa, en tal caso, la cualidad de la terapia son la comprensión, el ego, el karma y la conciencia del terapeuta. Entonces el cliente descubre inevitablemente sus propias comprensiones espirituales sobre la naturaleza de la mente y de la conciencia. Esta sensación de espacio abierto y la comprensión de la naturaleza impersonal de nuestro condicionamiento proporciona el valor necesario para que el sujeto se adentre más profundamente en su conciencia y sane diferentes estratos de heridas psicológicas que le abren a la experiencia de verdades espirituales cada vez más profundas. Y la profundización de este proceso va unificando naturalmente la espiritualidad y la psicología. De ahí emerge una forma profunda de investigación encarnada que, aunque no podamos calificar como estrictamente espiritual trasciende, no obstante, los confines de la "psicología" tradicional. En este sentido, Carl Jung escribió:

> El aspecto más interesante de mi trabajo no tiene que ver
> con el tratamiento de la neurosis, sino con la aproximación a
> lo numinoso [es decir, con el sentido de lo sagrado]. Porque
> la aproximación a lo numinoso es la verdadera terapia y, en
> la medida en que te acercas a las experiencias numinosas, te
> liberas de la maldición de la patología.[4]

El lector recordará lo que, en el capítulo 4, dijimos acerca de
los *koshas*. Ese modelo sugiere que el cuerpo está compuesto de cinco capas o *koshas*, unas visibles y otras invisibles.
La capa más externa es la fisiológica y luego vienen la capa
de la energía, la capa de la mente, la capa de la sabiduría y la
capa de la beatitud. El trabajo psicológico suele implicar las
tres primeras capas y la espiritualidad las dos últimas y el conocimiento que emerge más allá de todo ello. Pero la gran in-
terconexión existente entre todos estos niveles implica que el
bloqueo de uno de ellos, especialmente en las capas inferiores, acaba obstaculizando el desarrollo de las capas superiores e impide la integración más elevada. De manera parecida,
el trabajo con las capas más elevadas contribuye a equilibrar
las inferiores.

Cuando la espiritualidad y la psicología se unifican, aparece una visión más holística de la vida. Y, cuando la persona lleva simultáneamente a cabo el trabajo psicológico y la
práctica espiritual, la comprensión lograda en cada uno de
esos ámbitos contribuye a profundizar el otro. Es por ello que
considero que, especialmente en el caso de los occidentales,
la psicología necesita tanto a la espiritualidad como la espiritualidad a la psicología. Ambas, en última instancia, están
unidas, pero ninguna puede reemplazar a la otra.

## Hacia una nueva psicología

La posibilidad de una nueva psicología no es, en el fondo –aunque todavía se halle en sus inicios– tan nueva. Desde sus mismos inicios ha habido, en el campo de la psicología occidental, visionarios que poseían una visión amplia e integral de las capacidades potenciales del psiquismo humano. Sigmund Freud, el fundador del psicoanálisis, ampliamente criticado por la fragilidad de su visión teórica, dijo: «Aunque todavía no existe, considero que [el psicoanálisis] es una profesión de ministros seculares de almas, que no tienen que ser médicos ni sacerdotes».

Jung era un místico dotado que dedicó su vida a una exploración valiente e implacable del psiquismo –tanto del suyo como del de muchos de sus pacientes– concluyendo que cualquier psicología que no tenga en cuenta las dimensiones espirituales no sólo es incompleta y errónea, sino que también se halla fundamentalmente mal concebida. Roberto Assaglioli, el psiquiatra italiano fundador de la psicosíntesis al que nos referimos en la Introducción, subrayó que la psicoterapia no sólo debe ocuparse de la psicopatología, sino alentar también el despertar espiritual y enfrentarse inteligentemente a los retos que acompañan al despertar, lo que incluye fenómenos como el orgullo espiritual, la inflación del ego o la capacidad de experimentar la profundidad de nuestro núcleo herido y la intensidad necesaria para enfrentarnos a esa experiencia y digerirla adecuadamente. Wilhelm Reich, por su parte, subrayó la importancia que, para el proceso de transformación psicológica, tiene la conexión entre la mente y el cuerpo y esbozó el concepto de "coraza corporal". Abraham Maslow introdujo, en la moderna psicología, la noción de "experiencias cumbre" y sugirió que, más allá de las tres primeras fuerzas de la psicología que, en su opinión, eran la conductista, la psicoanalítica y la humanística, se hallaba una cuarta fuerza, la psicología transpersonal, centrada en la autorrealización.

En Oriente, además de la psicología yóguica, budista y sufí, el santo y revolucionario del siglo xx Sri Aurobindo esbozó la necesidad de un yoga integral que apuntase a «un desarrollo interno que permita a quien lo practique descubrir el Yo único en todo y desarrollar una conciencia más elevada que la mental, una conciencia espiritual y supramental que transforme y divinice la naturaleza humana».[5] Sus libros han influido muy poderosamente en el pensamiento de muchos psicólogos transpersonales del mundo occidental.

Son muchas, en la actualidad, las disciplinas emergentes que se esfuerzan en desarrollar una nueva psicología –entre las que cabe destacar la psicología transpersonal, la psicología integral y la psicología no dual– además de un número de escuelas independientes que trabajan con la transformación psicoespiritual. Estos enfoques comparten la idea de que el ser humano se desarrolla a lo largo de lo que Ken Wilber denomina "un espectro de conciencia" de posibilidades prácticamente infinitas. También coinciden en que cualquier psicología auténticamente comprehensiva no debería centrarse exclusivamente en tratar de "ajustar" a la persona a una norma profundamente limitada de la salud mental, sino esforzarse también en el logro de una totalidad y una integración psicoespiritual profunda.

Aunque la disciplina formal de la psicología transpersonal sea relativamente nueva, pues se inició en 1969 con la publicación de *The Journal of Transpersonal Psychology* y con la fundación, en 1971, de la Association for Transpersonal Psychology, lo cierto es que se basa en un conocimiento místico procedente de diferentes tradiciones antiguas. Los psicólogos transpersonales se esfuerzan en integrar la sabiduría atemporal con la moderna psicología occidental y en traducir sus principios espirituales a un lenguaje contemporáneo arraigado en la ciencia. La psicología transpersonal se orienta hacia el amplio espectro del desarrollo psicoespiritual humano, desde nuestras heridas y necesidades más profundas hasta las crisis existenciales y las capacidades más trascendentes de nuestra conciencia.

Son muchos los teóricos y practicantes destacados de este dominio. Entre ellos cabe destacar a Stanislav Grof, que elaboró la respiración holotrópica y luego puso en marcha, junto a Christina Grof, el Spiritual Emergence Network; Roger Walsh, pionero en el campo de la psiquiatría transpersonal y que publicó, con Frances Vaughan, varios libros revolucionarios sobre integración psicoespiritual; Michael Washburn, al que hemos mencionado en varias ocasiones a lo largo de este libro y que elaboró la teoría de la dinámica espiral y Hameed Ali, conocido también como A.H. Almaas, que creó la Diamond Heart School. El filósofo Ken Wilber ha publicado centenares de trabajos muy influyentes en el desarrollo de la psicología transpersonal y ha puesto recientemente en marcha el campo de los estudios integrales, que incluye una rama dedicada a la psicología integral que tiene por objeto «honrar y abarcar todos los aspectos legítimos de la conciencia humana».[6] También existen universidades, como el California Institute of Integral Studies y el Institute of Transpersonal Psychology, que han elaborado interesantes programas para enseñar estos enfoques, y el número de universidades de todo el mundo que ofrecen cursos en psicología transpersonal aumenta espectacularmente.

Michael Washburn describe la teoría transpersonal como «un proyecto que implica volver a pensar de cada una de estas perspectivas en términos de la otra». Los psicólogos transpersonales están comprometidos en el desarrollo de una psicología global que abarque todo el amplio espectro de la

experiencia humana, desde la psicosis hasta la trascendencia. Entre las aplicaciones prácticas de la teoría transpersonal se cuenta la incorporación de un contexto transpersonal
a la práctica terapéutica, así como también la integración entre esta perspectiva y la ética, la ecología, la justicia social, el
género y la construcción de la comunidad.

Independientemente de la etiqueta o epígrafe bajo el que
califiquemos a estas nuevas metodologías, parece evidente
que está emergiendo un nuevo campo de psicología no dual.
Esta psicología contextualiza la dinámica de la mente humana desde la perspectiva de la experiencia no dual, lo que trans-
forma nuestra visión de la mente y cambia el foco de la terapia
desde "corregir" algo que se ha "roto" hasta un proceso de autoconocimiento e integración continuo. De este modo, la psicología de la mente acaba convirtiéndose en una psicología de
la verdad. Creo que la moderna psicología alcanzará su punto
culminante cuando se combine con la espiritualidad y nos enseñe a abrirnos y fundirnos con la totalidad de la vida.

Es importante subrayar la importancia que, para la unión
entre la psicología y la espiritualidad, tienen lo no dual y
lo transpersonal. No en vano lo no dual es el fundamento
del que emerge toda psicología. En la filosofía hindú, Shiva
representa el principio masculino de la ausencia de forma
del que emerge el principio femenino Shakti. Como explica
Michael Washburn:

> Aunque la teoría transpersonal aspire a una síntesis entre
> las perspectivas espiritual y psicológica, atribuye, no obs-
> tante, una prioridad teórica a la visión espiritual. La teoría
> transpersonal asume que, en última instancia, el desarrollo
> humano apunta a la plenitud espiritual y que la naturale-
> za humana, en consecuencia, sólo puede ser adecuadamente
> entendida desde una perspectiva espiritual. Y, en este sen-

tido, la teoría transpersonal sostiene que la espiritualidad...
debería desempeñar el papel de principio rector de una visión unificada del psiquismo.[7]

Como ya hemos señalado en el capítulo 4, cuando los discípulos europeos empezaron a visitar, durante la década de los
años veinte del pasado siglo, a Swami Prajnanand, éste se dio
cuenta de que el psiquismo occidental estaba compuesto de
elementos que la espiritualidad no dual no podía resolver, de
modo que leyó y estudió la teoría de Freud hasta desarrollar,
para sus discípulos, una forma de psicoterapia. Ubicando la
teoría psicoanalítica de Freud en un contexto no dual, enseñó a sus discípulos que debían aprender a "ser uno" con toda
experiencia, independientemente de su naturaleza, que esta
unidad no podía ser descubierta trascendiendo o soslayando
el psiquismo y que era necesario, en consecuencia, enfrentarse a cada elemento de la experiencia con la intención de fundirse con él. La conciencia no dual sólo se revela a través del
claro discernimiento de la propia experiencia y de ser uno
con lo que se discierne.

Gilles Farcet, maestro del linaje de Swami Prajnanpad,
explica que, cuando el *swami* trabajaba espiritualmente, se
centraba especialmente en las relaciones que la persona esta-
blecía con sus seres queridos, sus amigos, el dinero, el amor y
el sexo. Cada circunstancia debía ser afrontada desde la perspectiva de aprender a "ser uno con" esa experiencia, digerirla plenamente y verla como lo que era. Aunque el *swami* era
un renunciante y no se hallaba personalmente implicado en el
mundo del dinero, el sexo y las relaciones íntimas, se aproxi-
maba al trabajo de sus discípulos con la intención de ayudarles a liberarse de sus relaciones neuróticas. Era consciente de
que uno no puede liberarse de lo que ignora y de que, para
liberarse de algo, debe experimentar *bhoga*, es decir, el dis-

frute deliberado, pleno y consciente de cualquier aspecto de la vida. Y, en este mismo sentido, Arnaud Desjardins afirma que: «Nos empeñamos en ser libres antes de habernos familiarizado con nuestra esclavitud».

La psicología no dual es, en cierto modo, una psicología de la aceptación completa. Swami Prajnanpad enseñaba a sus discípulos a «aceptar lo que es, tal y como es, aquí y ahora, sin juicio alguno». Es precisamente esta capacidad de aceptación –es decir, de "ser totalmente uno con"– la que introduce un elemento de alquimia en el proceso de la transformación y lo diferencia de los enfoques dualistas. Rumi decía que, en el momento en que aceptamos nuestros problemas, se abren las puertas del cambio.

Existe un elemento de servicio y de responsabilidad social que convierte el supuesto siguiente paso en una "obligación del amor" que emerge de los estados más integrados de la comprensión espiritual. Las tradiciones espirituales contemporáneas subrayan cada vez más la maduración espiritual, que no sólo implica el desarrollo de uno mismo, sino algún tipo de contribución positiva al mundo que nos rodea.

Son varios los niveles en los que las personas se comprometen en el servicio y la responsabilidad social. Hay quienes se dedican al activismo social, mientras que otros educan a sus hijos de un modo que les hace sentirse amados y cuidados. También hay quienes entregan su vida a la oración y la renuncia, mientras que la contribución de otros les lleva a abrir una empresa o una escuela íntegra y comprometida. Independientemente del modo en que se exprese, pues, el contexto de nuestra vida se convierte en servicio y cada uno debe descubrir cuál puede ser su mejor contribución. Las visiones y contribuciones de los innovadores de los campos de la psicología transpersonal, integral y no dual reflejan un rasgo evolutivo del desarrollo de la psicología occidental.

## La dualidad iluminada

El maestro espiritual Lee Lozowick acuñó la expresión *dualidad iluminada* para referirse «la realización de la no dualidad tal y como se expresa en y a través del cuerpo y en la expresión plena de toda la vida, experimentada y disfrutada tal cual es, sin identificación». En este sentido, el contexto de la dualidad iluminada es la conciencia no dual, mientras que su contenido es la dualidad.

Resulta fácil suponer que la iluminación constituye el final del camino, cuando lo cierto es que no más que el comienzo. Si la iluminación es nuestra verdadera naturaleza, cuando nos damos intuitivamente cuenta de que estamos en la conciencia iluminada, nunca estamos lejos de esa percepción. Independientemente, sin embargo, de las "experiencias" que hayamos tenido de nuestra naturaleza iluminada, la integración en el cuerpo a un nivel celular, en los surcos profundos del condicionamiento psicológico y en todos los aspectos de la vida cotidiana, es un proceso que dura toda la vida. La mayoría tenemos problemas en aceptar el hecho de que, por más inspiradores de respeto y más transformadores que sean, los momentos de experiencia iluminada no constituyen, en modo alguno, el final del viaje espiritual, sino su comienzo y que no se habrá completado hasta que la comprensión no dual se encarne en todas y cada una de las manifestaciones dualistas.

El autor y psicólogo John Prendergast ha elaborado una visión no dual de la psicoterapia que facilita el descubrimiento de la no dualidad encarnada. «La mayoría de las grandes tradiciones espirituales no duales orientales reconocen que el despertar no es tanto el final como el comienzo del proceso abierto de la transformación espiritual –escriben Prendergast y su colega Kenneth Bradford–. Una cosa es estar completa-

mente despiertos a nuestra naturaleza esencial en tanto que
fundamento sin forma del ser o del no ser y otra muy distinta actualizar o encarnar esta conciencia en la vida cotidiana
de nuestro cuerpo y en las relaciones y aplicar esos cambios
a las estructuras sociales y colectivas.»[8]

La clave para trabajar eficazmente con todo el "material"
presentado en este libro sin quedarnos atrapados en el fan-
go consiste, desde la perspectiva de la dualidad iluminada,
en el cultivo de una conciencia que more en la naturaleza no
dual de todo fenómeno manifiesto. Aunque no seamos, en
todo momento, experiencialmente conscientes del contexto
no dual, siempre podemos vislumbrar la importancia de establecer distinciones útiles e inteligentes y de tomar, en cualquier momento, decisiones cuidadosas basadas en el contexto de lo que hemos comprendido. Con el paso del tiempo,
la percepción iluminada va arraigándose y estabilizándose y
da paso gradualmente a un desarrollo que no tiene fin. En la
medida en que el practicante de la dualidad iluminada lleva
a cabo su tarea, va zambulléndose también en el mundo de
la dualidad y de la manifestación, lo que incluye cualquier
emoción, neurosis, esfuerzo, lucha o alegría que aparezcan.
De ese modo, no hay nada que se niegue como ilusorio, nada
que se trascienda y "espiritualice" prematuramente y se presta, al mismo tiempo, la misma conciencia no dual a todas las
circunstancias. De este modo, la dualidad iluminada incluye
todas las facetas difíciles, neuróticas, profanas y "no espirituales" de nuestra experiencia y las contempla desde el contexto de la unidad.

También hay que decir, por último, que la dualidad iluminada va más allá del propio yo y asume el compromiso de
servir a una totalidad mayor. En el mundo de la dualidad iluminada, el contexto de la iluminación debe afectar a todos los
aspectos y estructuras de la sociedad, desde la arquitectura

hasta la educación, la política, la ética y nuestra relación colectiva con la ecología y con la tierra. Refiriéndose a de esta visión, el sabio indio Sri Aurobindo escribió:

> El yoga que practicamos no se agota en nosotros, sino que se orienta hacia lo Divino; su objetivo es el de contribuir a la aplicación de la voluntad de lo Divino en el mundo, llevar a cabo una transformación espiritual y hacer descender una naturaleza y una vida divina a la naturaleza y a la vida física, vital y mental de la humanidad.[9]

La dualidad iluminada representa la expresión plena de la unión entre la psicología y la espiritualidad y la maduración de nuestra capacidad de discernimiento espiritual. Tal posibilidad orienta las tradiciones espirituales y psicológicas en la medida en que ellas y nosotros tratamos de evolucionar, profundizar y convertirnos en seres humanos más integrados. Y, en el momento en que empieza a emerger la imagen de una integración humana más discriminativa, conviene considerar el rol que desempeña el maestro espiritual. En el siguiente capítulo, titulado "La cuestión del maestro", veremos algunos temas fundamentales ligados al discernimiento que deberemos tener en cuenta al contemplar el complejo tema de la función que desempeña el maestro en la transformación espiritual.

# 11. LA CUESTIÓN DEL MAESTRO

> El viajero que quiera llegar a un país desconocido por un camino desconocido no puede seguir por los mismos senderos por los que ha transitado hasta entonces. Debe ponerse en cuestión a sí mismo y buscar la guía de otros. No hay modo, siguiendo la experiencia familiar, de llegar a conocer un nuevo territorio.
>
> MIRABAI STARR, *The Dark Night of the Soul*[1]

El tema del maestro espiritual –al que algunos denominan también guru, jeque, *roshi*, lama o mentor– es uno de los más complejos de la espiritualidad contemporánea. Dos son, en esencia, las poderosas y a menudo contradictorias fuerzas que afectan a la función del maestro: (1) su poder para transmitir y apoyar al discípulo en el proceso de transformación profunda y (2) la posibilidad de que su desarrollo incompleto y poco integrado acabe frustrando de manera involuntaria e inconsciente el desarrollo de su discípulo. Es por ello que, aunque sean muchas y muy importantes las ventajas de contar con un maestro espiritual, no están exentas de posibles desventajas, que lamentablemente son bastante más frecuentes de lo deseable. Éste es un tema que deberían conocer muy bien los practicantes espirituales sinceros y entregados que aspiren a cultivar un discernimiento claro para poder discernir si necesitan o quieren o no un maestro, determinar los más eficaces y hacer un buen uso de ellos.

No todo el mundo puede tener un maestro espiritual. Cada camino es, en este sentido, diferente. Algunas personas son disciplinadas y su práctica se halla lo suficientemente asentada como para poder avanzar por su cuenta y riesgo, otros quieren avanzar espiritualmente, pero no sienten la necesidad de desarrollarse del modo en que lo indica un maestro espiritual y otros, por último, tienen una conexión profunda e inmediata con un guía interno. No todo el mundo comparte el mismo destino kármico de tener un maestro. Pero es sabio, independientemente del lugar del espectro en el que nos hallemos, educarnos sobre el tema del maestro, para no vernos sacudidos por nuestras propias reacciones inconscientes a la autoridad y poder asumir un enfoque discriminativo a la transformación espiritual.

También hay quienes tienen un maestro que se encuentra muy lejos (como sucede en el caso de los grandes gurus hindúes) a los que sólo ven en contadas ocasiones o quizá nunca, mientras que otros pueden tener, con ellos, un contacto más íntimo y personal. Mi experiencia de muchos años sobre una amplia variedad de tradiciones espirituales es que, en la medida de lo posible, el discípulo debería mantener un contacto regular con el maestro o, al menos, con un discípulo avanzado en el que el maestro delegue algunas funciones. En este capítulo, veremos las ventajas y las desventajas que acompañan al hecho de tener un maestro espiritual y los problemas psicológicos que suelen afectar a esta relación.

## LAS POSIBILIDADES ESPIRITUALES
### DE CONTAR CON UN MAESTRO

Quizá la mayor de todas las ventajas de tener un maestro espiritual sea la posibilidad de que éste nos transmita la experiencia viva de la verdad. Hay maestros que tienen la capacidad de evocar, en sus discípulos, una experiencia directa de la Verdad o de lo Divino. Y es que, por más que la experiencia sea casi siempre provisional, lo cierto es que constituye un momento crítico en el viaje del discípulo por el camino espiritual que despierta en él el fuego de la transformación. Del mismo modo que la descripción de un beso no es lo mismo que un beso, es muy diferente tener ideas o entender la experiencia espiritual que tener una experiencia directa transmitida por un maestro espiritual. «*Jyota se jyota jagaavo, sadaguru jyota se jyota jagavo*», –dice el *Sri-Skanda Purana*–, lo que significa: «Ilumina mi lámpara de la tuya ¡Oh *Satguru*! y elimina la oscuridad que cubre mi corazón».

Otra de las funciones del maestro es la de transmitir al discípulo el cuerpo de enseñanzas o *dharma*. El maestro eficaz lleva muchos años estudiando y practicando el *dharma* y lo ha asimilado de un modo que resulte accesible para sus discípulos. Es por ello que puede ayudar a su discípulo a integrar principios dhármicos de un modo cultural y evolutivamente apropiado a su nivel de comprensión y a sus necesidades espirituales en un determinado momento.

Otra de las importantes funciones que puede desempeñar el maestro que se halla físicamente accesible gira en torno a la posibilidad de hacer comentarios directos a sus discípulos sobre su práctica espiritual. Es cierto que un maestro fallecido puede proporcionar un *feedback* sutil pero, para interpretarlo correctamente, el discípulo debe estar muy maduro. El maestro vivo puede, en ocasiones, proporcionar un importante modelado de cualidades espirituales, entre las que cabe destacar la sabiduría, la dignidad y la combatividad. Hay maestros que pueden ayudar a sus discípulos a ver, en su vida, posibilidades que les pasan inadvertidas, mientras que otros pueden simplemente encarnar un cierto resplandor.

Cada maestro posee tanto cualidades como debilidades únicas y, en la medida en que avanza nuestra madurez, aumenta simultáneamente nuestra capacidad para percibir con mayor objetividad las facetas divinas y las facetas humanas del maestro.

Pero la principal función del maestro, por encima de cualquier otra, consiste en la diferenciación de roles entre iguales que sirve al propósito de la transformación. Recuerdo la ocasión en que, en 1994, viví cerca de un gran santo, el yogui Yogi Ramsuratkumar, en el sur de la India. Su poder, su luminosidad y su capacidad de transmitir bendiciones a quien solicitaba su ayuda superaba con mucho a las de cualquier persona que, hasta entonces, había conocido. Vivía y viajaba con un pequeño grupo de devotos que eran un ejemplo admirable de devoción, atención y servicio espiritual. La atmósfera sublime que rodeaba al santo era tan palpable que el misticismo casi podía olerse. Cuando ocupé mi lugar en el suelo entre sus discípulos, abriéndome a una experiencia sin precedentes en mi vida, nuestra igualdad esencial se reveló con toda claridad. El papel que todos desempeñábamos era una especie de relación entre iguales que aspiraba a evocar la transmisión espiritual. La relación entre maestro y discípulo es un constructo especialmente utilizado para transmitir la verdad espiritual y debemos ser lo suficientemente cuidadosos para no perdernos en nuestras proyecciones psicológicas sobre quién es el maestro o el lugar que, con respecto a él, ocupamos.

El jeque sufí Llewellyn Vaughan-Lee señala la existencia de doce niveles de iniciación espiritual que el ser humano debe atravesar a lo largo del viaje del alma por la vida.[2] Según dice, el buscador y amante de la verdad pueden atravesar sin maestro los seis primeros niveles pero, para avanzar e ir más allá del séptimo, es necesaria, vivamos o no cerca de él, la ayuda del un maestro. Existen ciertos aspectos de la transformación que requieren de un tipo de intervención ajena al mecanismo egoico. A veces basta con un shock, una experiencia poderosa de gracia, una pérdida o una práctica espiritual disciplinada que nos ayuden a dar el salto, pero la presencia de un maestro sabio es una de las influencias transformadoras más eficaces que pueden tener lugar en el curso de nuestro viaje espiritual.

Debemos señalar la existencia de una distinción muy importante entre autoridades espirituales relativas y autoridades absolutas. La mayor parte de los maestros espirituales, aun los mejores, son autoridades espirituales relativas. Son personas que han logrado una comprensión profunda y que pueden ayudar mucho a los demás. También son personas que transmiten el *dharma*, ejemplifican muchos principios importantes y son muy diestros a la hora de ayudar a sus discípulos a profundizar en su sabiduría interior. Aunque algunas autoridades relativas transmiten poderosas experiencias espirituales, también están sujetas a muchos de los problemas que afectan a las personas normales y corrientes, como el divorcio, la depresión, la enfermedad, el envejecimiento y la muerte de los seres queridos. Esos maestros, en su mayoría, tienen defectos humanos que distorsionan la calidad tanto de su transmisión como de sus enseñanzas.

Bastante más extrañas son las autoridades absolutas, que encarnan, en un grado ejemplar, lo que enseñan y han integrado plenamente el conocimiento superior al que han logrado acceder. Son personas muy poderosas y capaces de una fuerte transmisión. Pero, aun en el caso de tener la suerte o la bendición de conocer a tal individuo, todavía deberíamos aprender a mantener una relación sana con ellos, porque las autoridades espirituales absolutas siguen siendo seres humanos. Es por ello que, uno de los aspectos más importantes del discipulado consiste en aprender a sostener la polaridad de los aspectos divino y humano del maestro.

Independientemente, sin embargo, de que contemos con autoridades espirituales absolutas o con autoridades espirituales relativas, aun la mejor de las relaciones depende de la dinámica psicológica de la relación que mantengan discípulo y maestro que, a su vez, se ve "alimentada" por las proyecciones de ambos. Es importante cobrar, pues, conciencia de los problemas psicológicos con los que tropecemos en nuestra relación con un maestro espiritual.

## LOS PROBLEMAS PSICOLÓGICOS QUE ENTRAÑA LA RELACIÓN CON UN MAESTRO

Pero el hecho de contar con un maestro no está exento de problemas. Y, si queremos gestionar esos problemas con discernimiento, deberemos ser conscientes de los retos psicológicos que puede entrañar porque, cuando no les prestamos la atención debida, acaban convirtiéndose en un auténtico obstáculo tanto para el desarrollo del discípulo como para la relación misma. La inmadurez y la inconsciencia también ponen en peligro otras cualidades importantes de la relación con un maestro, como la entrega, la confianza y la obediencia.

Al discípulo le compete la tarea de mantener una relación madura con su maestro. Es muy frecuente, en este sentido, que el discípulo proyecte y recree en la relación con el maestro los problemas psicológicos sin resolver procedentes de su infancia.

La diferenciación psicológica del maestro también nos obliga a entender lo suficientemente bien nuestra dinámica psicológica infantil insana para no seguir recreándola en la relación con el maestro o con la comunidad de practicantes.

El establecimiento de una relación madura con el maestro espiritual sólo es posible en los casos, relativamente raros, de una infancia psicológicamente sana o, lo que es más frecuente, de un trabajo psicológico sobre uno mismo durante un largo período de tiempo que, a menudo, asume la forma de psicoterapia.

La expresión *complicidad mutua* suele utilizarse para describir un tipo de relación en la que el discípulo y el maestro mantienen una dinámica relacional distorsionada. Ésta es una dinámica insana que suele extenderse a la relación con las jerarquías que rodean al maestro, independientemente de que ocupemos una posición de poder y de control o que tratemos de servirnos de ellos para conectar con el maestro o con las enseñanzas.

Debemos admitir que la relación que mantenemos con cualquier persona que ocupa una posición de autoridad –independientemente de lo divina que sea la persona en cuestión– siempre estará más o menos teñida por la proyección psicológica de la relación que mantuvimos con nuestros padres u otras autoridades importantes de nuestra vida. Y la experiencia también nos obliga, por más lamentable que parezca, a tener en cuenta la misma dinámica en el caso del maestro.

Muchas tradiciones espirituales se mueven dentro de un sistema en el que hay un guru, un lama o un maestro raíz y muchos otros maestros que ayudan al discípulo, a lo largo de todo su camino, con determinados aspectos de su desarrollo. Éste es un modelo en el que cabe la posibilidad de que el maestro no pueda responder a todas las necesidades que aquejen al discípulo.

## El reto psicológico
## que implica ser un maestro

El trabajo que he realizado durante los últimos quince años me ha proporcionado la ocasión de observar a muchas personas que ocupan posiciones de autoridad y rastrear también su vida a lo largo del tiempo. Y esta situación pone claramente de relieve la necesidad de que el maestro se enfrente también adecuadamente a su propio conjunto de retos psicológicos. Estoy convencida de que tanto el maestro como el discípulo, y ambos a la vez, se ven inmersos en procesos simultáneamente ligados al desarrollo espiritual y psicológico. Y, como la emergencia de estos procesos no es correcta ni tampoco equivocada, el individuo debe asumir la responsabilidad de prestar atención a la dinámica que los acompaña.

No siempre es fácil –y, en ocasiones, puede llegar incluso a ser muy difícil– para el maestro asumir que la realización espiritual no le exime de la necesidad de poner en cuestión su propia configuración psicológica. Es como si el maestro temiese que la aceptación de sus debilidades psicológicas redujese su autoridad espiritual cuando lo cierto, en mi opinión, es precisamente lo contrario. La única forma de proteger al discípulo del peligro inconsciente de la proyección y de la complicidad mutua consiste en asumir la responsabilidad de conocer y prestar una adecuada atención a su idiosincrasia y sus debilidades.

Contratransferencia es el término psicológico que se refiere a la respuesta interna del psicólogo a lo que el cliente dice y proyecta. De manera parecida, el maestro espiritual puede tener una respuesta interna a las ideas y proyecciones que se arrojan sobre él, lo que puede evocar una tendencia larvada inapropiada hacia el narcisismo, el poder, la fama y la seducción. Todo esto se deriva de una sensación de identidad desmesurada y distorsionada que resulta de asociar erróneamente la personalidad egoica al yo verdadero y de tomarse en serio las proyecciones de los discípulos. Aunque las proyecciones del discípulo son esencialmente impersonales, resulta fácil que tanto el discípulo como el maestro las asuman personalmente. En este sentido, la psicóloga Jennifer Welwood afirma que:

> La inflación no reconocida acaba convirtiéndose en abuso de poder y éste, a su vez, en corrupción. Pero, aunque la corrupción no se represente externamente, sigue siendo un problema interno irresuelto. Todos debemos enfrentarnos a nuestras tendencias inconscientes. Y, por más que hayamos cultivado la capacidad de reconocer nuestra naturaleza despierta, importantes regiones de nuestra mente siguen sin despertar ni estar adecuadamente integradas, lo que supone el fortalecimiento de las tendencias habituales. Sólo quedan, en este punto, dos posibles alternativas, enfrentarnos deliberadamente a nuestras tendencias o reproducirlas inconscientemente. Son muy pocas las personas que estén libres de estos problemas y del arduo trabajo evolutivo que ello implica, y en ellos pueden verse inmersos aun quienes afirman estar espiritualmente realizados, los *satgurus* despiertos.[3]

El despertar no dual coexiste con las leyes de la dualidad, el proceso del karma y la psicología humana. Si el maestro no presta la misma atención a su experiencia humana que a su conciencia no dual, sus discípulos se verán obligados a pagar el precio y el maestro/a sufrirá las consecuencias kármicas de esa asunción prematura de iluminación o despertar espiritual. El psicólogo y jeque sufí Robert Frager afirma, en este sentido que las consecuencias kármicas de los errores de quienes desempeñan funciones de enseñanza espiritual son, según el sufismo, dobles. Y, cuando un discípulo enseña a otros y comete un error, las consecuencias kármicas del maestro se cuadruplican. Hay que ser, en este sentido, muy humildes, porque la responsabilidad que entraña la enseñanza espiritual es muy elevada y son muy pocas las personas que se hallen realmente en condiciones de asumir esa función.

Todavía nos queda por establecer una última distinción y es que la realización espiritual no necesariamente implica el desarrollo de la capacidad de transmitir esa realización a los demás. Muchas personas creen erróneamente que la realización cualifica a la persona para enseñar. Pero la realidad, no obstante, es que probablemente haya miles y hasta decenas de miles de personas que, pese a haber experimentado profundas realizaciones espirituales, carecen de las habilidades necesarias para transmitirlas. La enseñanza requiere habilidades muy especiales, como la capacidad de percibir, de trabajar y de comunicarse eficazmente con el discípulo teniendo adecuadamente en cuenta la estructura psicológica de éste y su nivel de desarrollo espiritual. Y esos maestros son, cómo decirlo, más bien escasos.

Carl Jung acuñó la expresión *intermediario gnóstico* para referirse al individuo que posee las habilidades necesarias para traducir la sabiduría especial viva de una cultura –o incluso de una subcultura– a otra. A esto se refiere Roger Walsh, fundador de la psiquiatría transpersonal, cuando dice que los intermediarios gnósticos son personas que han incorporado personalmente la sabiduría de una tradición y pueden hablar directamente de su experiencia y traducir esta experiencia y comprensión al lenguaje y los conceptos de la cultura con la que quieren comunicarse.[4]

Walsh insiste en la necesidad, para convertirse en intermediario gnóstico, de tres procesos diferentes: (1) ser una persona sabia (que no se limite a la mera acumulación de conocimientos); (2) aprender el lenguaje y los sistemas de la cultura en la que uno quiere comunicarse y (3) traducir la experiencia al lenguaje y los conceptos de la nueva cultura, de modo que el receptor pueda llegar a tener la experiencia "¡Ajá!".

Independientemente de que se trate de un maestro o de un discípulo, todo aquel que se halle en el camino es, de algún modo, un intermediario gnóstico. A fin de cuentas, todos tratamos de crecer espiritualmente y de compartir con los demás los frutos de nuestro crecimiento. Todos debemos pues, independientemente de nuestra función, integrar ese conocimiento y expresarlo a través de nuestra vida, de modo que podamos servir a los demás y a la curación de la vida en el planeta a niveles cada vez más profundos.

«La pureza del Maestro es subsidiaria con respecto a la del discípulo» dice, en este sentido, Arnaud Desjardins. Y es que, en última instancia, las cuestiones que afectan al discípulo son, para nosotros, más importantes que las que afectan al maestro porque lo que nos preocupa, hablando en términos generales, no es tanto la forma de convertirnos en maestros, como el modo de convertirnos en mejores discípulos. Además, los mejores discípulos son siempre los mejores maestros. Es mucho más sano centrar toda nuestra atención en convertirnos en buenos discípulos que aspirar a ser un buen maestro. Es el discipulado, por último, el que conserva nuestra integridad y hay ocasiones en que los buenos discípulos son los que obligan a los maestros sinceros a seguir creciendo y desarrollándose. «La última cosa que el mundo necesita es otro maestro de yoga –solía decir mi maestro de yoga Bhavani–. Lo que el mundo realmente necesita son discípulos entregados.»

\*\*\*

En este capítulo hemos subrayado una vez más que el cultivo del discernimiento nos ayuda a movernos con eficacia, respeto, inteligencia y amor a través de los vericuetos de la relación maestro-discípulo. Nuestra responsabilidad nos obliga a convertirnos en discípulos más informados, conscientes y discriminativos, para no desperdiciar la oportunidad realmente única de relacionarnos con un maestro espiritual y evitar así caer en las trampas en las que han tropezado muchos sinceros practicantes espirituales. La madurez y la capacidad espiritual de establecer distinciones claras en nuestra experiencia son las principales protecciones y uno de los recursos más importantes con que contamos para avanzar a lo largo del camino.

# 12. *OM MANI PADME...* ¡MADURA!

Basta con que crezcas.
¡Despreocúpate de la muerte!

LEE LOZOWICK

*Om mani padme hum* es el gran mantra tibetano de la compasión que contiene, según se dice, todas las enseñanzas del Buddha. En una época, como la nuestra, de tanta confusión psicológica, sociológica, económica, política y espiritual, una de las intenciones más compasivas y afirmadoras de la vida que podemos evocar en el camino espiritual es *Om mani padme ¡madura!*

Es muy fácil pasar la vida –independientemente de que seamos padres, ejecutivos o ancianos– sin haber madurado psicológicamente. Convertirse en un ser humano maduro e integrado es una empresa compleja que requiere esfuerzo y discernimiento. El desarrollo espiritual exige un adecuado discernimiento y se expresa a través de una madurez espiritual basada en la responsabilidad, la práctica espiritual y la gratitud.

En cierta ocasión en que le preguntaron qué quería que le regalasen para su cuarenta cumpleaños, el maestro espiritual Arnaud Desjardins respondió: "¡Comportarme como un hombre de cuarenta años!". Por su parte, el psicólogo y místico Carl Jung sugirió que los problemas más importantes de la vida no podían ser resueltos, sino tan sólo superados. Y superar los problemas significa cultivar un discernimiento que nos permita superar la inmadurez e ir más allá de la ignorancia y confusión característicos de los diferentes niveles de la experiencia.

Fleet Maull, maestro budista y fundador de la Prison Dharma Network, aprendió del modo más duro las lecciones que implica el crecimiento. Mientras servía como asistente personal de su maestro Chögyam Trungpa Rinpoche se dedicaba al tráfico de drogas con Sudamérica hasta que finalmente fue descubierto y encarcelado. Y, en los catorce años que se vio obligado a pasar en prisión, murieron su hijo y su maestro. Y, aunque Maull era budista desde mucho antes de su encarcelamiento, esas pérdidas le ayudaron a contemplar, desde una nueva perspectiva, la importancia de la responsabilidad y de la práctica espiritual y la necesidad de madurar psicológica y espiritualmente. Esas pérdidas, dicho de otro modo, le enseñaron la importancia del discernimiento.

Mientras escuchaba a Maull hablar de su experiencia, uno de los asistentes a una de sus conferencias, un serio y joven practicante, le preguntó: «¿Qué consejo nos darías para que entendiéramos la importancia de despertar y madurar sin vernos obligados a atravesar los problemas en los que tú te viste inmerso?».

−¡Ésta es la pregunta del millón de dólares! −replicó Maull.

La maduración es una tarea del discernimiento espiritual que nos obliga a asumir la responsabilidad completa de nuestra existencia. Y también implica la necesidad de descubrir el mejor modo de contribuir a que el nuestro sea un lugar mejor. Si realmente es cierto lo que han sugerido muchos de los grandes psicólogos y maestros espirituales −es decir, que sólo somos conscientes del 10% de nuestra conducta−, la empresa a la que se enfrentan quienes han emprendido el camino espiritual es colosal. Primero debemos cobrar conciencia de las cosas que nos gobiernan inconscientemente y luego tenemos que aprender a discernir claramente al respecto. Y esta toma de conciencia de lo que anteriormente era inconsciente significa renunciar a la postura de víctima tan característica de las personas psicológicamente inmaduras y asumir la responsabilidad de nuestra curación psicológica y del efecto que nuestra conducta tiene sobre los demás.

El desarrollo espiritual es una exigencia todavía más elevada que sólo puede ser el fruto de un discernimiento claro. Desde una perspectiva espiritual, la mayoría de los practicantes espirituales (incluidos los maestros) son, cuando emprenden el camino, "niños". Nos desconocemos a nosotros mismos y, en la medida en que encontramos el camino –aunque quizá debiéramos decir en la medida en que el camino nos encuentra a nosotros–, nos vemos obligados a atravesar un proceso de experiencia y comprensión profunda que puede durar meses o incluso años. La intuición provisional de la iluminación suele ir acompañada de una engañosa sensación de omnisciencia e invulnerabilidad. Creemos entonces saber más de lo que, en realidad, sabemos y a menudo estamos orgullosos de nuestro "conocimiento". El paso del tiempo, sin embargo, acaba poniendo en su sitio esas intuiciones y, si abrimos bien los ojos y estamos dispuestos a crecer, nos damos entonces cuenta de nuestra ingenuidad. Muchos maestros espirituales afirman haberse sorprendido al descubrir, retrospectivamente hablando, el poco discernimiento que tenían durante los años que siguieron a su iluminación y lo infantiles que, en consecuencia, eran muchas de sus enseñanzas y de sus acciones.

La "iluminación" discurre, como hemos subrayado en el capítulo 1, a través de una secuencia de niveles de madurez cada vez más elevada. Por más profundas que sean nuestras comprensiones no duales, todavía queda por delante, aunque empecemos a estabilizarlas, un largo proceso de desarrollo. Aunque muchos realizados afirmen que el estado no dual no puede cambiar, crecer, menguar ni profundizarse, la filosofía del yoga y de otras tradiciones esotéricas señala la existencia de una multiplicidad de niveles y estadios de la iluminación, e insiste en que son muy pocas las personas que han alcanzado sus cumbres más elevadas. Es necesario, pues, un gran discernimiento para contemplar, desde esta perspectiva, nuestro desarrollo espiritual y reconocer que el proceso de profundización carece de límites. Bien podríamos decir, en este sentido, que el proceso de discriminación y desarrollo espiritual dura toda la vida.

Durante el tiempo que pasé trabajando como periodista espiritual habré entrevistado a más de un centenar de maestros que se consideraban –y eran también considerados– personas iluminadas. Y, aunque existe un acuerdo general en torno a la naturaleza de la experiencia no dual, también son muchas las diferencias existentes sobre el nivel y el calibre de su madurez y de sus enseñanzas tanto psicológicas como espirituales. Y, cuando uno no ha conocido a muchos maestros e ignora los criterios que, cuando se relaciona con ellos, debe tener en cuenta, esas diferencias suelen resultar muy difíciles de advertir.

El hecho es que hay muy pocos seres plenamente iluminados. La mayoría de los maestros, por el contrario, se hallan en algún punto del espectro que, partiendo de la infancia espiritual, pasa por la adolescencia espiritual y desemboca en la madurez espiritual. Y aunque, en los estadios más profundos de la realización espiritual, un maestro pueda exhibir muchas cualidades infantiles como la inocencia, la apertura y la ausencia de límites, se trata de una infancia muy distinta a la inmadurez característica de la falta de integración psicológica.

Aprender a discernir estos niveles y estratos es una tarea continua y compartida que compete tanto al discípulo como al maestro. Pero hay otra razón que nos obliga a subrayar la importancia del cultivo del discernimiento interior. Como dijo el filósofo taoísta chino Lao-Tzu: «Dale a un hombre un pescado y le alimentarás durante un día. Enséñale a pescar y le alimentarás durante toda la vida». En este sentido, el discernimiento es el alimento que puede nutrir nuestro desarrollo espiritual durante toda la vida.

## La responsabilidad de uno mismo

Cada vida es una pregunta sin respuesta y un territorio sin cartografiar. Hay cuestiones que ningún guru, *dharma*, libro, terapeuta o amigo sabio puede responder por nosotros. Nadie nos dirá, cuando nos hallemos ante las puertas metafóricas del cielo: «Como has sido un buen cristiano (o un buen budista, un buen discípulo o un buen yogui), puedes entrar en el paraíso». Muy al contrario, entonces nos hallaremos solos en presencia del misterio, frente a la resultante de todos los momentos de nuestra vida y el grado de despertar, comprensión y compasión que, hasta ese momento, hayamos desarrollado. Necesitamos profundizar en nuestro interior y aprender a entregarnos.

Hay, en la vida de cada uno de nosotros, una soledad intrínseca que nadie –ni ser humano ni divino– puede llegar a erradicar. A cada nuevo instante nos hallamos ante una nueva encrucijada en la que debemos tomar una decisión y cada decisión tiene sus consecuencias. El discernimiento es necesario en cada momento de nuestra vida y en cada una de las encrucijadas por las que atraviesa nuestro desarrollo espiritual. Y el nivel de conciencia y de discriminación son los que determinan, en este sentido, nuestro grado de participación consciente en el despliegue de nuestra alma.

Después de muchos años de prácticas terribles y de purificaciones muy profundas bajo la tutela de su maestro, la gran mística sufí Irina Tweedie escribió:

> La comprensión profunda de que cada acto, cada palabra y hasta cada pensamiento no sólo influye en nuestro entorno sino que, por alguna razón misteriosa, forma parte integral e importante del Universo y se adapta necesariamente a lo que decimos, pensamos o hacemos es una experiencia desbordante y hasta demoledora. Esa situación entraña una extraordinaria responsabilidad. Si realmente nos diésemos cuenta de que hasta el más pequeño de nuestros actos y el más insignificante de nuestros pensamientos tienen efectos a largo plazo y movilizan fuerzas que quizá puedan hacer añicos una galaxia... si lo supiésemos de manera profunda y absoluta, si esa realización se grabase permanentemente en nuestro corazón y en nuestra mente, seríamos mucho más cuidadosos con lo que pensamos, decimos y hacemos. ¡Qué preciosa sería entonces, en esa unidad integral, nuestra vida! Y esto es, en mi opinión, lo más lejos que pueden llegar el corazón y la mente humana.[1]

Asumir nuestra responsabilidad consiste en descubrir el efecto que nuestra experiencia tiene sobre la totalidad de la vida. No es fácil ni gratuito descubrir la verdad sobre nosotros mismos. El precio del desarrollo espiritual consiste en discernir y asumir claramente la responsabilidad que nos compete por nuestro mundo interno y externo tanto por lo que, en nuestro interior, es consciente como por lo que es inconsciente, especialmente aquellas dimensiones de nuestra experiencia que decidimos relegar más allá del umbral de la conciencia.

Debemos estar dispuestos a enfrentarnos a las ilusiones y a las ideas limitadas que considerábamos nuestra identidad total, debemos reconocer aquellas cosas de nuestro interior que no querríamos ver, esforzarnos de continuo, estar dispuestos a dejar de guardar las apariencias y experimentar, en la medida en que el camino lo requiera, la pérdida de nuestra identidad y de nuestras ilusiones. El trabajo interno sólo puede conseguir su objetivo a través de un discernimiento claro que afecte a todos los aspectos de nuestra experiencia.

Podemos pagar a alguien para que limpie nuestra casa, pague nuestros impuestos, nos enseñe piano y arregle lo que rompamos, pero nadie, absolutamente nadie, puede llevar a cabo el trabajo interno que a nosotros nos compete. Cuando asumimos la responsabilidad que nos corresponde, crecemos psicológica y espiritualmente y podemos responder a la vida como lo hacen los hombres y mujeres maduros y auténticos. Jeanne de Salzmann, maestra del linaje de G.I. Gurdjieff, se refiere a esta decisión de asumir la responsabilidad de uno mismo en su ensayo "Primera iniciación" con las siguientes palabras:

> Todo el mundo recibe, en la vida, exactamente lo que da. Tu vida es el espejo en el que se refleja lo que eres. Tu vida es tu propia imagen… El primer requisito, la primera condición, la primera prueba para quien desea trabajar consigo mismo, consiste en… ver, en ti mismo, cosas que jamás habías visto, pero verlas realmente… y, para ver, debes aprender a ver. Ésta es la primera iniciación del hombre en el camino del autoconocimiento… Pero verás que esto no es fácil. Ni tampoco es barato. Esto es algo que cuesta… debes pagar, pagar mucho y pagar por adelantado. Pagar contigo mismo, pagar con el esfuerzo sincero, consciente y desinteresado. Y, cuanto más dispuesto estés a pagar sin evasivas, sin trampas y sin falsedades, más recibirás.[2]

## El valor intrínseco de la práctica

La única respuesta, si no nos preparamos realizando las prácticas preliminares necesarias, a la pregunta "¿Quién soy yo?" es "El mismo loco de siempre".

Swami Sivananda

Existe, en el mundo de la espiritualidad contemporánea, un gran debate filosófico sobre el valor de la práctica espiritual. Hay quienes afirman que la práctica no tiene nada que ver con la iluminación y que el esfuerzo mismo que entraña obstaculiza la autorrealización. Los defensores de este punto de vista sostienen que el "esfuerzo" y la "actividad" de la práctica espiritual nos alejan de la experiencia de la iluminación, un estado natural que siempre se halla presente. Pero también hay quienes, ubicados en el otro lado del espectro, subrayan la necesidad de un ejercicio espiritual disciplinado, en cuya ausencia resulta imposible, en última instancia, crecer y madurar espiritualmente. El cultivo de discernimiento nos permite ver claramente y asumir la responsabilidad de nuestra perspectiva y de nuestra relación con la práctica espiritual.

Es cierto que, cuando experimentamos un despertar de nuestra conciencia, no parece haber correlación directa alguna con la práctica, pero todas las tradiciones místicas han corroborado, a lo largo de los siglos, la necesidad de alguna forma de práctica disciplinada. Cuando exploramos las biografías de los grandes realizados –aun de los que afirman que la práctica no es un requisito para la iluminación– advertimos que todos ellos ha dedicado largos períodos de su vida a la búsqueda ardua y a la práctica disciplinada. El gran sabio del sur de la India Ramana Maharshi por ejemplo, cuya realización espiritual nadie cuestiona, descubrió, a los diecisiete años, la verdad sobre la naturaleza de su existencia. Y luego siguió ejercitando e integrando su experiencia durante más de treinta años, antes de permitir la creación de un *ashram* y de estar dispuesto a transmitir sus enseñanzas.

Aunque no exista conexión lineal y causal entre la práctica espiritual y la experiencia de la iluminación –es decir, aunque la práctica no necesariamente *provoque* la iluminación– lo cierto es que existe, entre ambas variables, una relación muy estrecha. «Es cierto que la iluminación es un accidente –dice el maestro budista Jack Kornfield–, pero se trata de un accidente al que la práctica espiritual nos torna mucho más proclives.»

Paradójicamente, es el esfuerzo de la práctica el que parece posibilitar la entrega. Y, aunque no podamos hacer el esfuerzo de entregarnos, porque la entrega consiste en soltar, la práctica nos ubica en una corriente o contexto que nos predispone a recibir y descansar en los momentos de entrega que inevitablemente salpican una vida dedicada al despertar. La práctica ejercita un "músculo" sutil e invisible que acaba estableciendo, en el cuerpo, una matriz invisible y poderosa. Esa matriz nos ayuda a integrar y estabilizar las poderosas intuiciones y experiencias que jalonan nuestro camino. No en vano, la práctica espiritual se denomina, en sánscrito, *sadhana*, un término que significa "proceso". Entrar en la corriente de la práctica consiste en insertarse en un proceso y permanecer en él mientras siga siendo útil. Es el proceso mismo, en suma, el que va aproximándonos gradualmente al discernimiento y la madurez espiritual.

Recuerdo una época, después de diez años de meditación y prácticas dietéticas rigurosas y disciplinadas, en el que experimenté la necesidad de corroborar la importancia de la noción de práctica. Estaba interesada en los argumentos filosóficos contra la práctica y era evidente que gran parte mi motivación para una práctica tan intensa se basaba en la creencia profundamente arraigada de que, si me esforzaba lo suficiente, acabaría consiguiéndolo. Pero también había descubierto profundas proyecciones psicológicas no sólo sobre mi maestro, sino también sobre la noción de práctica espiritual y mis ideas sobre Dios y lo Divino. Fue por ello que, durante un período de tiempo, renuncié completamente a la práctica.

Lo primero que descubrí fue que, si dejaba de practicar, no ocurría nada malo ni perdía tampoco, por ello, el favor de lo divino ni de mi maestro. También me di cuenta de que, por más que practicase, no tenía la menor certeza de llegar finalmente a mi destino. "¿Debía retomar la práctica? ¿Cómo debía vivir mi vida –me pregunté– si quería ser una mujer madura en el camino de la vida espiritual?" Y entonces me di cuenta de que tenía que *elegir* las mismas cosas que anteriormente llamaba "práctica", porque tenía mucho sentido hacerlo así. Debía dedicar un tiempo diario a la meditación o contemplación y el estudio. Debía comer bien y ejercitar el cuerpo, que sabía que era un don fugaz, para estar fuerte y sana. Debía tratar de vivir con integridad, fortalecer mi conciencia y mi autoconocimiento, seguir estudiando y hacer de mi vida una vida de servicio. Así fue como me di cuenta de que las prácticas que tanto tiempo llevaba realizando no sólo eran un medio necesario para el logro de un fin, sino una expresión misma de ese fin.

Los problemas que acompañan a la práctica no son intrínsecos a la misma práctica, sino a la identificación con un resultado concreto, lo que puede provocar una suerte de lucha y de falta de aceptación de nuestra realidad presente. Pero, cuando la práctica es estable y se lleva a cabo dentro del contexto de una comunidad de practicantes espirituales y contando con fuentes fiables de guía y *feedback* espiritual, las motivaciones confusas acaban viéndose reemplazadas por motivaciones mucho más maduras. El discernimiento es, en este sentido, uno de frutos más importantes de la práctica.

La práctica no sólo alienta la transformación positiva, sino que es una expresión orgánica de la sabiduría espiritual. La práctica representa, en este sentido, tanto el comienzo, como el intermedio y el final del camino. Según se dice, cuando sus discípulos preguntaron a Jesús: «¿Dinos cómo será nuestro fin?», éste replicó: «¿Por qué te preocupas, si todavía no has descubierto el comienzo, por el final? Pues en el lugar en el que está el origen, allá estará también el fin. Bendito sea el que estará de pie en el origen, porque conocerá el fin y no saboreará la muerte».

## La gratitud y la alabanza

> Antes de pedirle a Dios lo que quieres, dale las gracias por lo que tienes.
>
> Talmud

«Porque sólo al alabar es mi corazón todavía mío», escribió Rainer Maria Rilke por más que, durante su vida, experimentase un tremendo sufrimiento personal y existencial. Una de las facetas del camino espiritual consiste en dar las gracias y alabar, pero no porque nos guste todo lo que, en él, encontramos, sino como expresión de gratitud por el don y el misterio de la vida, por las horas y años fugaces de encarnación que se nos ha dado, por la oportunidad de autoconocimiento y despertar y por lo que los budistas, en suma, denominan "este precioso nacimiento humano". No estamos ciegos al dolor y el sufrimiento interno y externo, pero podemos percibir la vida a través de un corazón y de una mente discriminativos que nos permiten reconocer el espacio mayor y más amplio del que todo emerge. Y lo cierto es que el discernimiento nos lleva directamente a dar las gracias y alabar a Dios, la vacuidad o algo intermedio.

El poeta nativo americano Sherman Alexie expresa con toda claridad el discernimiento de la gratitud en medio del sufrimiento en su poema "Alabanza de la Obra", en el que relata las tragedias que siguen afectando a su reserva y su familia. Y es que, aun en medio del infierno de los hogares rotos, el abuso infantil, la delincuencia y los niños perdidos y su propia ira y sufrimiento, ha desarrollado la capacidad de alabar y nos invita a todos hacer lo mismo.

La madurez espiritual no depende de la edad ni del tiempo que llevemos en el camino, sino que es el fruto de la decisión interna de cultivar la gratitud como forma de estar en el mundo. En 1944, mientras se ocultaba de los nazis, una Ana Frank de catorce años escribía en su famoso diario: «Hay muchas razones para esperar una mayor felicidad pero… tenemos que ganárnosla. Y eso es algo que no podemos lograr tomando el camino fácil».

En cierta ocasión le pregunté a mi amiga Marina, una psicóloga española, por qué, en su opinión, los españoles parecen mucho más felices que los estadounidenses. «Porque –replicó–, en Estados Unidos, la gente prefiere saber quién es antes de disfrutar de la vida mientras que, en España, la gente celebra la vida antes de saber quién es.»

El cultivo consciente de la gratitud nos permite dar las gracias y alabar. Como el contento, la gratitud es fruto de un discernimiento claro. Alabar es elegir la gratitud aun cuando nos hallemos en medio del infierno. Cuando Kenny Johnson tuvo un despertar espiritual mientras estaba en la cárcel, decidió dar las gracias aunque se hallara en ese entorno. Los baúles de Bengala, celebrados por el poeta místico Rabindranath Tagore, son mendigos renunciantes que viajan de un lado a otro cantando canciones de "amor en el infierno" y comparten las enseñanzas extáticas del tantra mediante cánticos y celebraciones. Cuando el maestro espiritual Robert Ennis estaba muriendo de una dolorosa muerte de sida, salió súbitamente del coma y, abriendo los ojos dio, antes de sumirse en su último sueño, las "gracias" a quienes le rodeaban. Ser capaz de ver con claridad en medio del sufrimiento y la dificultad es uno de los frutos poderosos del discernimiento y una expresión de madurez espiritual.

El nombre de Patañjali, compilador de los *Yoga Sūtras*, significa "el que cae en las manos abiertas". Aprendemos a abrirnos y a dar las "gracias" por cada experiencia que tenemos en la vida, sin importar la que sea o lo que el poeta Rumi denominaba "alegría ante un súbito desengaño". Y, aunque esto no sea fácil de hacer, merece la pena aspirar a ello porque cuando aprendemos a valorarlo descubrimos, aun en medio de las situaciones más difíciles, una extraordinaria fortaleza interna.

Uno de los significados del término sánscrito *shraddā*, que a menudo se traduce como "fe", es el de "amor a lo desconocido". Shraddā dice: «Se me ha dado todo lo que he necesitado, aunque ignorase que lo quería. La situación que hay frente a mi *es*, aunque no la experimente de ese modo, una bendición disfrazada». Bien podríamos decir, desde esta perspectiva, que la fe consiste en "elegir el camino que se nos ha dado".

A menos que seamos uno de esos pocos afortunados que nacen con una fe inquebrantable en la vida, la fe es algo que debe ser cultivado. Es un acto deliberado de la voluntad, una disciplina mental y una decisión que tomamos conscientemente una y otra vez hasta el día en que se presenta sola. Así es como acabamos dejando a un lado nuestra necesidad de controlar la vida y empezamos a dejar que la vida misma sea nuestra maestra.

Una de las mayores expresiones de gratitud y alabanza es el compromiso con una vida entregada al servicio. El discernimiento nos ha llevado a querer servir a los demás y a entregar nuestra vida al servicio. El deseo profundo de servir emerge del reconocimiento de que la vida no nos ha sido dada para nuestro exclusivo placer y disfrute, sino para servir a algo mayor. «Ignoro cuál será vuestro destino –escribió el teólogo y músico Albert Schweitzer–, pero sé que los únicos que, de entre vosotros, seréis realmente felices serán aquellos que busquen y encuentren el modo de servir.»

Colocar a los demás por delante de uno y servirles es una de las expresiones más prácticas de gratitud y alabanza que podemos ofrecer a la vida. Actuemos, en este sentido, agradecidamente, aunque no nos sintamos agradecidos. El servicio no se expresa en un solo sentido ni se muestra necesariamente en gestos grandilocuentes que todo el mundo pueda ver. El servicio puede encauzarse a través del modo en que cuidamos de nuestros hijos, en los pequeños actos de amabilidad hacia los demás o viviendo una vida ecológicamente consciente. Hay quienes sirven a través de una vida de oración, mientras que otros lo hacen a través del activismo social o del arte transformador, pero lo que hay detrás de todos esos actos de servicio es la decisión de vivir una vida entregada a algo que nos trasciende. El santo indio Yogui Ramsuratkumar, que comía y dormía muy poco y entregó su toda su vida a la curación y el servicio a los demás, decía: «Si sirvo a una persona, mi vida merece la pena».

El maestro espiritual indio Swami Prajnanpad decía que el desarrollo y la maduración espiritual del ser humano es un proceso que atraviesa cuatro estadios diferentes y avanza progresivamente desde el egocentrismo hasta el alocentrismo. Inicialmente, nuestra vida gira exclusivamente en torno a "uno mismo", luego pasamos a "yo mismo y el otro", después llegamos a "el otro y yo" y, por último, desembocamos sencillamente en "el otro". El desarrollo de la espiritualidad supone, en este sentido, un avance gradual desde el egocentrismo hasta el alocentrismo, mientras el discernimiento y la madurez espiritual nos llevan a encarnar la auténtica sabiduría espiritual.

## Una carta de amor de lo divino

Si queremos avanzar a lo largo del camino espiritual debemos convertirnos en personas más completas que constituyan un ejemplo luminoso, en un mundo lleno de sufrimiento, de la sabiduría espiritual. El término sánscrito *sūtra* significa literalmente "hilo", el hilo que empleamos para conectar y guiarnos a través de los obstáculos que aparecen en el camino espiritual. En la medida en que tejemos el discernimiento a lo largo de todo el camino espiritual, nuestra vida cada vez es más inteligente y luminosa. De este modo, la "sabiduría sublime" de *viveka khyātir* se convierte en una capacidad duradera que no sólo nos aporta bienestar, sino que nos inclina a tomar decisiones sabias, para poder morir sin lamentarnos, sintiendo que hemos vivido plenamente.

En el año 2001, viajé veinticuatro horas en avión, autobús y tren hasta una pequeña aldea de las montañas del norte de la India donde me había enterado de que vivía una mujer iluminada. Yo estaba muy interesada en testimoniar la expresión de la iluminación a través de un cuerpo femenino. Ahí me encontré con Vimala Thakar, sucesora oficiosa del difunto J. Krishnamurti. Durante tres días, tuve un par de entrevistas de una hora con ella. Al finalizar el segundo encuentro y, después de haber hablado de su vida de incesante práctica y haber superado, contra todo pronóstico, retos y adversidades muy distintas, le pregunté de dónde había sacado el valor para vivir una vida tan osada. Después de escuchar su respuesta, supe de inmediato porqué había viajado tan lejos para escuchar ese mensaje que, en mi opinión, ha acabado impregnando la totalidad de este libro. Y, con la voz de una mujer que se ha enfrentado sin claudicar a la vida, con la voz de una auténtica guerrera del espíritu y de una madre compasiva del mundo, respondió:

> Lo que me ha sostenido ha sido mi amor por la vida y la necesidad de descubrir la verdad por mí misma. Había leído mucho, pero las verdades que, hasta entonces, había tomado prestadas, me dejaban insatisfecha. Debía esforzarme, una y otra vez, hasta que la luz amaneciese en mí. Te aseguro que la vida de una soltera dista mucho, en la India, de ser un lecho de rosas. Son muchas, pues, las dificultades y obstáculos que me he visto obligada a enfrentar. Pero un revolucionario no puede permitirse nunca los lujos de la derrota, el pesimismo y la negatividad. Hay que aprender a convertir las dificultades en oportunidades y los retos en la búsqueda de una mayor creatividad. Todo en la vida tiene dos aspectos. Si sabes utilizarlo adecuadamente, se convierte en una ventaja y, en caso contrario, en una desventaja. Esto es, querida amiga, todo lo que he hecho. Ante cada reto que recibía, me decía: «Ésta es una carta de amor de lo Divino a la que debo responder desde dentro».

Lo Divino te ha enviado una carta de amor en forma de tu vida. ¿La has recibido? Y, sobre todo, ¿cómo respondes?

# NOTAS

## Introducción

1. Iyengar, B.K.S., *Light on the Yoga Sūtras of Patañjali*. Nueva Delhi, India: HarperCollins Publishers India, 2005 (primera edición, 1993), p. 132.
2. Rilke, Rainer Maria. *Letters to a Young Poet*. Edición revisada en rústica. Nueva York: W.W. Norton & Company, 1993, p. 35.
3. Llewellyn Vaughan-Lee, entrevista personal, febrero del 2008.

## Capítulo 1

1. Keegan, Paul. "Yogis Behaving Badly". *Business2 Magazine*, septiembre del 2002.
2. Caplan, Mariana. *Halfway Up the Mountain*. Prescott, AZ: Hohm Press, 1999, p. 474.
3. Una excepción de este tipo es Adyashanti, un maestro que, pese a representar este movimiento, aboga por la meditación intensiva y por un proceso riguroso e integrado de indagación psicológica y espiritual.
4. Iyengar, B.K.S., *Light on the Yoga Sūtras of Patañjali*. Nueva Delhi, India: HarperCollins Publishers India, 2005 (primera edición de 1993), pp. 64-5.
5. *Ibid.*, pp. 71-73.
6. Aurobindo. *The Synthesis of Yoga*. Twin Lakes, W1: Lotus Press, 1996, pp. 47-8.

## Capítulo 2

1. Chesson, H.W, *et al.* "The Estimated Direct Medical Cost of STDs among American Youth, 2000". 2004 National STD Prevention Conference, Philadelphia, PA, 8 al 11 de marzo del 2004. Abstract P075.
2. Smith, J. y J. Robinson. "Age-Specific Prevalence of Infection with Herpes Simplex Virus Types 2 and 1: A Global Review". *The Journal of Infectious Diseases*, 186 (2002): 23-28

3. Motivaciones que se consideran con detenimiento en el capítulo 3 de *Halfway Up the Mountain*.
4. El *satori* es un término utilizado en el budismo Zen para referirse a un estado de iluminación súbita.
5. Los lectores interesados en un relato completo de este fenómeno pueden revisar mi artículo "Adventures of a New Age Traveler", incluido en Stephen Dinan, ed., *Radical Spirit. Spiritual Writings from the Voices of Tomorrow*. (Novato, CA: New World Library, 2002).
6. Desikachar, T.K.V. *The Heart of Yoga: Developing a Personal Practice*. Rochester, VT: Inner Traditions International, 1995, p. 127.
7. Desikachar, T.K.V. *The Heart of Yoga: Developing a Personal Practice*. Rochester, VT: Inner Traditions International, 1995, p. 126.

## Capítulo 3
1. Iyengar, B.K.S., *Light on the Yoga Sūtras of Patañjali*. Nueva Delhi, India: HarperCollins Publishers, India, 2005.
2. de Salzmann, Jeanne. "First Initiaton", en *Gurdjieff: Essays and Refections on the Man and His Teaching*, editado por Jacob Needleman y George Baker. Nueva York: Continuum, 1996.

## Capítulo 4
1. Svoboda, Robert. *The Greatness of Saturn*. Twin Lakes, WI: Lotus Press, 1997, p. 4.
2. Welwood, John. *Toward a Psychology of Awakening*. Boston: Shambhala Publications, 2000, p. 42.
3. Jacques Castermanne. Entrevista personal, julio del 2005.
4. Algunas discusiones sobre las capas del cuerpo incluyen dos niveles adicionales, *cittamayakosha* (la capa de la conciencia) y *ātmamayakosha* (la capa del alma individual).
5. Gilles Farcet. Entrevista personal, julio del 2007.
6. Iyengar, B.K.S., *Light on the Yoga Sūtras of Patañjali*. Nueva Delhi, India: HarperCollins Publishers India, 2005 (primera edición, 1993), p. 112.
7. *Ibid.*, p. 116.
8. *Ibid.*, pp. 116-7.

## Capítulo 5
1. Trungpa, Chögyam. *Cutting Through Spiritual Materialism*. Boston: Shambhala, 1973, p. 13.

2. *Ibid.*, p. 3.
3. Welwood, John. *Toward a Psychology of Awakening*. Boston: Shambhala, 2000, p. 207.
4. Judith Lief. Entrevista personal, septiembre de 1998.
5. "Zen Boyfriends", estrenada como comedia musical en San Francisco en marzo del 2009. Los lectores interesados en más información al respecto, pueden consultar zenboyfriends.com.
6. Wilber, Ken. *The Collected Works of Ken Wilber*, Volumen 4. Boston: Shambhala, 1999, p. 460.

## Capítulo 6

1. Walsh, Roger. *The World of Shamanism: New Views on an Ancient Tradition*. Woodbury, MN: Llewellyn Publications, 2007, pp. 108-9.
2. Kessler, R.C., *et al.*, "Prevalence, Severity, and Comorbidity of Twelve-Month DSM-IV Disorders in the National Comorbidity Survey Replication (NCS-R)". *Archives of General Psychiatry* 62, n° 6 (2005): 617-27.
3. "The Numbers Count: Mental Illness in America", Science on Our Minds Fact Sheet Series.
4. Walsh, Roger, Bruce Victor, Robin Bitner y Lorena Hillman. "Optimal Healing: What Do We Know about Integrating Meditation, Medication, and Psychotherapy". *Buddhadharma*, en prensa.
5. Grof, Stanislav y Christina Grof. *The Stormy Search for the Self*. Nueva York: Tarcher/Putnam, 1990, p. 34.
6. Grof, Stanislav y Christina Grof. *The Stormy Search for the Self*. Nueva York: Tarcher/Putnam, 1990, p. 36.
7. San Juan de la Cruz. *Dark Night of the Soul*. Tercera edición. Editado por E. Allison Peers. Nueva York: Image Books, 1959, p. 34.
8. Los lectores interesados en una visión global de la teoría evolutiva de Michael Washburn pueden encontrarla en: Washburn, Michael. *The Ego and the Dynamic Ground*. Nueva York: State University of New York Press (SUNY), 1995.
9. Madre Teresa. *Mother Teresa: Come Be My Light. The Private Writings of the Saint of Calcutta*. Nueva York: Doubleday, 2007, pp. 1-2.
10. Tweedie, Irina. *Daughter of Fire*. Nevada City, CA: Blue Dolphin Publishing, 1986, p. 109.
11. Starr, Mirabai. *The Dark Night of the* Soul. Nueva York: Riverhead Books, 2002, p. 103.
12. Lama Palden Drolma. Entrevista personal, diciembre del 2007.

13. Khyentse, Dzongsar Jamyang. *What Makes You Not a Buddhist?* Boston: Shambhala, 2007, p. 27.

14 *Ibid.*, p. 120.

15 Desikachar, T.K.V. *The Heart of Yoga: Developing a Personal Practice.* Rochester, VT: Inner Traditions International, 1995, p. 126.

## Capítulo 7

1. Ngakpa Chögyam. Entrevista personal, 2002.
2. Chögyam, Ngakpa. *Wearing the Body of Visions.* Ramsey NJ: Aro Books, 1995, p. 172.
3. Prendergast, John, Peter Fenner y Sheila Krystal, eds., *The Sacred Mirror.* Nueva York: Omega Book, 2003, p. 154.
4. Una excepción al respecto puede encontrarse, en los tiempos recientes, en el rasgo de algunos grupos budistas occidentales que asumen el compromiso social como una forma de ética.
5. Desjardins, Arnaud. *The Jump into Life: Moving Beyond Fear.* Prescott, AZ: Hohm Press, 1994, p. 73.
6. *Ibid.*, p. 60.
7. Feuerstein, Georg. *Tantra: The Path of Ecstasy.* Boston: Shambhala, 1998, p. 139.
8. Welwood, John. *Toward a Psychology of Awakening.* Boston: Shambhala, 2000, p. 29.
9. Osho. *The Book of Secrets.* Nueva York: St. Martin's Griffin, 1974, p. 644.
10. Desjardins, Arnaud. *The Jump into Life: Moving Beyond Fear.* Prescott, AZ: Hohm Press, 1994, p. 54.
11. Los lectores interesados en más información sobre la obra de Kenny Johnson pueden consultar www.thissacredspace.org.
12. Simmer-Brown, Judith. *Dakini's Feminine Principle in Tibetan Buddhism.* Shambhala, 2002, p. 217.

## Capítulo 8

1. Jung, Carl Gustav. *Collected Works of C.G. Jung*, Volumen 11: *Psychology and Religion: West and East.* Princeton, NJ: Princeton University Press, 1975, p. 131.
2. Rilke, Rainer Maria. "Turning". *Uncollected Poems.* Nueva York: North Point Press, 1996, p. 93.
3. Jung, Carl Gustav. "The Stages of Life". *Collected Works of C.G. Jung,* Volumen 8: *The Structure and Dynamics of the Psyche.* Princeton, NJ: Princeton University Press, 1976, p. 752.

4. Claudio Naranjo. Entrevista personal, enero de 1999.
5. Washburn, Michael. *The Ego and the Dynamic Ground*. Nueva York: State University of Nueva York Press (SUNY), 1995, p. 75.
6. *Ibid*. p. 76.

## Capítulo 9

1. Ferrer, Jorge. "Embodied Spirituality, Now and Then". *Tikkun*, mayo/junio del 2006, p. 43.
2. Los lectores interesados en un resumen de las investigaciones realizadas por el Heartmath Institute pueden encontrarla en heartmath.org.
3. Iyengar, B.K.S. *Light on the Yoga Sūtras of Patañjali*. Nueva Delhi, India; HaperCollins, 1993, p. 55.
4. Steiner, Rudolph. *How to Know Higher Worlds*. Herndon, VA: Steinerbooks, 1994, p. 36.
5. Walsh, Roger, Bruce Victor, Robin Bitner y Lorena Hillman. "Optimal Healing: What Do We Know about Integrating Meditation, Medication, and Psychotherapy". *Buddhadharma*, en prensa.
6. Jodorowsky, Alejandro. *The Spiritual Journey of Alejandro Jodorowsky*. Rochester, VT. Park Street Press, 2008, p.46.

## Capítulo 10

1. Desjardins, Arnaud. *The Jump into Life: Moving Beyond Fear*. Prescott, AZ: Hohm Press, 1994, p. 16.
2. Welwood, John. *Toward a Psychology of Awakening*. Boston: Shambhala, 2000, p. 197.
3. *Ibid*., p. 197.
4. Jacobi, Jolande y Ralph Manheim. *The Psychology of C.G. Jung*. New Haven, CT. Yale University Press, 1973, p. 377.
5. Aurobindo. *Sri Aurobindo on Himself*. Pondicherry, India: Sri Aurobindo Ashram Trust, 1972, pp. 95-976
6. Wilber, Ken. *Integral Psychology*. Boston: Shambhala, 2000, p. 2.
7. Washburn, Michael. *The Ego and the Dynamic Ground*. Nueva York: State University of New York Press (SUNY), 1995, p. 1.
8. Prendergast, John y Kenneth Bradford, eds. *Listening from the Heart of Silence*. St. Paul, MN: Paragon House, 2007, p. 12.
9. Aurobindo. *The Yoga and Its Objects*. Calcutta, India: Arya Publishing House, 1938.

## Capítulo 11

1. Starr, Mirabai. *The Dark Night of the Soul*. Nueva York: Riverhead Books, 2002, p. 149.
2. Los lectores interesados en una grabación en audio de una charla titulada "The Twelve Levels of Initiation", en la que Llewellyn Vaughan-Lee presenta esos niveles puede ser encontrada en goldensufi.org/audioarchives.html.
3. Jennifer Welwood, MFT, correspondencia personal.
4. Walsh, Roger, *"The Search for Synthesis"*, *Journal of Transpersonal Psychology* 32, nº 1: 19-45.

## Capítulo 12

1. Tweedie, Irina. *Daughter of Fire*. Nevada City, CA: Blue Dolphin Publishing, 1986, p. 812.
2. de Salzmann, Jeanne. "First Initiation". En *Gurdjief Essays and Refections on the Man and His Teaching*. Editado por Jacob Needleman y George Baker. Nueva York: Continuum, 1996.

# GLOSARIO

abhidharma (sánscrito): psicología budista.

acharya (sánscrito):maestro o erudito religioso.

Vedanta Advaita (sánscrito): escuela de vedanta (literalmente final u objetivo de los Vedas) de la filosofía hindú.

ahamkāra (sánscrito): afirmación del "yo" o creación de la identidad que
creemos ser.

alabdhèmikatva (sánscrito): comprensión de que no estábamos, como creíamos, en el camino espiritual, seguido del correspondiente desengaño y frustración.

ānandamayakosha (sánscrito): capa de la beatitud o ser puro que rodea a la
conciencia pura; cuerpo causal.

ānanda (sánscrito): beatitud, poderoso estado de realización que suele con-
fundirse con la iluminación.

anamayakosha (sánscrito): capa de la experiencia humana que incluye el
cuerpo físico y las funciones fisiológicas.

asamprajnātā sāmadhi (sánscrito): fusión de ser sin comienzo y sin final y
en el que se llega incluso a perder la conciencia.

āsana (sánscrito): asiento, posición asumida durante la práctica del yoga.

asmitā (sánscrito): estado de realización en el que el individuo mora en su
Yo verdadero.

atha (sánscrito): habitualmente traducido al inglés como "ahora", también
se refiere a cada momento en el que empezamos de nuevo.

ātmamayakosha (sánscrito): capa del alma individualizada.

atman (sánscrito): conciencia pura individualizada.

bhoga (sánscrito): experiencia deliberada, plena y consciente de un aspecto de la vida.

brahmacharya (sánscrito): persona que ha dedicado su vida a la realización
de Brahma o Dios. En el sentido yóguico tradicional, el brahmacharya asume el celibato sexual con la intención de reorientar su
energía sexual a la realización espiritual.

chi (o ki) (chino): energía y fuerza de la vida.

cittamayakosha (sánscrito): capa de la conciencia.

dharma (sánscrito): "camino virtuoso" al que tiene acceso la persona que vive orientada hacia sus posibilidades más elevadas. Actuar de acuerdo al dharma consiste en llevar a cabo acciones que, en lugar de verse motivadas por las fuerzas inconscientes del karma, resuenan con el orden divino o con la verdad objetiva.

guru (sánscrito): maestro o líder espiritual hindú; "peso pesado".

jangalykayamane (sánscrito): "médico de la jungla" o curador interno de la filosofía yóguica.

karma (sánscrito): acto, acción; lo que provoca el ciclo de causa y efecto. El alma se encarna una y otra vez para completar diferentes tareas y lecciones; también se refiere la ley universal de causa y efecto.

kāyā sadhana (sánscrito): práctica de la realización última en el cuerpo en esta vida.

kosha (sánscrito): nivel sutil de nuestros sistemas corporales y energéticos.

lama (tibetano): título respetuoso que se refiere a un maestro espiritual del budismo tibetano; título honorífico que se refiere a una monja, un monje o un practicante avanzado.

lingam (sánscrito): símbolo fálico que representa a Shiva, principio masculino de la verdad sin forma.

madhyamā pratipa (sánscrito): camino medio.

manomayakosha (sánscrito): nivel o capa de la mente, que incluye el procesamiento de los pensamientos y de las emociones.

mast (sánscrito): estancamiento individual en un estado elevado de logro espiritual; alguien que, debido a una "intoxicación" espiritual, tiene dificultades para funcionar en el mundo.

maya (sánscrito): ilusión; se refiere a una relación ilusoria con la realidad no dual.

neoadvaita: movimiento espiritual contemporáneo y occidental basado en ciertos aspectos del Vedanta Advaita indio tradicional.

nirbīja samādhi (sánscrito): fusión en un estado sin comienzo y sin final y en el que se llega a perder incluso la conciencia.

nirodha (sánscrito): quinto estadio del desarrollo emocional, que se caracteriza por una tranquilidad fluida con respecto a la propia vida interna y externa.

Om mani padme hum (sánscrito): mantra de seis sílabas de la compasión recitado por los budistas tibetanos.

prānamāyakosha (sánscrito): capa de prana, fuerza que vitaliza el cuerpo y mantiene unido el cuerpo y la mente.

prasupta (sánscrito): quinto estadio de la integración emocional en el que
se reprimen las emociones.

purusha (sánscrito): fuente gradual y sin forma que yace en el núcleo de
toda experiencia.

rinpoche (tibetano): título honorífico (que literalmente significa "precioso") utilizado en el budismo tibetano para dirigirse a los maestros
espirituales.

roshi (japonés): maestro espiritual en la tradición del budismo Zen.

sadhana (sánscrito): proceso de la práctica espiritual.

sadhu (sánscrito): hombre o mujer santos que, en la India, ha pronunciado
el voto de renunciar a la vida mundana para seguir el camino de la
comprensión mística.

samādhi (sánscrito): estado de concentración en el que la conciencia del
experimentador se funde con el objeto experimentado; integración.

samskaras (sánscrito): pautas de condicionamiento profundo; improntas o
impresiones inconscientes.

santosha (sánscrito): alegría.

*satguru* (sánscrito): título atribuido al guru espiritual que dedica su vida a
guiar a los demás por el camino espiritual

satori (japonés): término utilizado del budismo Zen para referirse a un estado de iluminación súbita.

satsang (sánscrito): literalmente significa "estar juntos en la verdad", que
habitualmente se refiere a una reunión de practicantes espirituales
con el objetivo de estudiar la verdad.

sesshin (japonés): período de práctica intensiva del zen.

sheikh o jeque (árabe): instructor espiritual de la tradición sufí.

shraddā (sánscrito): fe o amor a lo desconocido.

sri (sánscrito): prefijo honorífico referido al nombre de una deidad o
persona venerada.

sètra (sánscrito): "hilo" que se refiere a los ciento noventa y cinco aforismos expuestos por Patañjali y caracterizan el yoga clásico.

swami (sánscrito): título respetuoso que se refiere a un maestro religioso hindú.

svādyāya (sánscrito): estudio de uno mismo; proceso de búsqueda del alma
necesario para comprender nuestra propia naturaleza.

tantra (sánscrito): práctica consistente en entretejer la totalidad de la experiencia en el tejido continuo de la conciencia despierta.

tanu (sánscrito): "aclarado"; cuarto estadio del desarrollo emocional en el
que aprendemos a gestionar adecuadamente los sentimientos y nos

damos cuenta de las poderosas energías del entorno externo y de nuestra propia conciencia.

tapas (sánscrito): "calor"; fuego interno de la transformación o "energía esencial" que consume todos los obstáculos que nos separan de lo que realmente somos.

thangka (tibetano): pintura budista que refleja deidades, dioses o procesos espirituales.

trimurti (sánscrito): trinidad hindú compuesta por tres grandes deidades, Brahma, el creador, Vishnú, el sostenedor y Shiva, el destructor.

tulku (tibetano): maestro espiritual budista.

udāra (sánscrito): segundo estadio del proceso de desarrollo de las emociones –caracterizado por el mal humor– en el que se libera la represión e irrumpen, de forma a menudo explosiva, emociones inconscientes.

vicāra (sánscrito): comprensión profunda de la verdad que se logra a través de la investigación personal, en la que la mente se sosiega y se pone de manifiesto una agudización de la percepción.

viccina (sánscrito): estadio de desarrollo de las emociones caracterizado por la fluctuación emocional.

vijñānamayakosha (sánscrito): sabiduría o capa del cuerpo, que trasciende el conocimiento de la mente y está dotado de la función del conocimiento.

vikalpa (sánscrito): conocimiento verbal o intelectual despojado de sustancia y que no está integrado ni encarnado.

vitarka (sánscrito): comprensión del conocimiento o verdad intelectual derivada del pensamiento y del estudio.

viveka khyātir o viveka-khyāti (sánscrito): discernimiento espiritual; "sabiduría suprema" del camino espiritual.

Yoga Sūtras de Patañjati (sánscrito): texto de unos dos mil años de antigüedad en el que el místico indio Patañjali expone el camino del yoga clásico.

yoni (sánscrito): símbolo femenino en forma de vagina que representa a Shakti, el principio de manifestación femenino.

# BIBLIOGRAFÍA

Aurobindo. *Sri Aurobindo on Himself*. Pondicherry, India: Sri Aurobindo Ashram Trust, 1972.

–. *The Life Divine (vol. 1)*. Pondicherry, India: Sri Aurobindo Ashram, 1977. [Versión en castellano: *La vida divina*. Buenos Aires: Kier, 3 vols., 1971.]

–. *The Synthesis of Yoga*. Twin Lakes, WI: Lotus Press, 1996. [Versión en castellano: *Síntesis del yoga*. Buenos Aires: Kier, 3 vols., 1972.]

Bache, Christopher. *Dark Night, Early Dawn: Steps to a Deep Ecology of Mind*. Albany: State University of New York Press, 2002.

Barks, Coleman, ed. *The Essential Rumi*. San Francisco: HarperSanFrancisco, 1995.

Campbell, Joseph, ed. *The Portable Jung*. Nueva York: Penguin Books, 1972.

Caplan, Mariana. "Adventures of a New Age Traveler". En *Radical Spirit: Spiritual Writings from the Voices of Tomorrow*, editado por Stephen Dinan. Novato, CA: New World Library, 2002.

–. "Death Don't Have No Mercy". En *The Best Buddhist Writing 2006*, (editado por Malvin McLeod). Boston: Shambhala Publications, 2006.

–. *Do You Need a Guru? Understanding the Student-Teacher Relationship in an Era of False Prophets*. London: 2002.

–. *Halfway Up the Mountain: The Error of Premature Claims to Enlightenment*. Prescott, AZ: Hohm Press, 1999. [Versión en castellano: *A mitad de camino: la falacia de la iluminación prematura*. Barcelona: Kairós, 2004.]

–. *To Touch Is to Live*. Prescott, AZ: Hohm Press, 2002. [Versión en castellano: *Tocar es vivir: la necesidad de afecto verdadero en un mundo impersonal*. Vitoria: La Llave, 2004.]

–. *The Way of Failure: Winning through Losing*. Prescott, AZ: Hohm Press, 2001.

–. *When Sons and Daughters Choose Alternative Lifestyles*. Prescott, AZ: Hohm Press, 1996.

338     BIBLIOGRAFÍA

Chilton Pearce, Joseph. *The Biology of Transcendence: A Blueprint of the Human Spirit*. Rochester, VT: Inner Traditions, 2004.

Chilton Pearce, Joseph. *The Death of Religion and the Rebirth of Spirit. A Return to the Intelligence of the Heart*. Rochester, VT: Inner Traditions, 2007.

Chödrön, Pema. *When Things Fall Apart: Heartfelt Advice for Difficult Times*. Boston: Shambhala, 2000. [Versión en castellano: *Cuando todo se derrumba: palabras sabias para momentos difíciles*. Madrid: Gaia Ediciones, 1999.]

Chögyam, Ngakpa. *Wearing the Body of Visions*. Ramsey, NJ: Aro Books, 1995.

Cohen, Leonard. *Book of Mercy*. Toronto, ON: McClelland & Stewart, 1984.

Deida, David. *The Way of the Superior Man*. Boulder, CO: Sounds True, 2004. [Versión en castellano: *El camino del hombre superior*. Madrid: Gaia Ediciones, 2006.]

Desikachar, T.K.V. *The Heart of Yoga: Developing a Personal Practice*. Rochester, VT. Inner Traditions International, 1995. [Versión en castellano: *El corazón del yoga: desarrollar una práctica personal*. Rochester, Vermont: Inner Traditions International, 1995.]

Desjardins, Arnaud. *The Jump into Life: Moving Beyond Fear*. Prescott, AZ: Hohm Press, 1994. [Versión en castellano: *La audacia de vivir*. Vitoria: La Llave, 2001.]

Diener, Michael S., Erhard Franz-Karl e Ingrid Fischer-Schreiber. *The Shambhala Dictionary of Buddhism and Zen*. Boston: Shambhala, 1991.

Eliade, Mircea. *Yoga: Immortality and Freedom*. Princeton, NJ: Princeton University Press, 1970. [Versión en castellano: *Yoga. Inmortalidad y libertad*. México D. F.: Fondo de Cultura Económica, 1991.]

Farcet, Gilles. *The Anti-Wisdom Manual. A Practical Guide for Spiritual Bankruptcy*. Prescott, AZ: Hohm Press, 2005.

Ferrer, Jorge. *Revisioning Transpersonal Theory*. Albany: State University of New York Press, 2002. [Versión en castellano: *Espiritualidad creativa: una visión participativa de lo transpersonal*. Barcelona: Kairós, 2003.]

Feuerstein, Georg. *Tantra: The Path of Ecstasy*. Boston: Shambhala, 1998.

–. *The Philosophy of Classical Yoga*. Rochester, VT, Inner Traditions International, 1996.

–. *The Yoga Tradition*. Prescott, AZ: Hohm Press, 1998. Fields, Rick. *How the Swans Came to the Lake. A Narrative History of Buddhism in America*. Boston: Shambhala, 1981.

Forsthoefel, Thomas y Cynthia Ann Humes. *Gurus in America*. Albany: State University of New York Press, 2005.

Frager, Robert. *Heart, Self, and Soul. The Sufi Psychology of Growth, Balance, and Harmony*. Wheaton, IL: The Theosophical Publishing House, 1999.

Grof, Christina y Stanislav Grof. *Spiritual Emergency. When Personal Transformation Becomes a Crisis*. Los Angeles: Jeremy Tarcher, 1989. [Versión en castellano: *El poder curativo de las crisis*. Barcelona: Kairós, 1993.]

Grof, Stanislav. *Beyond the Brain: Birth, Death, and Transcendence in Psychotherapy*. Albany: State University of New York Press, 1985. [Versión en castellano: *Psicología transpersonal. Nacimiento, muerte y trascendencia en psicoterapia*. Barcelona: Kairós, 1988.]

Grof, Stanislav y Christina Grof. *The Stormy Search for the Self*. Nueva York: Tarcher/Putnam, 1990. [Versión en castellano: *La tormentosa búsqueda del ser*. Barcelona: Lievre de Marzo, 1995.]

Iyengar, B.K.S., *Light on the Yoga Sūtras of Patañjali*. Nueva Delhi, India: HarperCollins Publishers India, 2005 (primera edición, 1993). [Versión en castellano: *Luz sobre los yogas sutras de Patañjali*. Barcelona: Kairós, 2003.]

Jacobi, Jolande y Ralph Manheim. *The Psychology of C.G. Jung*. New Haven, CT: Yale University Press, 1973. [Versión en castellano: *La psicología de C. G. Jung*. Madrid: Espasa-Calpe, 1947.]

Jodorowsky, Alejandro. *The Spiritual Journey of Alejandro Jodorowsky*. Rochester, VT: Park Street Press, 2008.

Jung, Carl Gustav. *Collected Works of C.G. Jung*, Volume 8: *The Structure and Dynamics of the Psyche*. Princeton, NJ: Princeton University Press, 1976. [Versión en castellano: *La dinámica de lo inconsciente*. Madrid: Trotta, 2003.]

–. *Collected Works of C.G. Jung*, Volume 11: *Psychology and Religion: West and East*. Princeton, NJ: Princeton University Press, 1975.

Khytense, Dzongsar Jamyang. *What Makes You Not a Buddhist?* Boston: Shambhala, 2007.

Ladinsky, Daniel. *The Gift: Poems by Hafiz the Great Sufi Master*. Nueva York: Penguin Arkana, 1999.

–. *I Heard God Laughing*. Oakland, CA: Mobius Press, 1996.

–. *The Subject Tonight Is Love: 60 Wild and Sweet Poems of Hafiz*. Myrtle Beach, SC: 1996. Berkeley, CA: North Atlantic Books. 1997.

Levine, Peter. *Waking the Tiger: Healing Trauma*. CA: North Atlantic Books, 1997.

Lozowick, Lee. *The Alchemy of Transformation*. Prescott, AZ: Hohm Press, 1996. [Versión en castellano: *La alquimia de la transformación*. Madrid: Gaia, 1996.]

–. *Feast or Famine. Teachings on Mind and Emotions*. Prescott, AZ: Hohm Press, 2008.

Martin, Sita. *The Hunger of Love: Versions of the Ramayana*. Prescott, AZ: Hohm Press, 1995.

Matt, Daniel. *The Essential Kabbalah: The Heart of Jewish Mysticism*. Edison, NJ: Castle Books, 1997. [Versión en castellano: *La cábala esencial*. Barcelona: Robinbook, 1997.]

Merton, Thomas. *Entering the Silence*. HarperSanFrancisco, 1997.

Mitchell, Stephen. *The Enlightened Mind*. San Francisco: HarperCollins, 1993.

Madre Teresa. *Mother Teresa: Come Be My Light. The Private Writings of the Saint of Calcutta*. Nueva York: Doubleday, 2007. [Versión en castellano: *Ven, sé mi luz: las cartas privadas de la santa de Calcuta*. Barcelona: Planeta, 2008.]

Osho. *The Book of Secrets*. Nueva York: St. Martin's Griffin, 1974. Berkeley. [Versión en castellano: *El libro de los secretos*. Madrid: Gaia Ediciones, 2003.]

Prendergast, John y Kenneth Bradford, eds. *Listening from the Heart of Silence*. St. Paul, MN: Paragon House, 2007.

–, Peter Fenner y Sheila Krystal, eds. *The Sacred Mirror*. Nueva York: Omega Book, 2003.

Rawlinson, Andrew. *The Book of Enlightened Masters*. Chicago: La Salle, 1997.

Ray, Reginald. *Indestructible Truth: The Living Spirituality of Tibetan Buddhism*. Boston: Shambhala, 2000. [Versión en castellano: *Verdad indestructible: la espiritualidad viviente del budismo tibetano*. Vitoria: La Llave, 2004.]

–. *Touching Enlightenment*. Boulder, CO: Sounds True, 2008.

Rilke, Rainer Maria. *Letters to a Young Poet*. Edición revisada en rústica. Nueva York: W.W. Norton & Company, 1993. *Uncollected Poems*. Nueva York: North Point Press, 1996. [Versión en castellano: *Cartas a un joven poeta*. Madrid: Alianza Editorial, 1995.]

Ryan, Regina Sara. *Only God. A Biography of Yogi Ramsuratkumar*. Prescott, AZ: Hohm Press, 2004.

–. *Praying Dangerously*. Prescott, AZ: Hohm Press, 2001.

San Juan de la Cruz. *Dark Night of the Soul*. 3ª edición. Editado por E. Allison Peers. Nueva York: Image Books, 1959. [Versión inglesa del original en castellano: *Noche oscura del alma*, incluida en *Obras completas de san Juan de la Cruz*. 2 vols. Madrid: Alianza Editorial, 1991.]

–. *Dark Night of the Soul*. Editado por Mirabai Starr. Nueva York: Riverhead Books, 2002.

Santa Teresa de Avila. *The Interior Castle*. Nueva York: Riverhead Books, 2003. [Versión inglesa del original en castellano: *Castillo interior*. Burgos: Monte Carmelo, 2006.]

Seager, Richard Hughs. *Buddhism in America*. Nueva York: Columbia University Press, 1999.

Shaw, Miranda. *Passionate Enlightenment: Women in Tantric Buddhism*. Princeton, NJ: Princeton University Press, 1994.

Simmer-Brown, Judith. *Dakini's Warm Breath: The Feminine Principle in Tibetan Buddhism*. Boston: Shambhala Publications, 2002.

Smith, Huston. *Why Religion Matters: The Fate of Human Spirit in an Age of Disbelief*. San Francisco: HarperSanFrancisco, 2001. [Versión en castellano: La importancia de la religión, en la era de la increencia. Barcelona: Kairós, 2002.]

–. *The World's Religions: Our Great Wisdom Traditions*. San Francisco: HarperSanFrancisco, 1991. [Versión en castellano: *: Las religiones del mundo*. Barcelona: Kairós, 2000.]

Svoboda, Robert. *Aghora*. Albuquerque, NM: Brotherhood of Life Inc., 1986.

–. *Aghora II. Kundalini*. Albuquerque, NM: Brotherhood of Life Inc., 1993. [Versión en castellano: *Aghora: el culto a la Kundalini*. Barcelona: Kairós, 2007.]

–. *Aghora III.The Law of Karma*. Albuquerque, NM: Brotherhood of Life, 1997.

–. *The Greatness of Saturn*. Twin Lakes, WI: Lotus Press, 1997.

Trungpa, Chögyam. *Cutting Through Spiritual Materialism*. Boston: Shambhala, 1973. [Versión en castellano: *Más allá del materialismo espiritual*. Barcelona: Edhasa, 1985.]

–. *The Lion's Roar. An Introduction to Tantra*. Boston: Shambhala, 2001.

Tweedie, Irina. *The Chasm of Fire*. Classics, 1993. Rockport, MD: Element.

–. *Daughter of Fire*. Nevada City CA: Blue Dolphin Publishing, 1986.

Vaughan-Lee, Llewellyn. *Before I Was Born: A Spiritual Autobiography*. Inverness, CA: Golden Sufi Center, 1997.

–.*Circle of Love*. Inverness, CA: Golden Sufi Center, 1999.

Waite, Dennis. *Enlightenment: The Path through the Jungle*. Winchester, UK: O Books, 2008.

Walsh, Roger. *Essential Spirituality: The Seven Central Practices to Awaken the Heart and Mind*. Nueva York: John Wiley & Sons, 2002.

–. *The World of Shamanism: New Views on an Ancient Tradition*. Woodbury, MN: Llewellyn Publications, 2007.

Washburn, Michael. *The Ego and the Dynamic Ground*. Nueva York: State University of New York Press (SUNY), 1995. [Versión en castellano: *El ego y el fundamento dinámico*. Barcelona: Kairós, 1997.]

Welwood, John. *Perfect Love, Imperfect Relationships: Healing the Wound of the Heart*. Boston: Shambhala Publications, 2006.

–. *Toward a Psychology of Awakening*. Boston: Shambhala Publications, 2000. [Versión en castellano: *Psicología del despertar*. Barcelona: Kairós, 2002.]

Wilber, Ken. *The Collected Works of Ken Wilber*, volúmenes 1 al 8. Boston: Shambhala, 1999.

–. *Integral Psychology*. Boston: Shambhala, 2001. [Versión en castellano: *Una visión integral de la psicología*. México D.F.: Alamah, 2002.]

Wilson, Colin. *Rogue Messiahs: Tales of Self-Proclaimed Messiahs*. Charlottesville, VA: Hampton Roads Publishing Co., 2000.

Young, M. *As It Is: A Year on the Road with a Tantric Teacher*. Prescott, AZ: Hohm Press, 2000.

editorial **K** airós

Numancia, 117-121 • 08029 Barcelona • España
tel. 93 4949490 • e-mail: info@editorialkairos.com

Puede recibir información sobre nuestros libros
y colecciones o hacer comentarios acerca
de nuestras temáticas en:

**www.editorialkairos.com**